昆明医科大学思想政治理论课建设专项

·马克思主义研究文库·

"新时代中国特色社会主义理论与实践"
课程教学实训指导

宋 静 刘小勤 韩艳伟 | 主编

光明日报出版社

图书在版编目（CIP）数据

"新时代中国特色社会主义理论与实践"课程教学实训指导 / 宋静，刘小勤，韩艳伟主编. －－北京：光明日报出版社，2024.7
ISBN 978－7－5194－7680－9

Ⅰ.①新… Ⅱ.①宋… ②刘… ③韩… Ⅲ.①中国特色社会主义—研究生—教材 Ⅳ.①D610

中国国家版本馆 CIP 数据核字（2023）第 247267 号

"新时代中国特色社会主义理论与实践"课程教学实训指导
"XINSHIDAIZHONGGUOTESESHEHUIZHUYI LILUN YU SHIJIAN" KECHENG JIAOXUE SHIXUN ZHIDAO

主　　编：宋　静　刘小勤　韩艳伟	
责任编辑：宋　悦	责任校对：刘兴华　董小花
封面设计：中联华文	责任印制：曹　诤

出版发行：光明日报出版社
地　　址：北京市西城区永安路 106 号，100050
电　　话：010-63169890（咨询），010-63131930（邮购）
传　　真：010-63131930
网　　址：http://book.gmw.cn
E － mail：gmrbcbs@gmw.cn
法律顾问：北京市兰台律师事务所龚柳方律师
印　　刷：三河市华东印刷有限公司
装　　订：三河市华东印刷有限公司
本书如有破损、缺页、装订错误，请与本社联系调换，电话：010-63131930

开　　本：170mm×240mm	
字　　数：230 千字	印　　张：15.5
版　　次：2024 年 7 月第 1 版	印　　次：2024 年 7 月第 1 次印刷
书　　号：ISBN 978－7－5194－7680－9	
定　　价：95.00 元	

版权所有　　翻印必究

推进思想政治理论课"八个统一"
教学实训指导丛书编委会

主　任：李世碧
委　员：徐庆生　刘翠英　栗　明
　　　　刘小勤　李秋心　尹记远
　　　　和　晶　陈志鹏　郑海涛
主　编：徐庆生
副主编：刘翠英　栗　明

本书编委会

主　编：宋　静　刘小勤　韩艳伟
副主编：李秋心　尹记远　陈志鹏
　　　　袁泽民
编　委：者丽艳　王云洁　和　晶
　　　　贾礼伟　邵庆龄　杨　京
　　　　杨黎黎　何　沂

提高政治站位深化改革创新
着力提高思政课铸魂育人水平
（代序）

昆明医科大学党委副书记　李世碧

近年来，昆明医科大学紧扣为党育人、为国育才，积极贯彻全国高校思想政治工作会议、学校思想政治理论课教师座谈会精神和中央《关于深化新时代学校思想政治理论课改革创新的若干意见》等会议和文件精神，立足医科院校实际，落实立德树人根本任务，在构建全员协同参与的"大思政"格局中提高政治站位，深化改革创新，突出加强思政课主渠道建设。

一、着力加强党对思政课的领导

加强组织领导。学校党委高度重视思想政治课建设，每学期坚持定期研究解决思政课和马克思主义学院建设中的重大问题，学习党中央、教育部和省委、省委教育工委关于新时代思政课改革创新的有关会议和文件精神，做到及时上会研究实施。近年来，研究解决了事关思政课建设发展的机构设置、队伍建设、经费保障等重大问题，为推进思政课改革创新奠定了坚实的基础。制订出台了《昆明医科大学关于深化新时代思想政治理论课改革创新的实施方案》等文件，从学校层面规划思政课和马克思主义学院发展，完善顶层设计。落实学校领导班子成员讲思政课制度，学校领导走进思政课堂，为全校关心和支持思政课起到了较好的示范带动作用。2018年，学校把本科生五门思政课程全部列入校级精品课程，把马克思主义理论学科列为扶持学科加强建设。采取各种举措，把思政课作为重点课程，把马克思主义理论学科作为重点学科，把马克思主义学院作为重点学院的要求落到实处。

经费支持保障更加有力。2017年独立设置马克思主义学院后，为学院的装修改造和办公条件改善提供了充裕的经费保障。按在校生总数生均40元标准划拨思政课建设专项经费，用于教师学术交流、实践研修等，落实了人均2000元/月的思政课教师专项津贴，极大地激发了思政课教师的责任感和使命感。每年在优先划拨马克思主义学院办公经费的同时，2020年学校专门划拨100万元，作为思政课内涵建设专项经费，极大地拉动了思政课内涵建设水平。

队伍建设实现了跨越发展。立足新时代思政课教师配备的新要求，学校党委对思政课教师队伍建设给予优先保障，近三年通过公开招聘、校内调整等形式新进思政课专任教师35人，思政课专任教师配备达到教育部师生比1∶350的要求。目前思政课教师队伍的年龄结构、职称结构更加合理，队伍充满活力。

二、着力加强思政课支撑体系建设

思政课自身建设支撑体系得到加强。制定了符合思想政治理论课教学内在要求、有利于教师职业发展的教学考核评价体系，构建了新的更有针对性的领导评教、专家评教、同行评教、学生评教体系。在职称评定中建立了新的制度，落实了思政课教师职称评定单列的政策要求。把在党报党刊中发表文章列入思政课教师评价和职称评定体系，极大地调动了教师积极性。

思政课主渠道和学生日常思想教育渠道配合机制构建更加完善。学校及时调整充实大学生思想政治工作领导小组和思想政治理论课领导小组，既重视党委统一领导、党政齐抓共管、部门分工负责、全员协同参与的"大思政"格局的构建，又重视思政课主渠道作用的发挥，做到两方面统筹部署、统筹谋划，产生协同效应。在大学生思想政治教育中加强了马克思主义学院和学工、团委等部门的协同配合，如安排思政课教师担任学生理论学习社团的指导教师,在学工和团委组织的学生思想理论教育活动中安排思政课教师担任指导教师,鼓励学历背景符合要求的辅导员兼思政课教学等。把学校有关部门和各学院对思政课的关心、重视和支持纳入学校党建思政工作年度目标考核体系,在全校形成了重视思政课建设发展的浓厚氛围。

思政课程和课程思政协同机制已经形成。学校在突出抓好思政课建设的同时,高度重视课程思政建设,出台了专门的课程思政建设实施方案,着力推进课程思政建设,建设了多门课程思政示范课程,牢固树立全员、全程、全方位育人理念,建立协同育人机制,实现思政课程与课程思政同向同行、同频共振。

三、着力推进思政课内涵建设改革创新

学校充分发挥党建引领作用,在创建一流党建中,积极组织开展思政课教师向曲建武、王展飞学习教育活动,把马克思主义学院基层党组织和党员的战斗堡垒作用和先锋模范作用体现到创建一流思政课堂和"张桂梅思政大讲堂"上来。采取各种举措,积极贯彻新时代思政课教学工作新要求,把习近平总书记关于思政课改革创新"八个统一"的要求落到实处,着力提高习近平新时代中国特色社会主义思想教育实效,提高思政课教学质量,增强学生获得感。

一是积极构建新时代思政课程建设新格局。学校制订下发了新时代思政课教学组织管理改革新方案、思政课社会实践课教学组织方案、思政课形势与政策课教学组织方案,在保障理论课堂教学的同时,划出2学分独立开设了思政课社会实践课,做到了思政课社会实践课学生全覆盖。采取课堂教学、专题报告和线上教学相结合的方式,做到了"形势与政策"课从低年级到高年级全程覆盖。在加强思政课必修课内涵建设的同时,开设了"四史"选择性必修课,积极探索建设思政课选择性必修课程群。

二是坚持在守正和创新两方面着力。学校思政课坚持在教学内容上守正,坚持使用思政课"马工程"规范教材;坚持在教学安排上守正,开足课程,给足学时学分,坚持中班教学和在正课时段安排教学;坚持在教学

过程上守正，严明课堂教学纪律要求。在守正基础上，按"八个统一"的要求着力推进教学组织、手段、方式方法等改革创新。

三是抓实理论课堂、网络课堂、社会实践大课堂三个课堂。重视从教材体系到教学体系的转变，在强化教研室集体备课的同时，坚持学院每学期集体备大课制度，重大时政教育适时安排专题备课；突出"一课一品"课堂教学活动，抓实课堂讨论、学生讲思政课、课题研究成果分享等课堂教学环节，激活课堂教学，提高教学成效；坚持学生同行、专家、领导四方八面评教，完善教学监控，建设了学生思政课网络自主学习平台，构建"平时成绩+自主学习形成性考核+课程考试"相结合的课程考核模块；推进课堂现代网络技术运用，引进中成智慧课堂模式，探索推进线上和线下相结合的教学改革。开设了学生思政课社会实践课，与学生社会实践活动和志愿服务活动相结合，与团学组织日常教育活动相结合，开展实践教学，为学生班级配备了专门的思政课社会实践课指导教师，核定学时学分，做到思政课实践教学全覆盖。

四是注重做好重大时政专题、医学人文和医德医风、民族宗教观、先进典型四方面的融入教育。及时把习近平总书记考察云南重要讲话精神、中美贸易摩擦、意识形态专项工作、扫黑除恶、疫情防控等融入思政课教学，回应学生对社会热点的关切。适应医学生特点，在各门思政课程理论教学中，注重融入医学、医疗元素，融入医学、人文和医德医风教育，处理好医科院校思政课教学中的共性和个性问题，增强思政课对医学生的吸引力。2020年以来，抓住疫情防控的契机，发挥医科院校的优势，组织开展了覆盖全校学生的线上和线下相结合的100多场抗疫思政课专题教学。

近年来，学校思政课改革创新取得了显著成效。有三门课程入选省级精品课程和优质课程。一名教师在五省区教学比赛中获得第一名，多名教师在省级思政课教学比赛中获奖。

目录 CONTENTS

导论 ·· 1
  一、理论知识概要 ·· 1
  二、教学重点难点 ·· 2
  三、教学案例 ·· 8
    案例 1 新时代要有新气象，更要有新作为 ································ 8
    案例 2 立足两个大局　心怀"国之大者" ·································· 11
    案例 3 滴水穿石的启示 ·· 13
    案例 4 厉害了，我的国——新中国 70 年骄傲成就盘点 ·············· 15
  四、阅读文献 ·· 18

第一章　中国特色社会主义进入新时代 ·· 20
  一、理论知识概要 ·· 20
  二、教学重点难点 ·· 23
  三、教学案例 ·· 29
    案例 1 不平衡不充分的发展 ·· 29
    案例 2 改革开放 40 年中国社会的重大转变 ···························· 31
    案例 3 40 年的改革开放给中国带来了什么 ······························ 33
    案例 4 我国首次火星探测任务新里程碑 ·································· 35
    案例 5 从脱贫攻坚到乡村振兴 ·· 38
  四、阅读文献 ·· 40

第二章　新时代坚持和发展中国特色社会主义 ········· **41**
一、理论知识概要 ········· 41
二、教学重点难点 ········· 42
三、教学案例 ········· 48
　案例1　中国特色社会主义好在哪里? ········· 48
　案例2　深刻认识中国共产党的初心和使命 ········· 51
　案例3　伟大斗争,伟大工程,伟大事业,伟大梦想 ········· 53
　案例4　中国共产党的使命担当与民族复兴 ········· 55
　案例5　准确把握"三个一以贯之"的内涵蕴意 ········· 59
四、阅读文献 ········· 61

第三章　中国特色社会主义经济建设 ········· **62**
一、理论知识概要 ········· 62
二、教学重点难点 ········· 65
三、教学案例 ········· 67
　案例1　分配制度是实现共同富裕的有效制度安排 ········· 67
　案例2　数字经济为绿色普洱注入新活力 ········· 70
　案例3　"木桶理论"蕴含的协调发展理念 ········· 71
　案例4　从制造大国迈向制造强国 ········· 73
　案例5　海南自贸港成全球投资"新热土" ········· 75
　案例6　守望相助　情义无价——"一带一路"朋友圈
　　　　　齐心战"疫" ········· 77
四、阅读文献 ········· 80

第四章　新时代中国特色社会主义政治建设 ········· **81**
一、理论知识概要 ········· 81
二、教学重点难点 ········· 82
三、教学案例 ········· 92

案例1　政治道路坚定走 …………………………………… 92
　　案例2　坚持和完善人民代表大会制度　不断发展全过程
　　　　　人民民主 ………………………………………………… 94
　　案例3　"有事好商量"的中国智慧 …………………………… 97
　　案例4　孙小果案"一查到顶",让公众更有法治信心 ……… 100
　四、阅读文献 ……………………………………………………… 102

第五章　新时代中国特色社会主义文化建设 …………………… 103
　一、理论知识概要 ………………………………………………… 103
　二、教学重点难点 ………………………………………………… 104
　三、教学案例 ……………………………………………………… 109
　　案例1　中华优秀传统文化的丰富底蕴——三星堆古遗址 … 109
　　案例2　中国共产党领导人民在革命中创造的革命文化
　　　　　长征——人类历史的伟大奇迹 ……………………… 111
　　案例3　大力弘扬大庆精神、铁人精神 ……………………… 114
　　案例4　培育和践行社会主义核心价值观——钱学森的轨迹 … 117
　　案例5　中国共产党领导人民在建设社会主义大厦中创造的
　　　　　社会主义文化 ………………………………………… 120
　四、阅读文献 ……………………………………………………… 123

第六章　新时代中国特色社会主义社会建设 …………………… 125
　一、理论知识概要 ………………………………………………… 125
　二、教学重点难点 ………………………………………………… 127
　三、教学案例 ……………………………………………………… 128
　　案例1　909万个期待 …………………………………………… 128
　　案例2　从"一步跨千年"到全面小康 ……………………… 130
　　案例3　扎实推动共同富裕 …………………………………… 133
　　案例4　小网格撬动大治理 …………………………………… 138
　　案例5　十八大以来我国成世界上最有安全感的国家之一 … 139

四、阅读文献 …………………………………………………………… 142

第七章　新时代中国特色社会主义生态文明建设 …………………… **143**
 一、理论知识概要 ……………………………………………………… 143
 二、教学重点难点 ……………………………………………………… 146
 三、教学案例 …………………………………………………………… 148
  案例1　幸福的司莫拉 ……………………………………………… 148
  案例2　生态扶贫的新模式——种一棵活百年的树 …………… 152
  案例3　人不负青山　青山定不负人 …………………………… 155
  案例4　弘扬塞罕坝精神　持之以恒推进生态文明建设 ……… 159
  案例5　良好生态环境是最普惠的民生福祉 …………………… 163
 四、阅读文献 …………………………………………………………… 166

第八章　新时代坚持和发展中国特色社会主义的重要保障 ………… **167**
 一、理论知识概要 ……………………………………………………… 167
 二、教学重点难点 ……………………………………………………… 168
 三、教学案例 …………………………………………………………… 170
  案例1　总体国家安全观的首次提出 …………………………… 170
  案例2　"阿拉伯之春"后的十年寒冬 ………………………… 172
  案例3　发展和安全不可偏废 …………………………………… 175
  案例4　加强党史军史和光荣传统教育　确保官兵永远听党话、
     跟党走 …………………………………………………… 178
  案例5　回归"一国两制"的初心 ……………………………… 187
 四、阅读文献 …………………………………………………………… 189

第九章　新时代中国特色大国外交与构建人类命运共同体 ………… **191**
 一、理论知识概要 ……………………………………………………… 191
 二、教学重点难点 ……………………………………………………… 192
 三、教学案例 …………………………………………………………… 196

案例1　认清全球科技竞争决胜未来大势 …………………… 196
案例2　中国对世界经济增长贡献巨大 ……………………… 200
案例3　中国第一次提出和平共处五项原则 ………………… 203
案例4　元首外交的意义与作用 ……………………………… 204
案例5　"一带一路"沿线贸易增长展现强韧经济活力 …… 206

四、阅读文献 ……………………………………………………… 208

第十章　新时代坚持和加强党的全面领导与全面从严治党 …… **209**

一、理论知识概要 ………………………………………………… 209
二、教学重点难点 ………………………………………………… 210
三、教学案例 ……………………………………………………… 216
案例1　怎样认识"党是领导一切的"写入党章？ ………… 216
案例2　不忘初心、牢记使命，谱写新时代新篇章 ………… 219
案例3　深刻领会新时代党的建设总要求 …………………… 222
案例4　始终把政治建设摆在首位 …………………………… 225
案例5　夺取反腐败斗争压倒性胜利——"十三五"时期党风廉政
　　　　建设和反腐败斗争回眸 …………………………… 227

四、阅读文献 ……………………………………………………… 230

后记 ……………………………………………………………… **231**

导　论

一、理论知识概要

（一）知识结构

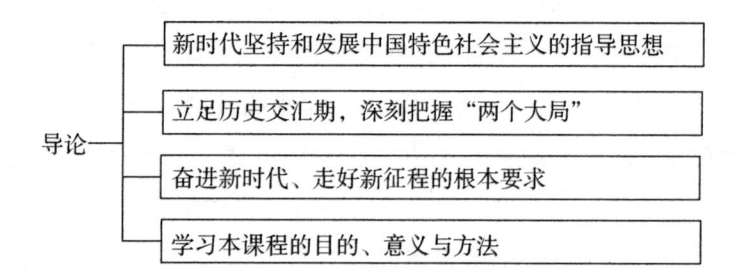

```
              ┌─ 新时代坚持和发展中国特色社会主义的指导思想
              │
              ├─ 立足历史交汇期，深刻把握"两个大局"
     导论 ────┤
              ├─ 奋进新时代、走好新征程的根本要求
              │
              └─ 学习本课程的目的、意义与方法
```

（二）理论知识

中国特色社会主义是历史的选择，是人民的选择，具有深厚的历史底蕴。它不是从天上掉下来的，而是在改革开放 40 多年的伟大实践中得来的，是在新中国成立 70 多年的持续探索中得来的，是在中国共产党领导人民进行伟大社会革命 100 多年的实践中得来的，是在近代以来中华民族由衰到盛 170 多年的历史进程中得来的，是在对中华文明 5000 多年的传承发展中得来的，是党和人民历经千辛万苦、付出各种代价取得的宝贵成果。习近平新时代中国特色社会主义思想，是当代中国马克思主义、21 世纪马克思主义，实现了马克思主义中国化新的飞跃，标志着我们党对共产党执政规律、社会主义建设规律、人类社会发展规律的认识达到了新高度，使人们对实现现代化途径、人类文明发展形态的认识达到了新高度，开辟了马克思主义新境界。导论部分重点学习把握习近平新时代中国特色社会主义思想的丰富内涵和指导地位，并从"两个一百年"和"两个大局"出发把握我国发展的方位和大势，明确奋进新时代、走好新征程的根本要求，深化对当代中国青年历史使命的理解。

二、教学重点难点

（一）深刻领会习近平新时代中国特色社会主义思想的精神实质和丰富内涵

习近平总书记在党的十九大报告中指出："全党要深刻领会新时代中国特色社会主义思想的精神实质和丰富内涵，在各项工作中全面准确贯彻落实。"

习近平新时代中国特色社会主义思想，从理论和实践结合上系统回答了新时代坚持和发展什么样的中国特色社会主义、怎样坚持和发展中国特色社会主义，包括新时代坚持和发展中国特色社会主义的总目标、总任务、总体布局、战略布局和发展方向、发展方式、发展动力、战略步骤、外部条件、政治保证等基本问题。习近平新时代中国特色社会主义思想的精神实质和丰富内涵，集中体现在"十个明确""十四个坚持"中。

党的第十九届中央委员会第六次全体会议审议通过了《中共中央关于党的百年奋斗重大成就和历史经验的决议》（以下简称《决议》），《决议》用"十个明确"对习近平新时代中国特色社会主义思想的核心内容作了进一步概括。明确中国特色社会主义最本质的特征是中国共产党领导，中国特色社会主义制度的最大优势是中国共产党领导，中国共产党是最高政治领导力量，全党必须增强"四个意识"、坚定"四个自信"、做到"两个维护"；明确坚持和发展中国特色社会主义，总任务是实现社会主义现代化和中华民族伟大复兴，在全面建成小康社会的基础上，分两步走在21世纪中叶建成富强民主文明和谐美丽的社会主义现代化强国，以中国式现代化全面推进中华民族伟大复兴；明确新时代我国社会主要矛盾是人民日益增长的美好生活需要和不平衡不充分的发展之间的矛盾，必须坚持以人民为中心的发展思想，发展全过程人民民主，推动人的全面发展、全体人民共同富裕取得更为明显的实质性进展；明确中国特色社会主义事业总体布局是经济建设、政治建设、文化建设、社会建设、生态文明建设五位一体，战略布局是全面建设社会主义现代化国家、全面深化改革、全面依法治国、全面从严治党四个全面；明确全面深化改革总目标是完善和发展中国特色社会主义制度、推进国家治理体系和治理能力现代化；明确全面推进依法治国总目标是建设中国特色社会主义法治体系、建设社会主义法治国家；明确必须坚持和完善社会主义基本经济制度，使市场在资源配置中起决定性作用，更好发挥政府作用，把握新发展阶段，贯彻创新、协调、绿色、开放、共享的新发展理念，加快构建以国内大循环为主体、国内国际双循环相互促进的新发展格局，推动高质量发展，统筹发展和安全；明确党在新时代的强军目标是建设一支听党指挥、能打胜仗、作风优良的人民军队，把人民军队建设成为世界一流军队；明确中国特色大国外交要服务民族复兴、促进人类进步，推动建设新型国际关系，推动构建人类命运共同体；明确全面从严治党的战略方针，提出新时代党的建设总要求，全面推进党的政治建设、思想建设、组织建设、作风建设、纪律建设，把制度建设贯穿其中，深入推进反腐败斗争，落实管党治党政治责任，以伟大自我革命引领伟大社会革命。

为贯彻好习近平新时代中国特色社会主义思想，党的十九大报告提出新时代坚持和发展中国特色社会主义的基本方略。基本方略共十四条：第一条，坚持党对一切工作的领导，讲的是领导力量问题；第二条，坚持以人民为中心，讲的是政治立场问题；第三条，坚持全面深化改革，讲的是发展动力问题；第四条，坚持新发展理念，讲的是发展导向问题；第五条，坚持人民当家作主，讲的是依靠力量问题；第六条，坚持全面依法治国，讲的是法治保障问题；第七条，坚持社会主义核心价值体系，讲的是精神力量问题；第八条，坚持在发展中保障和改善民生，讲的是发展目的问题；第九条，坚持人与自然和谐共生，讲的是人与自然关系问题；第十条，坚持总体国家安全观，讲的是国家安全问题；第十一条，坚持党对人民军队的绝对领导，讲的是国防和军队建设问题；第十二条，坚持"一国两制"和推进祖国统一，讲的是国家统一问题；第十三条，坚持推动构建人类命运共同体，讲的是中国和世界关系问题；第十四条，坚持全面从严治党，讲的是党的自身建设问题。这十四条，党的十九大报告将其归纳为"构成新时代坚持和发展中国特色社会主义的基本方略"。正因为这样，习近平新时代中国特色社会主义思想有两个涵盖：一是涵盖坚持党的领导和全面从严治党，涵盖"五位一体"和"四个全面"，涵盖国防和军队建设、维护国家安全、对外战略；二是涵盖此前提出的党的基本纲领、基本经验、基本要求的主要内容。

习近平新时代中国特色社会主义思想是指导思想层面的表述，新时代坚持和发展中国特色社会主义的基本方略是行动纲领层面的展开，两者在核心要义和精神实质上是一致的，不能将两者割裂开来，而应该统一学习、统一把握、统一贯彻，以更好引领党和人民事业发展。

（二）坚持好、运用好贯穿习近平新时代中国特色社会主义思想的立场观点方法

习近平总书记在党的二十大报告中指出："继续推进实践基础上的理论创新，首先要把握好新时代中国特色社会主义思想的世界观和方法论，坚持好、运用好贯穿其中的立场观点方法。"报告从六个方面作出概括和阐述，强调必须坚持人民至上、坚持自信自立、坚持守正创新、坚持问题导向、坚持系统观念、坚持胸怀天下。这深刻揭示了习近平新时代中国特色社会主义思想的理论品格和鲜明特质。

第一，必须坚持人民至上。把握好习近平新时代中国特色社会主义思想必须深刻体会"人民"二字在习近平新时代中国特色社会主义思想中的根本性意义，始终坚持人民至上这一根本价值取向。第二，必须坚持自信自立。习近平总书记反复强调要坚持共产主义理想和社会主义信念，坚定中国特色社会主义道路自信、理论自信、制度自信、文化自信，坚定历史自信、增强历史主动。第三，必须坚持守正创新。党的十八大以来，以习近平同志为核心的党中央在立场、方向、原则、道路等根本性问题上旗帜鲜明、毫不含糊，着力正本清源、固本培元，高扬了理想信念的旗帜、马克思主义的旗帜、中国特色社会主义的旗帜，确保了党不变质、不变色、

不变味。同时，我们党坚持立破并举，以巨大勇气和魄力推进各方面改革创新，推动党和国家事业取得历史性成就、发生历史性变革，中国共产党的面貌、中国人民的面貌、社会主义中国的面貌、中华民族的面貌焕然一新。第四，必须坚持问题导向。今天，我们已经踏上全面建设社会主义现代化国家新征程，所面临问题的复杂程度、解决问题的艰巨程度明显加大，给理论创新提出了全新要求。只有聆听时代声音，回应时代呼唤，认真研究解决重大而紧迫的问题，才能真正把握住历史脉络、找到发展规律，推动理论创新。第五，必须坚持系统观念。党的十八大以来，面对错综复杂的国际形势、艰巨繁重的改革发展稳定任务，习近平总书记登高望远、领航掌舵，提出统揽伟大斗争、伟大工程、伟大事业、伟大梦想，统筹推进"五位一体"总体布局、协调推进"四个全面"战略布局，对党和国家事业发展作出科学完整的战略部署。在全面建设社会主义现代化国家新征程上，我们必须更加自觉地坚持和运用系统观念观察形势、分析问题、推动工作。第六，必须坚持胸怀天下。当前，世界之变、时代之变、历史之变正以前所未有的方式展开，和平赤字、发展赤字、安全赤字、治理赤字加重，世界进入新的动荡变革期。我们要拓展世界眼光，纵览天下大势，深刻洞察人类发展进步潮流，善于发现其中的机遇和挑战，找到在危机中育新机、于变局中开新局的制胜之道。要积极回应各国人民普遍关切，顺应世界人民要发展、要合作、要和平生活的普遍愿望，为解决人类面临的共同问题作出贡献。

（三）"两个大局"论述的继承和创新

中国共产党一经诞生，就肩负起实现中华民族伟大复兴的历史重任，深刻思考中国与世界关系，形成了兼顾国内国际"两个大局"的战略思维。在不同历史时期，我们党关于"两个大局"论述的内涵随着实践的发展而不断完善。

在新民主主义革命时期，"两个大局"主要是指中国革命和世界革命。我们党紧扣反对帝国主义、封建主义及官僚资本主义的鲜明指向，"两个大局"论述侧重于构建国内国际统一战线。毛泽东把统一战线列为中国革命取得成功的三大法宝之首，强调在国内，唤起民众，团结工人阶级、农民阶级、城市小资产阶级和民族资产阶级，在工人阶级领导之下，结成国内的统一战线；在国外，联合世界上以平等待我的民族和各国人民，联合苏联，联合各人民民主国家，联合其他各国的无产阶级和广大人民，结成国际的统一战线。

在社会主义革命和建设时期，"两个大局"主要是指我国社会主义建设与世界社会主义阵营的发展。在冷战背景下，"两个大局"论述具有鲜明的意识形态特征，强调推动我国与社会主义阵营其他国家之间的合作。毛泽东在新中国成立前夕发表《论人民民主专政》提出，"积四十年和二十八年的经验，中国人不是倒向帝国主义一边，就是倒向社会主义一边，绝无例外。骑墙是不行的，第三条道路是没有的"。我们在外交上采取"一边倒"战略，与苏联签署《中苏友好同盟互助条约》和发展同盟关系，与一些东欧和亚洲的社会主义国家全面发展关系，进而带动越来越多国家对我国予以外交承认，1971年恢复我国在联合国的合法席位。

在改革开放和社会主义现代化建设新时期，"两个大局"主要是指中国的发展与世界的演进之间的关系。"两个大局"论述强调我国以经济建设为中心，推动中国与世界的开放合作。我们党深刻洞察和准确把握世界和平与发展这个时代主题和经济科技快速发展这个全球大势，作出改革开放的重大决策，加入世界贸易组织，积极扩大参与全球化。邓小平提出，沿海地区要加快对外开放，使这个拥有两亿人口的广大地带较快地先发展起来，从而带动内地更好地发展，这是一个事关大局的问题。党的十七大强调，统筹国内国际两个大局，树立世界眼光，加强战略思维，善于从国际形势发展变化中把握发展机遇、应对风险挑战，营造良好国际环境。得益于对"两个大局"的科学把握，我国抓住及用好战略机遇期，在积极适应和参与经济全球化的进程中快速发展壮大，实现从封闭半封闭到全方位开放的历史性转变、从生产力相对落后的状况到经济总量跃居世界第二的历史性突破，深刻改变世界发展的趋势和格局。

中国共产党在为中国人民谋幸福、为中华民族谋复兴的同时，积极为人类谋进步、为世界谋大同。中国以负责任的大国担当，积极发挥世界和平建设者、全球发展贡献者、国际秩序维护者、公共产品提供者的建设性作用。提出全球安全倡议，主张坚持共同、综合、合作、可持续的安全观，共同维护世界和平和安全。提出全球发展倡议，主张坚持发展优先、坚持以人民为中心、坚持普惠包容、坚持创新驱动、坚持人与自然和谐共生、坚持行动导向，共同推动全球发展迈向平衡协调包容新阶段。面对新冠疫情，积极践行构建人类卫生健康共同体的重要理念，主张各国相互支持、加强防疫措施协调、完善全球公共卫生治理。这一系列战略举措都在为世界大变局注入更多正能量，壮大人类进步潮流，为实现中华民族伟大复兴营造良好的战略态势。

（四）深刻理解把握"九个必须"

在庆祝中国共产党成立100周年大会上，习近平总书记鲜明提出以史为鉴、开创未来"九个必须"的根本要求。

"九个必须"以"必须坚持中国共产党坚强领导"开头，以"必须不断推进党的建设新的伟大工程"收尾，二者遥相呼应，内容相互关联，深刻阐明了一个科学道理，就是办好中国的事情，关键在党，关键在党要管党、全面从严治党。历史充分证明，没有中国共产党，就没有新中国，就没有中华民族伟大复兴。中国共产党领导是中国特色社会主义最本质的特征，是中国特色社会主义制度的最大优势，是党和国家的根本所在、命脉所在，是全国各族人民的利益所系、命运所系。同时，党要不断应对好自身在各个历史时期面临的风险考验，就必须勇于推进自我革命，切实搞好自身建设，如此才能历经千锤百炼而朝气蓬勃。

"必须团结带领中国人民不断为美好生活而奋斗"和"必须不断推动构建人类命运共同体"，表明了党的鲜明价值追求：既立足于为中国人民谋幸福，又要为世界各国人民谋福祉。习近平总书记强调，江山就是人民，人民就是江山，打江山、守江山，守的是人民的心。中国共产党百年发展史充分证明，党的根基在人民、血脉在人民、力量在人民。

"必须继续推进马克思主义中国化"和"必须坚持和发展中国特色社会主义"，强调党必须坚持的指导思想和正确道路。马克思主义作为颠扑不破的科学真理，是我们立党立国的根本指导思想，是党的灵魂和旗帜。回顾党的百年奋斗史，我们始终坚持马克思主义同中国具体实际相结合、同中华优秀传统文化相结合，不断推进马克思主义中国化时代化，取得了一系列伟大历史成就。走自己的路，是党的全部理论和实践的立足点，更是党百年奋斗得出的历史结论。党和人民历经千辛万苦，走出了一条中国式现代化新道路，创造了人类文明新形态，新征程上更要不断坚持和发展中国特色社会主义，奋力前行。

"必须加快国防和军队现代化""必须进行具有许多新的历史特点的伟大斗争""必须加强中华儿女大团结"，从不同角度、不同侧面强调了以史为鉴、开创未来必须具备的重要保障要素。强国必须强军，军强才能国安。回顾历史，人民军队为党和人民事业建立了不朽功勋；展望未来，加快国防和军队现代化建设将为实现第二个百年奋斗目标提供重要战略支撑。敢于斗争、敢于胜利，是中国共产党不可战胜的强大精神力量。党的百年发展史，也是党领导人民顽强拼搏、不懈奋斗的历史。正是因为始终具有坚忍不拔的斗争精神，我们党才领导人民冲破各种艰难险阻，在不同历史发展阶段取得一个又一个的胜利。党的百年发展史，还是团结一切可以团结的力量、调动一切可以调动的积极因素共同奋进的历史。新征程上，建立最广泛的爱国统一战线，仍然是党团结海内外全体中华儿女实现中华民族伟大复兴的重要法宝。

三、教学案例

案例1　新时代要有新气象，更要有新作为①
——习近平总书记在第十九届中共中央政治局常委
同中外记者见面时的讲话（节选）

【案例呈现】

在刚才召开的中共十九届一中全会上，选举产生了新一届中共中央领

---

① 习近平．习近平谈治国理政：第三卷［M］．北京：外文出版社，2020：65-68.

导机构，全会选举我继续担任中共中央委员会总书记。这是对我的肯定，更是鞭策和激励。

现在，我向大家介绍一下当选的其他6位常委同志：李克强同志、栗战书同志、汪洋同志、王沪宁同志、赵乐际同志、韩正同志。其中，李克强同志是十八届中央政治局常委，其他五位同志都是十八届中共中央政治局委员，大家可以通过媒体渠道获得更多有关他们的资料。

在这里，我代表新一届中共中央领导成员，衷心感谢全党同志对我们的信任。我们一定恪尽职守、勤勉工作、不辱使命、不负重托。

过去的5年，我们做了很多工作，有的已经完成了，有的还要继续做下去、中共十九大又提出了新目标新任务，我们要统筹抓好落实。

经过长期努力，中国特色社会主义进入了新时代。新时代要有新气象，更要有新作为。中共十九大到二十大的5年，正处在实现"两个一百年"奋斗目标的历史交汇期，第一个百年奋斗目标要实现，第二个百年奋斗目标要开篇。这其中有一些重要的时间节点，是我们工作的坐标。

——2018年，我们将迎来改革开放40周年。改革开放是决定当代中国命运的关键一招，40年的改革开放使中国人民生活实现了小康，逐步富裕起来了。我们将总结经验、乘势而上，继续推进国家治理体系和治理能力现代化，坚定不移深化各方面改革，坚定不移扩大开放，使改革和开放相互促进、相得益彰。我坚信，中华民族伟大复兴必将在改革开放的进程中得以实现。

——2019年，我们将迎来中华人民共和国成立70周年。我们将贯彻新发展理念，推动中国经济持续健康发展，惠及中国人民和各国人民。我们将继续落实好"十三五"规划确定的各项任务，并对未来发展作出新的规划，推动各项事业全面发展，把我们的人民共和国建设得更加繁荣富强。

——2020年，我们将全面建成小康社会。全面建成小康社会，一个也不能少；共同富裕路上，一个也不能掉队。我们将举全党全国之力，坚决完成脱贫攻坚任务，确保兑现我们的承诺。我们要牢记人民对美好生活的向往就是我们的奋斗目标，坚持以人民为中心的发展思想，努力抓好保障和改善民生各项工作，不断增强人民的获得感、幸福感、安全感，不断推进全体人民共同富裕。我坚信，中国人民生活一定会一年更比一年好。

——2021年，我们将迎来中国共产党成立100周年。中国共产党立志于中华民族千秋伟业，百年恰是风华正茂！中国共产党是世界上最大的政党。大就要有大的样子。实践充分证明，中国共产党能够带领人民进行伟大的社会革命，也能够进行伟大的自我革命。我们要永葆蓬勃朝气，永远做人民公仆、时代先锋、民族脊梁。全面从严治党永远在路上，不能有任何喘口气、歇歇脚的念头。我们将继续清除一切侵蚀党的健康肌体的病毒，大力营造风清气正的政治生态，以全党的强大正能量在全社会凝聚起推动中国发展进步的磅礴力量。

中国共产党和中国人民从苦难中走过来，深知和平的珍贵、发展的价值。中国人民自信自尊，将坚定维护国家主权、安全、发展利益，同时将同各国人民一道，积极推动构建人类命运共同体，不断为人类和平与发展的崇高事业作出新的更大的贡献。

历史是人民书写的，一切成就归功于人民。只要我们深深扎根人民、紧紧依靠人民，就可以获得无穷的力量，风雨无阻，奋勇向前。

俗语说，百闻不如一见。我们欢迎各位记者朋友在中国多走走、多看看，继续关注中共十九大之后中国的发展变化，更加全面地了解和报道中国。我们不需要更多的溢美之词，我们一贯欢迎客观的介绍和有益的建议，正所谓"不要人夸颜色好，只留清气满乾坤"。

【案例讨论】

新时代如何担当新作为？

【案例分析】

中央办公厅印发《关于进一步激励广大干部新时代新担当新作为的意见》（以下简称《意见》），中央组织部召开新时代激励干部新担当新作为暨加强改进选调生工作座谈会。《意见》对调动和激发干部队伍的积极性具有十分重要的意义。作为新时期的干部、年轻的基层干部、青年党员、青年学子，应对新的要求和新的挑战，如何勇于担当创造新的事业，可以从以下几个方面着手。

要培养过硬的政治意识。坚定理想信念，明确政治方向，保持对党的绝对忠诚。尤其作为一名党员干部，必须具备过硬的政治素质，要不断学习补足"精神"之钙，坚定理想信念，牢固树立"四个意识"，在政治上、思想上、行动上始终和党中央保持一致，自觉维护党中央权威、认真执行党的政治路线、严格遵守党的政治纪律和政治规矩。

要有高度的责任意识。新时代、新要求，要有所作为必须要有高度的责任意识。面对棘手的工作，不畏困难、积极应对，多次试验总会找到解决的方法；面对繁杂的工作，要持之以恒、有的放矢，再繁杂的工作也有清晰的脉络；面对冒险的工作，要开拓进取、敢于创新，在冒险中也会收获胜利果实。在工作中、生活中、学习中我们要始终志存高远而又脚踏实地。

要有牢固的为民意识。党的辉煌征途中，始终坚持全心全意为人民服务的宗旨，共产党员始终坚持为中国最广泛人民的利益而不断奋斗，这也是中国共产党成立的初衷和使命。一个政党，一个政权，其前途和命运最终取决于人心向背。在历史新的篇章中，我们也要坚持这一宗旨毫不动摇，党员干部、青年学子要始终将为人民服务的理念牢记于心，从人民的利益出发，听取人民的呼声，与人民一路同行，只有坚持群众无事小，坚持与群众保持血肉相连的联系，坚持为群众谋福利，才能加快全面建设小康社会的进程，为实现伟大复兴的中国梦谱写新的篇章。

【教学建议】

本案例可用在导论第一目的教学中。

案例2　立足两个大局　心怀"国之大者"[①]

【案例呈现】

当前，世界正经历百年未有之大变局，我国正处于实现中华民族伟大复兴的关键时期。必须统筹中华民族伟大复兴战略全局和世界百年未有之大变局，准确把握两个大局的规律性、互动性，增强胸怀两个大局的自觉

---

① 李毅. 立足两个大局　心怀"国之大者"[N]. 人民日报，2021-06-04（13）.

性、主动性。

在大变局中树立正确的历史观、大局观、角色观

习近平总书记强调，把握国际形势要树立正确的历史观、大局观、角色观。树立正确历史观，就是不仅要看现在国际形势什么样，而且要端起历史望远镜回顾过去、总结历史规律，展望未来、把握历史前进大势。树立正确大局观，就是不仅要看到现象和细节怎么样，而且要把握本质和全局，抓住主要矛盾和矛盾的主要方面，避免在林林总总、纷纭多变的国际乱象中迷失方向、舍本逐末。树立正确角色观，就是不仅要冷静分析各种国际现象，而且要把自己摆进去，在我国同世界的关系中看问题，弄清楚在世界格局演变中我国的地位和作用，科学制定我国对外方针政策。

准确识变应变，增强战胜各种风险考验的底气、能力、智慧

习近平总书记指出，时与势在我们一边，这是我们定力和底气所在，也是我们的决心和信心所在。尽管国际国内形势发生了深刻复杂变化，我国发展具有的多方面优势和条件没有变，我们有坚强决心、坚定意志、坚实国力应对挑战，有足够的底气、能力、智慧战胜各种风险考验，任何国家任何人都不能阻挡中华民族实现伟大复兴的历史步伐。我们必须以越是艰险越向前的精神奋勇搏击、迎难而上，不断破解发展难题、增强发展动力、厚植发展优势，加快构建新发展格局，推动实现高质量发展。同时，面对我国社会主要矛盾变化和国际力量对比深刻调整，必须增强忧患意识、坚持底线思维，随时准备应对更加复杂困难的局面。

保持战略定力，全力办好自己的事

在新发展格局下，中国开放的大门将进一步敞开，同世界各国共享发展机遇，同世界各国实现互利共赢，为推动世界共同发展贡献力量。立足两个大局，办好自己的事，必须推动构建人类命运共同体，夯实走和平发展道路的基础。我们要顺应人民呼声和期盼，继续在和平与发展的道路上奋勇前进。我们要保持战略定力和坚定信念，坚定站在历史正确的一边，顺应世界和平发展潮流，以更加积极主动的姿态推动构建人类命运共同体，在全面建设社会主义现代化国家新征程上创造新的更大奇迹。

【案例讨论】

如何正确看待中国的发展？

【案例分析】

新时代统筹"两个大局"重要论述在实践上要求，准确把握并积极因应世界大变局来助力实现中华民族伟大复兴，弄清楚我国在世界大变局中的地位和作用并科学制定我国发展的大政方针，以更好地维护我国主权、安全、发展利益。新时代统筹"两个大局"重要论述要求我们准确把握世界多极化、经济全球化发展的必然趋势，抓住世界各国人民对和平与发展的共同诉求，在促进各国共同利益的过程中实现和维护我国利益。针对中华民族伟大复兴战略全局和世界百年未有之大变局相互作用带来的风险易发多发形势，习近平总书记指出，要因应情势发展变化，及时调整战略策略，加强对中远期的战略谋划，牢牢掌握战略主动权，做到准确识变、科学应变、主动求变，勇于开顶风船。善于危中寻机、化危为机，在世界大变局中开创新局。积极把握新时代外交工作大局，紧扣服务民族复兴、促进人类进步这条主线，加强对外工作顶层设计，推动建设新型国际关系，推动构建人类命运共同体，在因应世界大变局的过程中，为实现中华民族伟大复兴创造更多有利条件。

【教学建议】

本案例可用在导论第二目的教学中。

案例 3　滴水穿石的启示①

【案例呈现】

滴水穿石的自然景观，我是在插队落户时便耳闻目睹，叹为观止的。直至现在，其锲而不舍的情景仍每每浮现在眼前，我从中领略了不少生命和运动的哲理。

坚硬如石，柔情似水——可见石之顽固，水之轻飘。但滴水终究可以穿石，水终究赢得了胜利。

---

① 习近平. 习近平用典 [M]. 北京：人民出版社，2017：250-252.

喻之于人，是一种前仆后继、勇于牺牲的人格的完美体现。一滴水，既小且弱，对付顽石，肯定粉身碎骨。它在牺牲的瞬间，虽然未能看见自身的价值和成果，但其价值和成果体现在无数水滴前仆后继的粉身碎骨之中，体现在终于穿石的成功之中。在整个历史发展进程，在一个经济落后地区发展进程，都应该不追慕自身的显赫，应寻求一点一滴的进取，甘于成为总体成功的铺垫。当每一个工作者都成为这样的"水滴"、这样的牺牲者时，我们何愁于不能造就某种历史的成功契机?!

喻之于事，则是以柔克刚、以弱制强的辩证法原理的成功显示。我以为"水滴"敢字当头、义无反顾的精神弥足珍贵。我们正在从事的经济建设工作，必然会面临各种错综复杂的局面，是迎难而上，还是畏难而逃，这就看我们有没有一股唯物主义者的勇气了。战战兢兢，如临深渊，如履薄冰，那就什么也别想做，什么也做不成。但仅有勇气还是不够，一滴滴水对准一块石头，目标一致，矢志不移，日复一日，年复一年地滴下去——这才造就出滴水穿石的神奇！我们的经济建设工作又何尝不是如此。就拿经济比较落后的地区来说，她的发展总要受历史条件、自然环境、地理因素等诸方面的制约，没有什么捷径可走，不可能一夜之间就发生巨变，只能是渐进的，由量变到质变的，滴水穿石般的变化。如果我们一说起改革开放，就想马上会四方来助，八面来风，其结果，只能是多了不切实际的幻想，少了艰苦奋斗的精神；如果我们一谈到经济的发展，就想到盖成高楼大厦，开办巨型工厂，为追求戏剧性的效果而淡漠了必要的基础建设意识，那终究会功者难成，时者易失！

所以我们需要的是立足于实际又胸怀长远目标的实干，而不需要不甘寂寞、好高骛远的空想；我们需要的是一步一个脚印的实干精神，而不需要新官上任只烧三把火希图侥幸成功的投机心理；我们需要的是锲而不舍的韧劲，而不需要"三天打鱼，两天晒网"的散漫。

我推崇滴水穿石的景观，实在是推崇一种前仆后继，甘于为总体成功牺牲的完美人格；推崇一种胸有宏图、扎扎实实、持之以恒、至死不渝的精神。

【案例讨论】

滴水穿石的启示是什么？

【案例分析】

滴水穿石，在于其韧劲。一个人不论解决多大的难题，只要坚持不懈、有恒心，当他的努力积累到一定程度的时候，就一定会获得成功。我国清代的郑板桥成名之初，其画独树一帜，诗也写得清新隽永，可是字却写得软弱无力，于是他下决心苦练，日日练，月月练，日复一日，年复一年，终于练就了一手潇洒的书法，使他赢得了诗、画、字"三绝"的美誉。

滴水穿石，还在于滴落的每一滴水，都是向着一个方向，落在一个定点上，它的方向明确，目标专一。如果不是这样，水滴恐怕永远不可能穿石。同样，我们在为远大的理想而奋斗的过程中，也要有一个明确的目标，绝不能见异思迁。晋朝的大文学家左思，幼时曾先攻书法，后又致力于弹琴，然而都学无所成。父亲对他失去了信心，曾对朋友说："左思的智力才能还赶不上我呢！"听了这话左思受到很大的刺激，于是发奋读书，终于写成了"洛阳纸贵"的《三都赋》。有人看到陈景润摘取了数学王冠的明珠，就幻想当数学家，于是开始钻研数学；可是看了一本好小说以后，就转而做作家大梦；可作家的梦刚刚开始，又迷上了音乐，又是弄专业书，又是拜师，仿佛自己不久便可以在舞台上一展风采了。像这样没有明确的方向没有专一的目标，即使水流不断，又怎么能穿石呢？

【教学建议】

本案例可用在导论第二、第三目的教学中。

案例4 厉害了，我的国——新中国70年骄傲成就盘点[①]

【案例呈现】

历史的沧桑巨变，总是会在今昔对比中给人以强烈的震撼。

1949年10月1日，北京30万群众齐集天安门广场，隆重举行开国大

[①] 厉害了，我的国：新中国70年骄傲成就盘点［EB/OL］.知乎专栏，2019-10-02.

典。毛主席在天安门城楼上向全世界庄严宣告：中华人民共和国中央人民政府今天成立了！

70年披荆斩棘，70年风雨兼程，在中国共产党的带领下，新中国经历了从无到有，由弱变强的历史跨越。我们创造了新中国波澜壮阔、惊天动地的历史，民族独立、国家富强、百姓安居乐业，用短短70年走过了西方发达国家几百年才走完的道路，在政治、文化、社会、生态等方面都获得了全方位的发展。

有国才有家，有家才有国。

峥嵘70年，我们与国同梦，与国同行，与国同运！历经几代人艰苦卓绝的奋斗，我们一砖一瓦建设起今天繁华宜居智慧的现代都市，在中华几千年来传统家文化的感召下，一个个小家欣欣向荣，汇集成推动家国强大最坚固的力量。没有谁比中国人民更懂，什么是众志成城！70年我们取得了太多太多的成就，且让我们细数这些振奋人心的变化。

人均GDP提高到6.46万元

中华民族从站起来、富起来到强起来实现飞跃。1952年—2018年，GDP从679.1亿元跃升至90.03万亿元，实际增长174倍；人均GDP从119元提高到6.46万元，实际增长70倍。

成为世界经济第二大国

从世界范围来看，目前，中国已成为世界经济第二大国、货物贸易第一大国、外汇储备第一大国、服务贸易第二大国、使用外资第二大国、对外投资第二大国。移动通信、现代核电、载人航天、量子科学、深海探测、超级计算等领域取得重大科技成果。

居民人均可支配收入增长59.2倍

2018年，居民人均可支配收入比1949年实际增长59.2倍，居民人均消费支出比1956年实际增长28.5倍，居民消费支出中食品支出比重降到30%以下。

高铁3万公里位居世界第一

2018年末，铁路营业里程13.2万公里，其中高速铁路3万公里，分别居世界第二和世界第一；公路里程485万公里。其中，高速公路14.3万公里，居世界第一。

居民享受"新四大发明"

信息化深入发展，居民在网上购物、用手机支付、骑共享单车、坐高速列车成为常态，所谓新"四大发明"。1949年—2018年，常住人口城镇化率从10.6%提升至59.6%。

成为世界制造业第一大国

70年来，中国从传统农业国转为现代工业国取得显著成效，目前已经成为世界工业第一大国、制造业第一大国，拥有联合国产业分类中全部工业门类。

发明专利申请数连续8年世界第一

2018年，中国研发人员全时当量为419万人年，研发人员总量连续6年居世界首位；全社会研究与试验发展经费（R&D）为19 678亿元，稳居世界第二，R&D与GDP之比为2.19%，超过欧盟15国平均水平；全国发明专利申请数432.3万件，连续8年居世界第一。

人均预期寿命上升为77岁

教育、文化、医疗卫生、体育、社会保障、扶贫脱贫、生态环保事业全面发展。70年来，中国人均预期寿命从35岁上升为77岁，森林覆盖率从1976年的12.7%提高到2018年的22.96%。

对世界经济增长贡献率居世界首位

目前，中国是联合国五大常任理事国中派出维和部队人数最多的国家；中国经济增长对世界经济增长的贡献率居世界首位；中方共建"一带一路"倡议已得到160多个国家和国际组织的积极响应。

此外，新中国成立70年来，不断前行的住房改革，也给中国人民带来了居住空间和生活方式上的巨大变迁。我国房地产事业也从无到有、从小到大，在风雨中砥砺前行，发展壮大成为国民经济的支柱产业，百姓的安居梦正照进现实。

这些成就是否已让你心潮澎湃？

相信大家的内心久久不能平静，短短70年，从落后的缺吃少穿，到现在的国泰民安，惠及泱泱中华十几亿同胞，这本身就是一个最伟大的奇迹！厉害了，我的国！无以言表，唯有歌以咏志。

【案例讨论】

新中国取得成就的难能可贵之处是什么？

【案例分析】

中国经济奇迹并不仅仅在奇迹本身，而是奇迹的规模、创造奇迹的难度和取得奇迹的方式。和人类历史上其他国家的发展相比，中国取得如此巨大的成就，其难能可贵之处有三。一是人类历史上第一个十亿级超大规模的国家的发展，其代表性和说服力远非百万级、千万级的国家所能比。二是同时进行经济转型（从计划向市场）和社会转型（从农业社会向工业社会），人类历史上堪称空前绝后，其难度可想而知。西方有这样的评论：这如同在一枚硬币上让一艘航空母舰进行180度转向。然而，中国竟然奇迹般地做到了。三是中国完全是通过自我积累发展起来的，既没有对外掠夺和殖民，也没有对外转嫁矛盾和危机，完全是一种和平的、多方受益的发展模式。[1]

【教学建议】

本案例可用在导论第三目的教学中。

四、阅读文献

［1］中共中央关于党的百年奋斗重大成就和历史经验的决议［M］.北京：人民出版社，2021.

［2］习近平.习近平谈治国理政［M］.北京：外文出版社，2014.

［3］习近平.习近平谈治国理政：第二卷［M］.北京：外文出版社，2017.

［4］习近平.习近平谈治国理政：第三卷［M］.北京：外文出版社，2020.

［5］本书编写组.决胜全面建成小康社会 夺取新时代中国特色社会主义伟大胜利［M］.北京：人民出版社，2017.

---

[1] 宋鲁郑.如何理解新中国的巨大成就？［EB/OL］.观察者网，2014-09-29.

[6] 本书编写组. 党的十九大报告辅导读本 [M]. 北京：人民出版社，2017.

[7] 陈建奇，高祖贵. 新时代统筹"两个大局"重要论述的理论意义与实践价值 [N]. 学习时报，2022-10-03（2）.

[8] 李毅. 立足两个大局 心怀"国之大者" [N]. 人民日报，2021-06-04（13）.

[9] 把握好习近平新时代中国特色社会主义思想的世界观和方法论 [EB/OL]. "学习强国"学习平台，2022-11-16.

[10] 深刻领会习近平新时代中国特色社会主义思想的科学体系和核心要义 [EB/OL]. 人民论坛网，2022-06-27.

第一章　中国特色社会主义进入新时代

一、理论知识概要

（一）知识结构

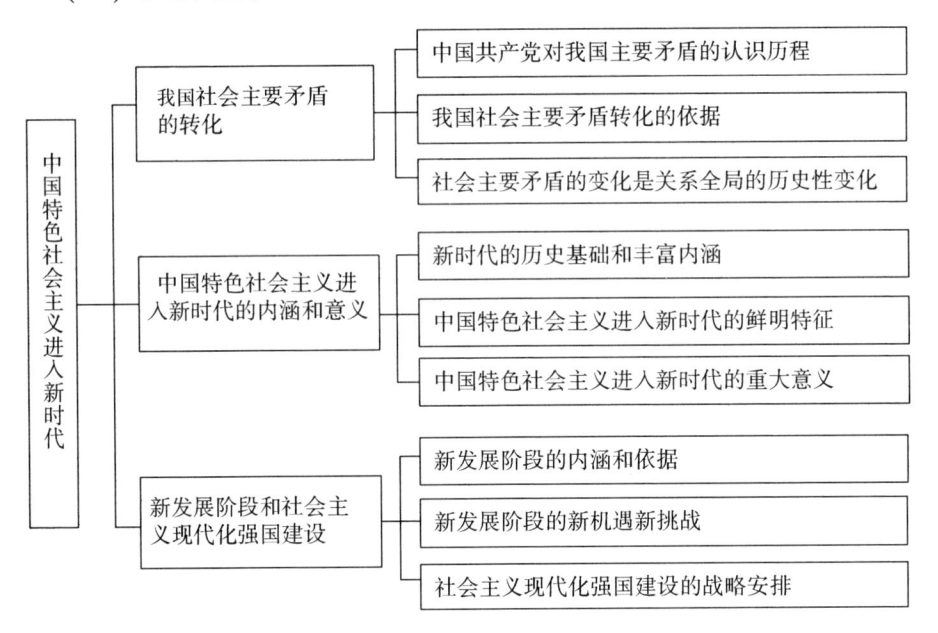

```
                    ┌── 我国社会主要矛盾 ──┬── 中国共产党对我国主要矛盾的认识历程
                    │   的转化            ├── 我国社会主要矛盾转化的依据
                    │                    └── 社会主要矛盾的变化是关系全局的历史性变化
中国特色社会          │
主义进入新时代 ──────┼── 中国特色社会主义 ──┬── 新时代的历史基础和丰富内涵
                    │   进入新时代的内涵   ├── 中国特色社会主义进入新时代的鲜明特征
                    │   和意义            └── 中国特色社会主义进入新时代的重大意义
                    │
                    └── 新发展阶段和社会 ──┬── 新发展阶段的内涵和依据
                        主义现代化强国建设  ├── 新发展阶段的新机遇新挑战
                                         └── 社会主义现代化强国建设的战略安排
```

（二）理论知识

1. 我国社会主要矛盾的转化

矛盾学说和矛盾分析方法，是马克思主义的重要组成部分。科学分析和判断社会主要矛盾，历来是党制定大政方针和发展战略的重要依据。我们党在探索社会主义建设规律过程中，对我国社会主要矛盾认识的每一次深化，都提升了对社会主义初级阶段基本国情的认识水平，保证了党的路线方针政策的科学性、正确性。经过改革开放以来的长足发展，我国经济社会发生重大变化，已经站到了一个新的历史起点上。党的十九大明确指出，我国社会主要矛盾已经转化为人民日益增长的美好生活需要和不平衡不充分的发展之间的矛盾。我国社会主要矛盾的变化是关系全局的历史性变化，对党和国家工作提出了许多新要求。

我国社会主要矛盾转化的依据，一是我国生产力水平总体上显著提高，社会生产能力很多方面进入世界前列，"落后的社会生产"已经不能真实反映我国发展的状况。二是人民生活水平显著提高，人民对美好生活的向往更加强烈，不仅对物质文化生活提出了更高要求，而且在民主、法治、公平、正义、安全、环境方面的要求日益增长。三是影响满足人们美好生活需要的因素很多，发展的不平衡不充分已成为人民日益增长的美好生活需要的主要制约因素。

尽管我国社会主要矛盾发生了重大的变化，但这个变化并没有改变我国仍处于并将长期处于社会主义初级阶段的基本国情，也没有改变我国是世界上最大发展中国家的国际地位。

明确了我国所处的社会发展阶段，明确了我国所处的国际地位，就必须坚定不移地坚持党的初级阶段的基本路线，毫不动摇地坚持以经济建设为中心，毫不动摇地坚持四项基本原则，毫不动摇地坚持改革开放，最终把我国建设成为富强、民主、文明、和谐、美丽的社会主义现代化强国。

2. 中国特色社会主义进入新时代的内涵和意义

新时代不是凭空产生的，也不是一个简单的新概念表述，而是具有深刻的历史基础。新时代从历史纵深中走来，它产生于中华民族从站起来、富起来到强起来的波澜壮阔的历史进程之中，奠基于中国共产党长期奋斗的伟大成就之上。

党的十八大以来，中国特色社会主义进入新时代，中国共产党团结带领中国人民，自信自强、守正创新，坚持和加强党的全面领导，统筹推进"五位一体"总体布局、协调推进"四个全面"战略布局，坚持完善中国特色社会主义制度，为实现中华民族伟大复兴提供了更为完善的制度保证、更为坚实的物质基础、更为主动的精神力量。

中国特色社会主义进入新时代具有丰富内涵。从奋斗主题看，新时代是承前启后、继往开来、在新的历史条件下继续夺取中国特色社会主义伟大胜利的时代；从强国目标看，新时代是决胜全面建成小康社会，进而全面建设社会主义现代化强国的时代；从人民期待看，新时代是全国各族人民团结奋斗、不断创造美好生活、逐步实现全体人民共同富裕的时代；从初心使命看，新时代是全体中华儿女勠力同心、奋力实现中华民族伟大复兴中国梦的时代；从国际地位看，新时代是我国日益走近世界舞台中央、不断为人类作出更大贡献的时代。

习近平同志在党的十九大报告中提出："经过长期努力，中国特色社会主义进入了新时代，这是我国发展新的历史方位。"这一重大政治判断赋予新时代党和国家各项事业丰富内涵和重大意义。中国特色社会主义进入新时代，在中华人民共和国发展史上、在中华民族发展史上、在世界社会主义发展史上、在人类社会发展史上都具有重大意义。

3. 新发展阶段和社会主义现代化强国建设

中国进入新发展阶段，是中国共产党人在新时代科学分析社会主义初级阶段新特征、深刻把握国际发展大势作出的战略判断。新发展阶段具有特定的含义，意味着我国环境面临深刻复杂变化。要科学把握新阶段的新机遇新挑战，明确新时代中国特色社会主义发展的战略安排，续写全面建设社会主义现代化国家新的历史。

新发展阶段，就是全面建设社会主义现代化国家、向第二个百年奋斗目标进军的阶段，是我们党带领人民迎来从站起来、富起来到强起来历史性跨越的新阶段，是我国社会主义发展进程中的一个重要阶段。进入新发展阶段国内外环境的深刻变化既带来一系列新机遇，也带来一系列新挑战。

在不同的历史阶段，根据国际国内形势和我国革命、建设的发展条件，提出相应战略目标，既是中国共产党的优良传统，又是中国共产党执政兴国的重要经验。习近平总书记在十九大报告中，描绘了我国社会主义现代化建设从现在到21世纪中叶的宏伟蓝图：从现阶段到2020年，实现第一个百年奋斗目标,即全面建成小康社会;从 2020 年到 2035 年,在全面建成小康社会的基础上,再奋斗十五年,基本实现社会主义现代化;从 2035 年到 21 世纪中叶,在基本实现现代化的基础上,再奋斗十五年,把我国建成富强、民主、文明、和谐、美丽的社会主义现代化强国。这一宏伟蓝图站在历史和时代高度,提出了中国特色社会主义未来发展道路上的 3 个奋斗目标,且都有明确的时间期限,是继 20 世纪 80 年代邓小平提出"三步走"以来的新"三步走"战略安排,反映了中国共产党几代领导人对建设中国特色社会主义的接力探索和不断深化创新,是中国共产党在新时代建设中国特色社会主义的宏伟纲领,是引领我们党、国家和人民迈进新时代、开启新征程的行动指南。

二、教学重点难点

(一)教学重点

1. 中国特色社会主义进入新时代的依据

(1)认识解读新时代之一

中国特色社会主义进入新时代的依据,是本章的一个教学重点,党的十九大报告明确提出:"经过长期努力,中国特色社会主义进入了新时代,这是我国发展新的历史方位。"这是我们党准确把握我国发展新特点新要求作出的一个重大政治判断。那如何判定中国特色社会主义进入新时代,进入新时代的依据是什么?我们可以从三方面来认识和解读。一是要从新起点、新阶段来认识。二是要从我国社会主要矛盾发生了新变化来认识。三是要从党的新的历史使命上来认识。

第一,从新起点、新阶段来认识新时代。党的十八大以来,在过去长期努力的基础上,我国发展取得新的重大成就,党和国家事业发生历史性变革,我国发展站到了新的历史起点上,中国特色社会主义进入了新的发展阶段。

第二,从我国社会主要矛盾发生了新变化来认识新时代。党的十九大作出了我国社会主要矛盾已转化为人民日益增长的美好生活的需要和不平衡不充分的发展之间的矛盾。这是中国特色社会主义进入新时代的一个重要标志。

第三，从党的新的历史使命上来认识新时代。从十九大到二十大，站在"两个一百年"奋斗目标的历史交汇期，在实现全面建成小康社会之后，我们将为第二个百年奋斗目标而奋斗。十九大报告鲜明地提出，在新时代我们要进行伟大斗争，建设伟大工程，推进伟大事业，实现伟大梦想，这凸显了当代中国共产党人的使命和担当。[①]

十九大报告所说的新时代是指中国特色社会主义进入新时代，这是从党和国家事业发展的角度来讲的。我们要从这个角度来理解新时代。

（2）认识解读新时代之二

判定中国特色社会主义进入新时代的依据，我们还可以从判断新时代的历史依据和现实依据两方面来认识和解读。中国特色社会主义进入新时代，具有坚实的历史基础、充分的现实依据。

判断新时代的历史依据：中国特色社会主义进入新时代，是在几代中国共产党人相继建立新中国、开启新时期、跨入新世纪、站上新起点的接续奋斗中实现的。

以毛泽东同志为主要代表的中国共产党人，完成了新民主主义革命，建立了新中国，确立了社会主义基本制度，为当代中国一切发展进步奠定了根本政治前提和制度基础，让中国人民站立起来。党的十一届三中全会以后，以邓小平同志为主要代表的中国共产党人，把党和国家的工作中心转移到经济建设上来、实行改革开放的历史性决策，深刻揭示社会主义本质，科学回答了建设中国特色社会主义的一系列基本问题，让中国人民富裕起来。以江泽民为代表的中国共产党人，把中国特色社会主义推向了21世纪。以胡锦涛为代表的中国共产党人，在新的历史起点上坚持和发展了中国特色社会主义。以习近平同志为代表的中国共产党人，科学把握当今世界和当代中国的发展大势，全面开创了中国特色社会主义的新局面。

---

① 冷溶. 从六方面理解中国特色社会主义进入新时代［EB/OL］. 人民网，2017-10-26.

判断新时代的现实依据：党的十八大以来，党和国家事业发展取得的历史性成就和发生的历史性变革，决定着我国经济社会发展必然进入新的更高层次的新时代，主要体现在9个"深刻变革"。这些历史性变革，力度之大、范围之广、效果之显著、影响之深远，在党的历史、新中国发展史、中华民族发展史、世界社会主义发展史乃至人类发展史上都是极为罕见的。全面加强党的领导发生深刻变革，发展理念和发展方式发生深刻变革，各方面机制体制发生深刻变革，全面依法治国发生深刻变革，党对意识形态工作的领导发生深刻变革，生态文明建设发生深刻变革，国防军队现代化发生深刻变革，中国特色大国外交发生深刻变革，全面从严治党发生深刻变革。这些历史性成就和历史性变革涵盖改革发展、内政外交国防、治党治国治军各个领域，这些重大成就和变革还具有开创性意义，对中国社会发展产生了深远的影响。

在中国特色社会主义取得了历史性成就和历史性变革的基础之上，再用落后的社会生产来概括、总结中国的生产力水平及社会发展的状况，已显得不合时宜，同时也不符合中国国情。此时，中国社会的主要矛盾已发生了重大变化，由"人民日益增长的物质文化需要同落后的社会生产之间的矛盾"，转化为"人民日益增长的美好生活需要和不平衡不充分的发展之间的矛盾"。这一主要矛盾的变化是中国特色社会主义进入新时代的主要依据。

2. 中国特色社会主义进入新时代的意义

习近平总书记在十九大报告中指出："中国特色社会主义进入新时代，在中华人民共和国发展史上、中华民族发展史上具有重大意义，在世界社会主义发展史上、人类社会发展史上也具有重大意义。"习近平总书记在党的十九大报告中，用了三个"意味着"对进入新时代的意义作出了精辟概括。

第一，在中华人民共和国发展史上、中华民族发展史上，中国特色社会主义进入新时代的意义在于："意味着近代以来久经磨难的中华民族迎来了从站起来、富起来到强起来的伟大飞跃，迎来了实现中华民族伟大复兴的光明前景。"

半殖民地半封建的近代中国苦难深重，新中国的成立和社会主义制度的确立，彻底结束了中华民族被欺辱、被压迫的局面，广大人民群众成为国家的主人，中国人民从此站起来了，这为实现中华民族伟大复兴的中国梦提供了制度保障。经过中国人民的不断努力，特别是经过了40多年改革开放，中国社会发生了巨大的变化，生产力状况显著提高，人民生活水平全面改善，综合国力得到巨大提升，这为实现中华民族伟大复兴的中国梦提供了全方位的保障。中华民族终于迎来了从站起来到富起来、再到强起来的伟大飞跃。

第二，在世界社会主义发展史上，中国特色社会主义进入新时代的意义在于："意味着科学社会主义在21世纪的中国焕发出强大生机活力，在世界上高高举起了中国特色社会主义伟大旗帜。"

社会主义理论经历了从空想到科学、从理论到现实的伟大飞跃，1848年《共产党宣言》的公开发表，标志着科学社会主义的诞生，1917年俄国十月革命的胜利，把社会主义从理论变成了现实，从此开启了世界社会主义运动的伟大实践。在社会主义的具体实践过程中，遇到了重大挫折，20世纪90年代，东欧剧变、苏联解体。一时间社会主义"崩溃论""终结论"甚嚣尘上。面对如此困境，中国该何去何从？中国可否会成为第二个苏联？这些问题不可避免地摆在了中国共产党面前。

在世界"唱衰"社会主义、"唱衰"中国的艰难时刻，中国共产党坚信社会主义是符合中国实际的先进社会制度，坚信历史和人民的选择，高举社会主义旗帜，坚定不移地走中国特色社会主义道路，促使中国的综合国力和国际地位大幅跃升。党的十八大以来，我国综合国力迅速增强、国际影响力大幅提升，这充分证明了科学社会主义的真理性，为世界社会主义运动提供了丰富的经验和强大的推力。

第三，在人类社会发展史上，中国特色社会主义进入新时代的意义在于："意味着中国特色社会主义道路、理论、制度、文化不断发展，拓展了发展中国家走向现代化的途径，给世界上那些既希望加快发展又希望保持自身独立性的国家和民族提供了全新选择，为解决人类问题贡献了中国智慧和中国方案。"

过去，西方主流舆论一直把资本主义视为走向现代化的最佳模式，排斥和打压非西方模式，并企图将发展中国家引向新自由主义的西方之路。党的十八大以来，中国特色社会主义取得了巨大的成就，综合国力日渐增强；而此时的西方金融危机频发，特别是那些被迫采纳了西方模式的发展中国家，党争纷起、战祸不断、社会动荡、人民流离失所。而新时代的中国道路和中国经验，已经成为一个具有世界意义的社会主义发展中大国的成功案例和参照对象，这样一比较，中西方发展态势分明，高下立见，事实证明，西方模式并不是最佳模式。

人类走向现代化的道路绝不是唯一的，各国的发展道路应由各国人民根据自己的国情自己选择。这就是中国特色社会主义为解决人类问题贡献的中国智慧和中国方案。[①]

（二）教学难点

新时代中国社会的"变"与"不变"，这个问题是本章教学的一个难点，通过教学必须让学生明确认识到，中国特色社会主义进入新时代的一个"变"和两个"没变"。对全面贯彻落实十九大精神，承担新使命、奋斗新目标、开启新征程具有重大的现实意义和深远的历史意义。

1. 一个"变"

1956年党的八大指出："我们国内的主要矛盾，已经是人民对于建立先进的工业国的要求同落后的农业国的现实之间的矛盾，已经是人民对于经济文化迅速发展的需要同当前经济文化不能满足人民需要的状况之间的矛盾。" 1981年党的十一届六中全会对我国社会主要矛盾再次作了科学表述："在社会主义改造基本完成以后，我国所要解决的主要矛盾，是人民日益增长的物质文化需要同落后的社会生产之间的矛盾。"我们应当认识到，虽然在之后的30多年里，我们对社会主要矛盾的表述没有变，但随着我国生产力的快速发展，供给侧与需求侧的关系在向好转换，对社会主要矛盾内涵的解读在不同时期也有所不同。党的十九大明确指出，我国社

---

① 陈扬勇. 深刻理解中国特色社会主义进入新时代的重大意义［N］. 光明日报，2017-12-13（11）.

会主要矛盾已经转化为人民日益增长的美好生活需要和不平衡不充分的发展之间的矛盾。

2. 两个"没变"

尽管我国社会主要矛盾发生了重大的变化,但这并没有改变我们对我国社会主义所处历史阶段的判断,我国仍处于并将长期处于社会主义初级阶段的基本国情没有变;同时也没有改变我们对我国所处国际地位的判断,我国是世界最大发展中国家的国际地位没有变。

党的十八大以来我国社会发展取得了全方位、开创性的成就,党和国家事业发生了深层次、根本性的变革。但这并没有改变对我国所处历史阶段的判断。党的十九大指出:我国社会主要矛盾的变化,没有改变我们对我国所处历史阶段的判断,我国仍处于并将长期处于社会主义初级阶段的基本国情没有变。

第一,当下生产力水平的跃进尚未达到实现现代化的水平,这一时期呈现出的发展阶段性特征,仍是在社会主义初级阶段这个大背景下的新特征,并不是超越了社会主义初级阶段之后的特征,因而并不能改变对我国社会主义所处发展阶段的判断。

第二,十九大报告指出,我国社会生产力水平总体上显著提高。这主要是从纵向比较来说的。诚然,今日中国社会生产力水平总体上显著提高,社会生产能力在很多方面已进入世界前列,与之前相比已不可同日而语。但从整个世界发展进程来看,横向与其他国家相比,我国生产力发展水平在总体上仍然处于中等,依然属于社会主义初级阶段水平。

第三,发展不平衡不充分,从根本上说还是源于生产力水平不够高。这种不平衡不充分,不仅体现在落后地区、农村的发展不平衡不充分,甚至东部发达地区包括一些大城市依然有发展不平衡不充分的现象。例如,高质量的医疗机构、教育机构依然是稀缺资源,城乡差别很大,等等。①

中国进入新时代,社会主要矛盾发生了变化,但我国是世界最大发展中国家的国际地位没有变。首先,尽管从总量上看,我国主要经济指标已

---

① 辛鸣. 我国仍处于社会主义初级阶段[N]. 人民日报, 2018-05-02 (7).

居世界前列，但从人均占有量来看，我国依然是一个发展中国家。我国目前人均国内生产总值只相当于世界平均水平的80%左右，按国家和独立经济体排位，大体处在世界中列，国与国之间经济实力的对比，更多的应该是看人均占有量，而非经济总量。其次，从产业结构和单位GDP能耗量等指标看，中国与西方发达国家之间的差距更是悬殊。特别是在创新能力、产业层次、公共服务等方面与发达国家相比，仍有相当大的差距。我们要实现建成富强民主文明和谐美丽的社会主义现代化强国目标，还有很长的路要走。

因此，我们要牢牢把握社会主义初级阶段这个基本国情，牢牢立足社会主义初级阶段这个最大实际，牢牢坚持党在社会主义初级阶段的基本路线。

三、教学案例

案例1 不平衡不充分的发展[①]

【案例呈现】

改革开放以来，党团结带领全国各族人民不懈奋斗，推动我国经济实力、科技实力、国防实力、综合国力进入世界前列，推动我国国际地位实现前所未有的提升，但发展不平衡问题仍然存在。

地区经济发展不平衡，其具体表现为东西部地区发展不平衡和南北部地区发展不平衡。1980年东西部地区国内生产总值占全国国内生产总值总量比分别为94.59%和5.41%，2000年分别为95.31%和4.69%，2020年分别为95.16%和4.84%，东西部地区经济总量差距悬殊且没有明显缩小趋势。以秦岭-淮河一线作为南北界限，1980年南北部地区国内生产总值占全国国内生产总值总量比分别为54.1%和45.86%，2000年分别为58.22%和41.78%，2020年分别为64.78%和35.22%，南北地区经济总量差距持续增大。

[①] 李海舰，杜爽. 发展不平衡问题和发展不充分问题研究［J］. 中共中央党校（国家行政学院）学报，2022（5）.

城乡经济发展不平衡，其重点表现为城乡居民人均可支配收入、公共服务投入等发展不平衡。1980年城乡人均可支配收入分别为477.6元和191.3元，二者比值为2.50；2000年分别为6280元和2253.4元，二者比值为2.79；2020年分别为43834元和17131元，二者比值为2.56。城乡收入差距虽有所缩小，但仍保持两倍以上差距。农村公共基础设施、教育服务、医疗卫生服务、社会保障等投入均显著落后于城镇，以医疗卫生服务为例，2020年末，全国每万人医疗机构床位数为64.6张，其中，城市每万人医疗机构床位数为88.1张，农村每万人医疗机构床位数仅为49.5张。

尽管，社会文明程度显著提升。民主法制建设不断加强，依法治国深入推进，教育、科学、卫生等社会事业全面发展，文化事业和文化产业日益繁荣，人民群众的思想道德素质和科学文化素质明显提高，民族凝聚力和向心力空前增强，全社会焕发出蓬勃向上的精神风貌。但我国在方方面面都发生翻天覆地变化的同时，发展不平衡的问题更加凸显，需要引起了关注。

【案例讨论】

从以上所列数据材料可以看出，目前中国社会发展中凸显的问题是经济社会发展不平衡，请结合实际分析不平衡的主要表现。

【案例分析】

党的十九大提出，中国特色社会主义进入新时代，当前社会主要矛盾是人民日益增长的美好生活需要和不平衡不充分的发展之间的矛盾。"不平衡"讲的是经济社会体系结构问题，主要指比例关系不合理、可持续性不够，从而制约生产力的全面提升。"不平衡"主要表现为以下五方面。

一是实体经济和虚拟经济不平衡。目前网络经济繁荣，实体经济萧条，这已经影响到我国经济的发展了。

二是区域发展不平衡。从人均GDP最高的前5个省份与最低的后5个省份的平均水平之比，以及地区间加权变异系数看，我国区域间差距自2006年以后逐步缩小，但近两三年出现再度扩大的势头。

三是城乡发展不平衡。我国城乡居民收入差距仍然较大，2019年，城镇居民人均可支配收入是农村居民的2.73倍。城乡基础设施和公共服务的差距仍很明显。

四是收入分配不平衡。目前，我国的基尼系数还在 0.46 以上，仍处在较高水平。如果考虑到财产存量的差距，分配不平衡的问题更加突出。

五是经济与社会发展不平衡。看病难、看病贵，择校难、上学贵，养老难、养老贵等问题，仍然是人民群众最忧心的问题。①

【教学建议】

本案例可用在第一章第一节的教学中。

案例 2　改革开放 40 年中国社会的重大转变②

【案例呈现】

1978 年 12 月 18 日召开的党的十一届三中全会，翻开了新中国发展史上新的一页，自此中国全面走上了对内改革、对外开放的发展道路。也正因为这一历史性创举，使得中国经济社会发生了翻天覆地的变化，40 年的改革历程，中国特色社会主义建设取得了光辉的成就。

从经济发展看，实现了从封闭型经济弱国向开放型全球经济大国的转变。改革开放以来，依照"实践是检验真理的唯一标准"的理念，我们渐进式推动农村土地制度、户籍制度、乡镇企业发展、城市国有企业、外商投资、金融服务、科技管理体制、经济特区等相关制度的改革，逐渐明晰社会主义与市场经济、政府与市场、国家与民众之间的关系，全面调动了生产者积极性，激发了经济活力，完成了计划经济到市场经济的转变，共同创造了经济发展的中国奇迹。国民生产总值从 1978 年的 3645 亿元迅速跃升到 2017 年的 82.7 万亿元，增长了 226 倍，成为全球第二大经济体。中国 GDP 占世界经济比重从 1978 年不足 2%，增长到 2016 年的 15% 左右，稳居世界第二位。可以说，当今中国是一个名副其实的全球性经济大国。

从城乡结构看，实现了从落后的乡村型社会向富足的城乡融合型社会转变。1978 年，我国是一个农村人口占总人口 80% 的典型农业型国家。此

---

① 李伟. 不平衡不充分的发展主要表现在六个方面 [EB/OL]. 中国发展门户网，2018-01-13.

② 陶希东. 改革开放 40 年的伟大转变及历史性成就 [EB/OL]. 国际在线，2018-05-31.

后，经过采取加大户籍制度、土地制度、城市单位体制、设立经济特区、增设开放城市等改革创新，把农民从原有的土地束缚中解放出来，大量的农村劳动力开始流向大中型城市，整个社会呈现出高度的流动性，中国社会走上了现代城市化发展之路，城市活力进一步释放。截至目前，中国的城市化率已经达到58%的水平，一半以上的人口成为城市市民，并且产生了一大批人口超过500万的特大城市以及人口高度密集、经济一体化的超大城市区域，创造了新的财富、新的产品、新的文明、新的生活方式。对一个拥有十几亿人口的发展中大国而言，在如此短的时间内，从一个贫穷落后的国家转变成一个以城市居民为主的国家，同时以高铁、互联网为主的城乡基础设施建设取得了突飞猛进的发展，不得不说是巨大的成绩。党的十九大报告提出了乡村振兴战略，这是"五位一体"总体布局在乡村领域的具体落实。未来中国社会，将是一个城乡互动共融、协调发展的城乡融合型新社会。

从社会民生看，实现了从温饱向小康的整体性转变。通过经济、政治、社会、生态的全方位改革，为广大民众开辟新的就业渠道和发展机会，不断改善民生，不断增加收入，让广大人民群众过上富裕、幸福、文明的美好新生活，这是改革开放的初心，也是40年改革开放最大的成就之一。最典型的就是中国的减贫事业，使得7亿多人口脱离了极端贫穷，为世界的减贫事业做出了巨大贡献。我国城乡居民恩格尔系数的变化更证明了这一点，1978年时，城镇居民家庭的人均生活消费支出为311元，恩格尔系数为57.5%，到2017年时，分别变为24445元（增长了78倍）和28.6%；1978年农村居民家庭的人均生活消费支出为116元，恩格尔系数为67.7%，到2017年时，分别变为10955元（增长了94倍）和31.2%，城乡居民享受到了改革的红利，开始走向更加富裕、多元化消费的生活。新时代，随着交通、教育、医疗、住房、就业创业、文化、社会保障等民生领域的进一步建设，人民对生活的追求从"有没有"变成了"好不好"，高品质生活开始成为新的追求目标。

【案例讨论】

改革开放40年来中国特色社会主义取得了巨大的成就，在许多外国人眼里，中国什么都有，是像美国、英国一样的发达国家。就连津巴布韦新闻部的高官都会忍不住问中国记者："为什么中国坚持称自己是发展中国家？"①

甚至有中国人也认为中国已经脱离了社会主义初级阶段，步入发达国家的行列了。你认为怎么看待这个问题？

【案例分析】

尽管改革开放40年来中国特色社会主义取得了巨大的成就，但中国经济还面临着诸多的问题和瓶颈，我们必须面对现实，客观评价中国的经济现代化水平，在外界异乎寻常的赞誉面前保持清醒的头脑。

首先，中国经济实力跃上新台阶，但人均水平仍低于世界平均水平，更明显低于发达国家水平。

其次，中国经济结构出现重大变革，但产业结构、就业结构仍需优化升级。尽管中国创新驱动发展成果丰硕，但科技创新整体上仍处于跟跑状况。由于自主创新能力不足，中国虽已是制造业大国，但还不是制造业强国。

同时中国仍处在发展不平衡问题较为突出的阶段，城乡之间、区域之间、社会阶层之间的差距较大，具有发展中国家的典型特征。

目前，中国在这些方面与发达国家相比，还存在很大差距。中国仍然是世界上最大的发展中国家。②

【教学建议】

本案例可用在第一章第一节的教学中。

案例3　40年的改革开放给中国带来了什么③

【案例呈现】

40年来，我们始终坚持以经济建设为中心，不断解放和发展社会生产

---

① 李纳新. 非洲人的中国疑问：为什么中国自称是发展中国家［EB/OL］. 新浪网，2006-01-18.
② 专家：中国仍是世界上最大的发展中国家［EB/OL］. 凤凰网，2018-04-13.
③ 习近平在庆祝改革开放40周年大会上的讲话［EB/OL］. 新华网，2018-12-18.

力，我国国内生产总值由3679亿元增长到2017年的82.7万亿元，年均实际增长9.5%，远高于同期世界经济2.9%左右的年均增速。我国国内生产总值占世界生产总值的比重由改革开放之初的1.8%上升到15.2%，多年来对世界经济增长贡献率超过30%。我国货物进出口总额从206亿美元增长到超过4万亿美元，累计使用外商直接投资超过2万亿美元，对外投资总额达到1.9万亿美元。我国主要农产品产量跃居世界前列，建立了全世界最完整的现代工业体系，科技创新和重大工程捷报频传。我国基础设施建设成就显著，信息畅通、公路成网、铁路密布、高坝矗立、西气东输、南水北调、高铁飞驰、巨轮远航、飞机翱翔、天堑变通途。现在，我国是世界第二大经济体、制造业第一大国、货物贸易第一大国、商品消费第二大国、外资流入第二大国，我国外汇储备连续多年位居世界第一，中国人民在富起来、强起来的征程上迈出了决定性的步伐！

40年来，我们始终坚持在发展中保障和改善民生，全面推进幼有所育、学有所教、劳有所得、病有所医、老有所养、住有所居、弱有所扶，不断改善人民生活、增进人民福祉。全国居民人均可支配收入由171元增加到2.6万元，中等收入群体持续扩大。我国贫困人口累计减少7.4亿人，贫困发生率下降94.4个百分点，谱写了人类反贫困史上的辉煌篇章。教育事业全面发展，九年义务教育巩固率达93.8%。我国建成了包括养老、医疗、低保、住房在内的世界最大的社会保障体系，基本养老保险覆盖超过9亿人，医疗保险覆盖超过13亿人。常住人口城镇化率达到58.52%，上升40.6个百分点。居民预期寿命由1981年的67.8岁提高到2017年的76.7岁。我国社会大局保持长期稳定，成为世界上最有安全感的国家之一。粮票、布票、肉票、鱼票、油票、豆腐票、副食本、工业券等百姓生活曾经离不开的票证已经进入了历史博物馆，忍饥挨饿、缺吃少穿、生活困顿这些几千年来困扰我国人民的问题总体上一去不复返了！

【案例讨论】

从以上展示的资料，我们可以感受到改革开放40年来中国社会的巨大变化，请根据实际情况谈谈党和国家事业取得了哪些历史性成就、发生了哪些历史性变革。

【案例分析】

改革开放 40 年来，特别是十八大以来，党和国家事业取得了全方位的、开创性的历史性成就，发生了深层次的、根本性的历史性变革。

第一，全面加强党的领导发生深刻变革；第二，发展理念和发展方式发生深刻变革；第三，各方面机制体制发生深刻变革；第四，全面依法治国发生深刻变革；第五，党对意识形态的领导发生深刻变革；第六，生态文明建设发生深刻变革；第七，国防和军队现代化发生深刻变革；第八，中国特色大国外交发生深刻变革；第九，全面从严治党发生深刻变革。

党和国家事业取得的历史性成就是全方位的、开创性的，历史性变革是深层次的、根本性的。这对中国特色社会主义事业的发展将产生全局性和根本性的影响。

【教学建议】

本案例可用在第一章第二节的教学中。

案例 4　我国首次火星探测任务新里程碑

【案例呈现】

距离地球逾 3 亿千米的神秘红色星球火星，第一次迎来了中国的访客。中国国家航天局 2021 年 5 月 15 日宣布，天问一号探测器于当天 7 时 18 分成功着陆于火星乌托邦平原南部预选区域。中国探测器首次着陆火星取得圆满成功，引发世界各国航天机构和舆论的高度关注与赞叹。

多国航天机构发来贺电或表示祝贺。美国航空航天局（NASA）在推特上转发其副局长祖布钦的推文称："与全球科学界一样，我期待中国本次火星任务，能够为人类了解这颗红色星球作出重要贡献。"欧洲航天局及其下属的火星探测团队分别向中方表示祝贺，并祝愿中国火星探测接下来"走得更远"。俄国家航天集团公司总经理罗戈津称："这是中国太空探索计划的巨大成功。"

美国广播公司（ABC）称，中国探测器首次成功着陆火星，这是中国朝着雄心勃勃的太空目标向前迈进的最新一步。这一技术上具有挑战性的壮举比登陆月球要更复杂和困难。

《自然》杂志称，探测器着陆火星是迄今为止中国太空探测能力的最大考验。在火星上着陆必须由探测器自动进行。"每一步只有一次机会，行动是紧密联系在一起的。如果存在任何缺陷，着陆就将失败。"[1]

天问一号探测器成功登陆火星表面，尽管是探索火星的第一步，但迈出的步伐却意义非常重大，成了继美国以后第二个探测器正式登陆火星，并持续传回清晰图片的国家，可谓打破了美国在"登陆火星"上的技术垄断地位，距离地球非常遥远的火星，中国人发射的天问一号探测器来了。[2]

据航天科技集团五院"天问一号"探测器产品保证经理饶炜介绍，"天问一号"探测器自2020年7月23日成功发射，精确入轨后，已按预定飞行程序在轨飞行了约295天。

自2021年2月10日成功环绕火星后，相继完成了着陆区预探测、轨道维持、自检等关键飞行控制任务，飞行期间，能源平衡，状态稳定，各分系统工作正常。5月15日凌晨2时许，"天问一号"在火星停泊轨道上进入着陆窗口，随后探测器实施降轨，环绕器与着陆巡视器开始分离，继而环绕器升轨返回停泊轨道。着陆巡视器运行到距离火星表面125千米高度的进入点，开始进入火星大气，并最终软着陆在火星表面。[3]

在天问一号探测器飞达火星轨道以后，并未像美国近年发射的"毅力"号探测器那样采取直接登陆火星的模式，而是花费了大量的时间在环绕火星飞行，就是为了获得更多更详细的火星温度、大气成分、气象资源、选择理想的着落区域，供地球上的科学家解算，从而确定天问一号探测器最佳登陆地点和时间等数据。[4]

【案例讨论】

天问一号探测器成功登陆火星表面这一历史性重大事件，表明了中国

---

[1] 天问一号探测器成功着陆火星，世界祝中国火星探测"走得更远"[EB/OL].新浪新闻，2021-05-17.
[2] 天问1号探测器，成功登陆火星表面，对于中国的重大意义[EB/OL]."国平视野"百家号，2021-5-16.
[3] 我国首次！天问一号探测器成功着陆火星[EB/OL].快资讯，2021-05-16.
[4] 天问1号探测器，成功登陆火星表面，对于中国的重大意义[EB/OL]."国平视野"百家号，2021-05-16.

综合国力及科技实力的增强,是中国真正强大起来的重要标志,同时也表明了中国特色社会主义进入了新时代。请说出新时代的主要内涵。

【案例分析】

中国发射的探测器登陆火星,是中国航天人发扬"独立自主,自力更生"精神的真实体现,成了中国航天科技一座新的里程碑,对于中国来说意义非常重大,是中国科技进步的象征,提振了中国人的自信心和民众自豪感,必将成为激励全体中国人实现中华民族伟大复兴的强大动力。

中国特色社会主义进入了新时代,这是我国发展新的历史方位。它不是凭空产生的,而是社会发展到一定阶段的必然历史性飞跃,具有丰富的思想内涵。包含了历史性、实践性、人民性、民族性和世界性。

第一,中国特色社会主义新时代"是承前启后、继往开来、在新的历史条件下继续夺取中国特色社会主义伟大胜利的时代"。这句话是讲新时代的中国要举什么样的旗、走什么样的路的问题。

第二,中国特色社会主义新时代"是决胜全面建成小康社会、进而全面建设社会主义现代化强国的时代"。这句话是讲新时代要完成什么样的历史任务、进行什么样的战略安排的问题。

第三,中国特色社会主义新时代"是全国各族人民团结奋斗、不断创造美好生活、逐步实现全体人民共同富裕的时代"。这句话是讲新时代要坚持什么样的发展思想、达到什么样的发展目的的问题。

第四,中国特色社会主义新时代"是全体中华儿女勠力同心、奋力实现中华民族伟大复兴中国梦的时代"。这句话是讲新时代要以什么样的精神状态、实现什么样的宏伟目标的问题。

第五,中国特色社会主义新时代"是我国日益走近世界舞台中央、不断为人类作出更大贡献的时代"。这句话是讲新时代的中国处于什么样的国际地位、要对人类社会作出什么样的贡献的问题。

【教学建议】

本案例可用在第一章第二节"新时代的主要内涵"知识点的教学中。此案例可以让学生对中国特色社会主义新时代的本质和内涵有充分的认识和理解。

案例 5　从脱贫攻坚到乡村振兴[①]

【案例呈现】

2020年3月，习近平总书记在决战决胜脱贫攻坚座谈会上强调："脱贫摘帽不是终点，而是新生活、新奋斗的起点。"同时习近平总书记还指出，打好脱贫攻坚战是实施乡村振兴战略的优先任务。乡村振兴从来不是另起炉灶，而是在脱贫攻坚的基础上推进。

为了实地查看各地方在推进乡村振兴的情况及效果，人民日报记者三次来到云南省临沧市双江拉祜族佤族布朗族傣族自治县沙河乡邦佑村采访。

邦佑村位于云南省临沧市双江拉祜族佤族布朗族傣族自治县沙河乡，是平掌村的一个自然村，77户村民，拉祜族占44户，2016年实现脱贫摘帽。郭石双是平掌村党总支书记，董红田是邦佑村党支部书记。

记者看到：天朗气清，水泥路连起一栋栋新房，房前屋后、边边角角卫生都搞得不错。郭石双带着记者来到董金桃家里。2010年，22岁的董金桃从邻乡嫁到邦佑村，婚后和丈夫搞养殖、种苞谷，日子清贫。这几年，董金桃靠发展茶产业，生活大变样，去年卖了1吨干毛茶，毛收入10万多元。边喝茶边聊，郭石双介绍："她家茶叶卖到了广东、山东，今年准备扩建厂房，还想把拖拉机换成皮卡车。这几年村里改造茶园，努力把茶产业质量和产值搞上去。"

董红田算起村里的产业振兴账："这几年畜牧养殖发展不错，20多户人家养牛，大户年收入超过百万元。外出务工保持稳定，30多个壮劳力在河北、福建等地打工。茶叶、甘蔗、烤烟等产业都在提升，去年村民人均纯收入往保守说超过1万元。"

在村民周灿龙家的火塘边，他打开了话匣子，"县里不定期搞产业培训，家里养了14头牛，牛价稳定，连干牛粪都能卖到一公斤5角"。周灿龙还上网学技术，种了3亩多滇黄精和刺头苞。

---

① 村民鼓了口袋富了脑袋［N］.人民日报，2022-02-25（18）.

乡亲们鼓了口袋，也富了脑袋。郭石双举例，以前村里人不敢去银行贷款，如今产业贷款争着贷，"从脱贫攻坚到乡村振兴，村民们脑子活络了，精气神更足了。"

双江县委书记甄鹏说，经过脱贫攻坚，村里基础设施、公共服务更好了，群众的发展能力提升了，如今大家的心气很足，要把这股热乎劲引导好、发扬好。

【案例讨论】

2020年是脱贫攻坚决战决胜之年、全面收官之年，也是乡村振兴战略的起步期。经过多年的不懈奋斗，中国特色社会主义取得了巨大的成就，但要实现共同富裕，进而现实中华民族伟大复兴，这需要国家层面的战略部署，更需要中国人民共同努力，一茬接一茬、一棒接一棒地跑下去。

根据案例，请谈谈你的认识和看法。

【案例分析】

早在1979年，邓小平就制定了"三步走"的战略部署和"让一部分人先富起来，最终实现共同富裕"的发展路径。党的十八大以来，以习近平同志为核心的党中央，进一步细化了"三步走"的战略部署，强化了"两个一百年"的战略安排，明确到2020年要"全面建成小康社会"的奋斗目标。

党的十九届五中全会提出：优先发展农业农村，全面推进乡村振兴。农业稳则天下安。没有农业农村的现代化，就没有国家的现代化；没有乡村的振兴，就没有中华民族的伟大复兴。俗话说："小康不小康，关键看老乡。"脱贫攻坚消除了绝对贫困，但离富裕还有很长的距离，如何巩固脱贫成果，振兴乡村是当前的主要任务。实现脱贫攻坚与乡村振兴的有效衔接，真正从"脱贫攻坚"过渡到"乡村振兴"，这是让近六亿农民通向富裕之路的一个有效措施。

实施乡村振兴战略是实现"两个一百年"奋斗目标、实现全体人民共同富裕的需要。十九大报告作出了目前的战略安排，但同时也需要中国人民共同努力，一茬接一茬、一棒接一棒地跑下去。中国共产党的宗旨是全心全意为人民服务，初心和使命是为中国人民谋幸福、为中华民族谋复兴。

【教学建议】

本案例可用在第一章第三节的教学中。

四、阅读文献

[1] 胡锦涛. 坚定不移沿着中国特色社会主义道路前进 为全面建成小康社会而奋斗：在中国共产党第十八次全国代表大会上的报告［EB/OL］. 人民网，2012-11-18.

[2] 习近平. 决胜全面建成小康社会 夺取新时代中国特色社会主义伟大胜利：在中国共产党第十九次全国代表大会上的报告［EB/OL］. 中国政府网，2017-10-27.

[3] 习近平. 高举中国特色社会主义伟大旗帜 为全面建设社会主义现代化国家而团结奋斗：在中国共产党第二十次全国代表大会上的报告［EB/OL］. 中国政府网，2022-10-25.

第二章　新时代坚持和发展中国特色社会主义

一、理论知识概要

（一）知识结构

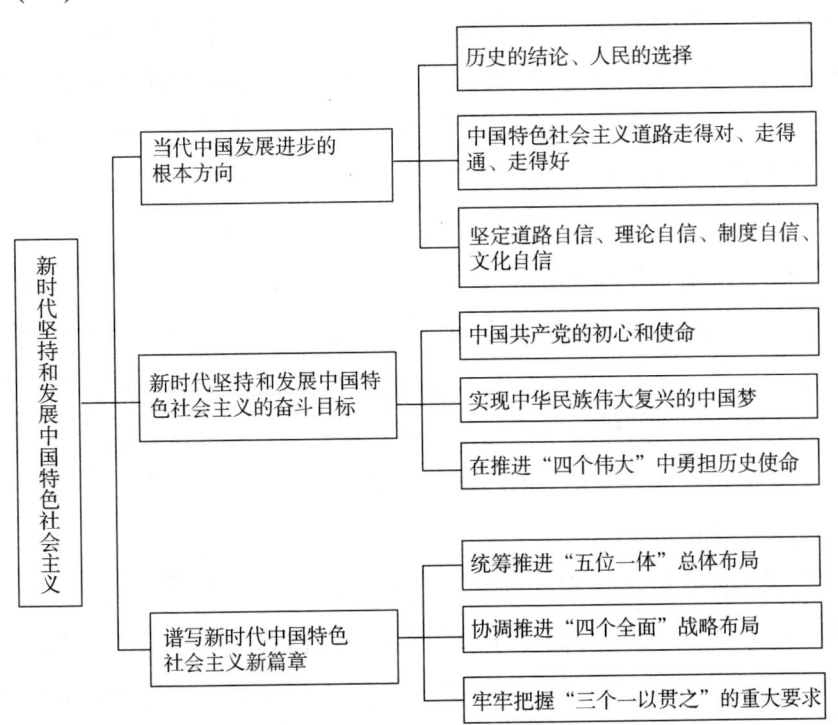

```
                          ┌─ 历史的结论、人民的选择
              ┌ 当代中国发展进步的 ─┼─ 中国特色社会主义道路走得对、走得
              │ 根本方向           │  通、走得好
              │                   └─ 坚定道路自信、理论自信、制度自信、
              │                      文化自信
              │
新时代坚持和  │                    ┌─ 中国共产党的初心和使命
发展中国特色  ─┼ 新时代坚持和发展中国特 ─┼─ 实现中华民族伟大复兴的中国梦
社会主义      │ 色社会主义的奋斗目标   └─ 在推进"四个伟大"中勇担历史使命
              │
              │                    ┌─ 统筹推进"五位一体"总体布局
              └ 谱写新时代中国特色 ─┼─ 协调推进"四个全面"战略布局
                社会主义新篇章      └─ 牢牢把握"三个一以贯之"的重大要求
```

（二）基础理论知识

本章主要论述新时代坚持和发展中国特色社会主义的重要问题。通过本章教学，学生可以认识到中国特色社会主义的历史必然性和科学真理

41

性，理解中国共产党的初心和使命，把握中国梦的本质内涵和实践要求，理解新时代坚持和发展中国特色社会主义的战略部署和重大要求。

可以着重从三方面来理解和把握：一是当代中国发展进步的根本方向是在新时代坚持和发展中国特色社会主义；二是如何在中国共产党的带领下，实现新时代坚持和发展中国特色社会主义的奋斗目标；三是中国共产党如何带领中国人民接续奋斗，谱写新时代中国特色社会主义新篇章。

二、教学重点难点

（一）当代中国发展进步的根本方向就是坚持和发展中国特色社会主义道路（教学重点）

旗帜就是方向，一个人、一个国家都必须时时把握前行的方向，当代中国发展进步的根本方向是坚持中国特色社会主义道路，中国的历史和发展事实反复证明，只有中国特色社会主义才能救中国，只有社会主义才能发展中国。在新时代，坚定当代中国发展进步的根本方向，必须坚持中国特色社会主义道路自信、理论自信、制度自信、文化自信。

中国特色社会主义具有深厚的历史基础和历史根基。第一，中国特色社会主义是在改革开放40多年的伟大实践中得来的；第二，中国特色社会主义是在中华人民共和国成立70多年的持续探索中得来的；第三，中国特色社会主义是在中国共产党领导人民进行伟大革命100年来的实践中得来的；第四，中国特色社会主义是在世界社会主义500多年波澜壮阔的发展历程中得来的；第五，中国特色社会主义是在对中华文明5000多年的传承发展中得来的。

中国改革开放40多年来的发展实践和辉煌成就证明中国特色社会主义道路走得对、走得通、走得好。在中国特色社会主义道路这条康庄大道上，我国综合国力与日俱增，人民生活水平不断提高，并且创造了经济快速发展和社会长期稳定"两大奇迹"。中国特色社会主义为什么好，归根到底是因为马克思主义"行"。中国特色社会主义，既坚持了科学社会主义基本原则，又根据时代条件赋予鲜明的中国特色，是科学社会主义理论逻辑和中国社会发展历史逻辑的辩证统一。

坚定当代中国发展进步的根本方向，必须坚持中国特色社会主义道路自信、理论自信、制度自信、文化自信。

(二) 中国共产党的历史使命是什么？（教学重点）

习近平总书记在十九大报告中指出，中国共产党人的初心和使命，就是为中国人民谋幸福，为中华民族谋复兴。党的初心体现了党的人民立场，党的使命体现了党的责任与担当。没有民族的复兴，人民的幸福也难以实现，只有人民都过上了幸福的生活，才可能真正实现民族的复兴。

我们可以从三个方面来把握中国共产党的历史使命，即我们要知道这个历史使命是如何产生的，中国共产党是如何承担历史使命的，新时代对这一历史使命的认识有什么新进展。

1. 中国共产党的历史使命是如何产生的？

近代以来中国历史发展的进程中，只有中国共产党成为实现民族复兴使命的合格担当者。1840年鸦片战争爆发以来，由于帝国主义的入侵，中国逐步沦为半殖民地半封建社会：山河破碎，内忧外患，战乱频繁，民不聊生，中国濒临亡国灭种的边缘。从鸦片战争开始到1919年五四运动之前，无数仁人志士不屈不挠前仆后继，进行了可歌可泣的斗争。各种政治力量提出了各式各样的救国方案，然而都以失败告终。中国共产党之外的各派政治力量都无法改变旧中国的社会性质和中国人民的悲惨命运，都没能担负起民族独立、人民解放的历史使命，中国人民一直在黑暗中探索。

十月革命一声炮响，给我们送来了马克思列宁主义。十月革命帮助了全世界的也帮助了中国的先进分子，用无产阶级的宇宙观作为观察国家命运的工具，重新考虑自己的问题。1921年，中国共产党应运而生，中国共产党一经成立，就把实现共产主义作为党的最高理想和最终目标，就把为中国人民谋幸福、为中华民族谋复兴确立为自己的初心，义无反顾地肩负起实现中华民族伟大复兴的历史使命。历史已经证明，中国共产党是民族复兴使命的合格担当者。自从有了中国共产党的领导，中国人民就有了主心骨，中国人民就从精神上由被动转为主动。久经磨难的中华民族，从此开启了重塑民族自信、走向民族复兴的伟大征程。

2. 中国共产党是如何承担民族复兴使命的？

中国共产党自1921年成立以来，始终不忘初心、牢记使命，在实现中华民族伟大复兴的征程中取得了一个又一个的伟大胜利，这些成就，主要表现在以下三方面。

一是开辟新民主主义革命道路，实现了中国从几千年封建专制政治向人民民主的伟大飞跃。二是建立社会主义基本制度，实现了中华民族由近代不断衰落到根本扭转命运，持续走向繁荣富强的伟大飞跃。新中国成立以后，中国共产党人通过三大改造，确立了社会主义基本制度，完成了中华民族有史以来最为广泛而深刻的社会变革，为当代中国一切发展进步、为中华民族伟大复兴，奠定了根本政治前提和制度基础。三是进行改革开放，新的伟大革命，开辟了中国特色社会主义道路，使中国大踏步赶上时代，实现了中华民族从站起来到富起来的伟大飞跃。

回看走过的路，正是有了中国共产党，才改变了中国人民的历史命运，书写了中华民族的崭新篇章。

今天，在新的历史方位上，中国共产党的历史使命就是领导人民在新时代继续推进中国特色社会主义伟大革命，使中华民族真正实现从站起来、富起来到强起来的伟大飞跃。习近平总书记把实现中华民族伟大复兴称之为"中国梦"。用"中国梦"来概括中华民族伟大复兴是一种形象的表述。

3. "中国梦"的内涵

我们可以从三个方面来理解：其一，中国梦的本质就是国家富强、民族振兴、人民幸福；其二，中国梦是国家的梦，民族的梦，但归根到底是人民的梦；其三，中国梦是和平、发展、合作共赢的梦。

（三）新时代中国共产党如何完成历史使命？（教学重点、难点）

中国共产党成立以来，带领中国人民在实现中华民族伟大复兴的征程中取得了一个又一个的伟大胜利。进入新时代，我们党提出将永远把人民对美好生活的向往作为奋斗目标，继续朝着实现中华民族伟大复兴的宏伟目标奋勇前进。

今天我们比历史上任何时期都更接近，更有信心和能力实现中华民族伟大复兴的目标。然而，中华民族伟大复兴绝不是轻轻松松、敲锣打鼓就能实现的。要完成新时代的历史使命，我们必须紧紧围绕实现伟大梦想去进行伟大斗争，建设伟大工程，推进伟大事业。也就是说，新时代，我们党和国家全部工作将围绕"四个伟大"主线往前推进、向前发展。

1. 实现伟大梦想，必须进行伟大斗争

人类社会是在矛盾运动中前进的，有矛盾就会有斗争。中国共产党是一个善于进行斗争，善于赢得斗争的党。新时代，党要团结带领人民解决前进道路上的各种矛盾和问题，必须进行具有许多新的历史特点的伟大斗争，这种伟大斗争主要表现在"五个更加自觉、五个坚决"上面。

一是更加自觉地坚持党的领导和我国社会主义制度，坚决反对一切削弱、歪曲、否定党的领导和我国社会主义制度的言行；二是更加自觉地维护人民利益，坚决反对一切损害人民利益、脱离群众的行为；三是更加自觉地顺应改革创新时代潮流，坚决破除一切顽瘴痼疾；四是更加自觉地维护我国主权、安全发展利益，坚决反对一切分裂祖国、破坏民族团结和社会和谐稳定的行为；五是更加自觉地防范各种风险，坚决战胜一切在经济、政治、文化、社会等领域和自然界出现的困难和挑战。

2. 实现伟大梦想，必须建设伟大工程

实现中华民族伟大复兴，必须坚持中国共产党的领导。党能否领导人民实现民族复兴，取决于党自身是否过硬，取决于党的建设新的伟大工程。因此，中国共产党要始终成为时代先锋，民族脊梁，始终成为马克思主义的执政党。党的目标越是远大，任务越艰巨，越是挑战频仍，矛盾集中，越要把党建设得更加坚强有力。

党的十八大以来，党和国家事业能够取得历史性成就，发生历史性变革，同伟大工程的建设是分不开的。中国共产党勇于面对各种重大风险考验和党内存在的突出问题，紧紧盯住全面从严治党不力这个症结，坚持发扬自我革命精神，敢于刀刃向内。全面从严治党成效卓著，解决了许多过去认为解决不了的问题，刹住了不少过去认为不可能刹住的歪风邪气，也攻克了一系列司空见惯的顽瘴痼疾。建设伟大工程，永远在路上。

党的十八大以来，全面从严治党取得重要阶段性成果。但我们必须清醒地看到，新时代的历史使命，对中国共产党提出了前所未有的新挑战、新要求，影响党的先进性，弱化党的纯洁性的因素，仍然十分复杂。党内存在的思想不纯、组织不纯、作风不纯等突出问题，尚未得到根本解决。这就决定了新时代党的建设，新的伟大工程没有完成时，只有进行时。党的建设永远在路上。

3. 实现伟大梦想，必须推进伟大事业

新中国成立后不久，我们通过三大改造，选择了走社会主义道路。改革开放以来，我们在实践中探索出了中国特色社会主义道路。中国特色社会主义在实践中彰显出强大的生命力和巨大的优越性，改革开放以来，我国经济实力、科技实力、国防实力、综合国力都进入了世界前列，我国国际地位实现了前所未有的提升。中国特色社会主义打破了西方经济模式、政治制度和价值观念的神话。中国之治与西方之乱形成了鲜明的对比。中国特色社会主义拓展了发展中国家走向现代化的途径，给世界上那些既希望加快发展，又希望保持自身独立性的国家和民族提供了全新选择，为解决人类面临的发展赤字、治理赤字、和平赤字贡献了中国智慧和中国方案。

历史和现实都告诉我们，只有社会主义才能救中国，只有中国特色社会主义才能发展中国。因此，中国特色社会主义是实现社会主义现代化、创造人类美好生活的必由之路，是实现中华民族伟大复兴的必由之路。实现民族伟大复兴这个梦想，必须继续推进中国特色社会主义伟大事业。我们要继续推进这个伟大事业，还要把握两点：一是必须立足于本国实际，二是必须保持政治定力。

4. "四个伟大"是一个有机统一的整体

伟大斗争，伟大工程，伟大事业，伟大梦想，紧密联系、相互贯通、相互作用，"四个伟大"已形成一个有机统一的整体，它们统一于新时代坚持和发展中国特色社会主义伟大实践。四个伟大的内在的逻辑是：伟大梦想是目标，指引着正确方向，为伟大斗争、伟大工程、伟大事业破浪前行，领航导向。伟大斗争是动力，昭示着中国共产党的担当精神，为伟大工程、伟大事业、伟大梦想破解难题、扫除障碍、提供动力牵引。伟大工程是保证，为伟大斗争、伟大事业、伟大梦想提供坚强的政治保证。伟大事业是路径，宣示着举什么旗、走什么路，为伟大斗争、伟大工程、伟大梦想开辟前进的道路。在四个伟大中起决定性作用的是党的建设新的伟大工程。

（四）如何谱写新时代中国特色社会主义新篇章？

新时代中国共产党人的使命和任务就是继续坚持和发展中国特色社会主义，谱写新时代中国特色社会主义新篇章，为此，要坚持做到以下三方面。

1. 统筹推进"五位一体"总体布局

第一，推进新时代中国特色社会主义经济建设；第二，推进新时代中国特色社会主义政治建设；第三，推进新时代中国特色社会主义文化建设；第四，推进新时代中国特色社会主义社会建设；第五，推进新时代中国特色社会主义生态文明建设。

2. 协调推进"四个全面"战略布局

面对复杂形势和繁重任务，必须有全局观。党的十八大以来，我们党提出要协调推进全面建成小康社会（随着全面建成小康社会奋斗目标的实现，"全面建成小康社会"转为"全面建设社会主义现代化国家"）、全面深化改革、全面依法治国、全面从严治党的战略布局。"四个全面"战略布局内涵丰富、逻辑严密，每一个"全面"都蕴含重大战略意义，彼此之间密切联系，是一个整体战略部署的有序展开。全面建设社会主义现代化国家是我们党确立的伟大目标，全面深化改革是新时代中国特色社会主义发展的根本动力，全面依法治国是国家治理领域一场广泛而深刻的革命，全面从严治党是党永葆生机活力、走好新的赶考之路的必由之路。

3. 牢牢把握"三个一以贯之"的重大要求

第一，坚持和发展中国特色社会主义要一以贯之；第二，推进党的建设新的伟大工程要一以贯之；第三，增强忧患意识、防范风险挑战要一以贯之。

三、教学案例

案例1 中国特色社会主义好在哪里?[①]

【案例呈现】

中国特色社会主义好在"主义真"

这个主义,就是马克思主义,就是科学社会主义。中国共产党一经成立,就把马克思主义写在自己的旗帜上,为振兴中华、建设社会主义中国而奋斗,领导中国人民成功进行新民主主义革命、社会主义革命、改革开放新的伟大革命。中国特色社会主义的辉煌成就,深刻诠释了主义"因为真、所以好"的道理。

因为"主义真",所以这个主义能够解决我们面临的历史性课题。在中华民族积贫积弱的年代,只有社会主义才能救中国,解决中华民族"站起来"的历史性课题。改革开放以来,只有中国特色社会主义才能发展中国,解决中华民族"富起来"的历史性课题。中国特色社会主义进入新时代,我们要全面建成社会主义现代化强国,只有继续推进马克思主义中国化,坚持和发展习近平新时代中国特色社会主义,才能实现中华民族伟大复兴,解决中华民族"强起来"的历史性课题。因为"主义真",所以这个主义能够同我国国情和时代特征紧密结合。习近平同志指出:"中国特色社会主义,既坚持了科学社会主义基本原则,又根据时代条件赋予其鲜明的中国特色。"

中国特色社会主义好在"道路新"

这条道路,就是中国特色社会主义道路。中国特色社会主义道路是独立自主的创新之路。中国是有着5000多年文明史、960多万平方公里国土、14亿人口的大国,没有哪个国家具有中国这样的国情。在这样一个大国进行革命、建设、改革,我们只能走自己的路。过去,我们也曾照搬过

---

① 姜辉. 当代中国发展进步的根本方向 [EB/OL]. 人民网, 2019-06-06.

本本、模仿过别人，结果吃了苦头、走了弯路。事实一再证明，我们不可能依赖外部力量、跟在他人后面亦步亦趋实现强大和振兴；只有我们自己开辟的中国特色社会主义道路，才能引领中国进步、增进人民福祉。这一崭新的道路，不是简单延续我国历史文化的母版，不是简单套用马克思主义经典作家设想的模板，不是其他国家社会主义实践的再版，也不是国外现代化发展的翻版，而是中国人民独立自主创造的新版。

中国特色社会主义好在"制度优"

这个制度，就是中国特色社会主义制度。从社会主义制度基本确立，到改革开放以来中国特色社会主义制度不断完善和发展，我国制度优势不断彰显、不断增强，为解放和发展社会生产力、解放和增强社会活力、永葆党和国家生机活力提供了有力保证。

改革开放以来尤其是党的十八大以来，我们通过全面深化改革，使中国特色社会主义各方面制度更加成熟更加定型，推动制度优势转化为治理效能。具体地讲，我国经济制度有效促进生产力发展、促进效率与公平统一，政治制度充分保障人民当家作主，文化制度推动社会主义先进文化繁荣兴盛，社会制度不断保障和改善民生，生态文明制度推动人与自然和谐共生与可持续发展。这是一套日趋系统完备、科学规范、运行有效的成功制度体系，具有独特优势，如中国共产党领导的优势，团结一切可以团结的力量的优势，强大组织动员能力和集中力量办大事的优势，促进社会公平正义的优势，有效应对重大挑战、抵御重大风险、克服重大阻力、解决重大矛盾的优势，等等。这些优势的发挥，使中国特色社会主义展现出旺盛的生机活力。

中国特色社会主义好在"贡献大"

这个贡献，就是不断为人类作出新的更大的贡献。中国的发展为世界和平发展作出巨大贡献。中国走独立自主的和平发展道路，坚定不移在和平共处五项原则基础上发展同各国的友好关系，推动建设相互尊重、公平正义、合作共赢的新型国际关系，推动构建人类命运共同体；推动各国以文明交流超越文明隔阂、以文明互鉴超越文明冲突、以文明共存超越文明优越；推动经济全球化健康发展，扎实推进"一带一路"建设，努力让

"一带一路"参与各国人民获得实实在在的发展红利。中国特色社会主义的成功，壮大了维护持久和平与促进繁荣发展的力量。

中国特色社会主义拓展了发展中国家走向现代化的途径，给世界上那些既希望加快发展又希望保持自身独立性的国家和民族提供了全新选择，为解决人类问题贡献了中国智慧和中国方案。中国特色社会主义以巨大的成功彰显出科学社会主义的蓬勃生机活力，也使中国在世界和平发展和人类进步事业中发挥出更加积极的作用。无论国际风云如何变幻，中国维护国家主权和安全的信心和决心不会变，中国维护世界和平、促进人类共同发展的诚意和善意不会变。正在走向复兴的中国，继续敞开胸怀、造福世界，为世界贡献更多中国智慧、中国方案、中国力量。

【案例讨论】

1. 新时代为什么要坚持和发展中国特色社会主义？
2. 中国特色社会主义好在哪里？

【案例分析】

本案例的教学目的是让学生在了解中国特色社会主义好，好就好在既坚持了科学社会主义基本原则，又根据时代条件赋予其鲜明中国特色，为解放和发展社会生产力、解放和增强社会活力、永葆党和国家生机活力提供了有力保证，并为解决人类问题贡献了中国智慧和中国方案等。在此基础上，深刻认识中国特色社会主义是当代中国发展进步的根本方向，只有中国特色社会主义才能发展中国。

只有中国特色社会主义才能救中国，只有社会主义才能发展中国。一个国家实行什么样的主义，关键要看这个主义能否解决这个国家面临的历史性课题，是否有利于这个国家的经济社会发展和人民生活水平提高。新中国成立70多年来，中国共产党带领中国人民在社会主义道路上砥砺奋进，书写了中华民族走向伟大复兴的壮丽史诗。改革开放以来，中国特色社会主义的开创、发展和日益完善，使具有170多年历史的科学社会主义在14亿人口的东方大国找到了切实可行的实现路径，使古老的中国焕发出蓬勃的生机活力，并蹄疾步稳向着社会主义现代化强国的目标迈进。中国特色社会主义以其独特优势——"主义真""道路新""制度优""贡献大"等,成为当代中国发展进步的根本方向,成为实现中华民族伟大复兴的必由之路。

【教学建议】

本案例适用于第二章第一节"当代中国发展进步的根本方向"内容的教学和考核。

案例 2　深刻认识中国共产党的初心和使命[①]

【案例呈现】

习近平总书记指出,中国共产党人的初心和使命,就是为中国人民谋幸福,为中华民族谋复兴。

从理论维度深刻认识中国共产党的初心和使命

中国共产党初心和使命的理论原点在于马克思主义为人类求解放的远大目标,与共产主义理想具有高度一致性。马克思主义博大精深,归根到底就是一句话,为人类求解放。

中国共产党一经成立,就把实现共产主义作为最高理想和最终目标,义无反顾肩负起实现中华民族伟大复兴的历史使命,把我们党实现中华民族伟大复兴的民族国家历史使命与共产主义的世界历史远大使命有机统一起来。实现共产主义,是共产党人的最高理想。对理想信念的坚守,为初心和使命的不懈奋斗是中国共产党成立以来全部理论创新的根本主旨。

从历史维度深刻认识中国共产党的初心和使命

中华优秀传统文化以儒家思想为核心,"天下兴亡,匹夫有责"的价值取向,"修身、齐家、治国、平天下"的价值追求,"刚健有为,自强不息"的精神特质,早已沉淀为对国泰民安、民族复兴的不懈追求,作为一种民族文化心理积淀深深融入中华儿女的思想意识和行为规范之中。

回望中国共产党光辉历程,始终围绕着践行初心和使命的艰苦奋斗展开,党的历史就是一部践行初心和使命的奋斗史。

[①] 刘冠君. 深刻认识中国共产党的初心和使命 [EB/OL]. 人民网, 2018-12-26.

从实践维度深刻认识中国共产党的初心和使命

党的十八大以来，我们党以巨大的政治勇气和强烈的责任担当，提出一系列新理念、新思想、新战略，出台一系列重大方针政策，推出一系列重大举措，推进一系列重大工作，解决了许多长期想解决而没有解决的难题，办成了许多过去想办而没有办成的大事，推动党和国家事业发生历史性变革，取得了改革开放和社会主义现代化建设的历史性成就。历史性变革推动中国特色社会主义进入新时代，开启了中国共产党孜孜以求践行初心使命的崭新篇章。

【案例讨论】

1. 中国共产党人的初心和使命是什么？
2. 怎样深刻认识中国共产党的初心和使命？

【案例分析】

本案例的教学目的是让学生了解中国共产党人的初心和使命，在此基础上深刻认识中国共产党的初心和使命。

习近平总书记指出，中国共产党人的初心和使命，就是为中国人民谋幸福，为中华民族谋复兴。必须深入领会习近平总书记的重要论述，为了深刻认识中国共产党的初心和使命，应该在理论维度、历史维度和实践维度的统一中认识中国共产党的初心和使命，牢牢把握践行中国共产党初心和使命的时代要求，为实现中华民族伟大复兴的中国梦不懈奋斗。

坚持不忘初心、牢记使命，中国共产党必须做到：坚持马克思主义的科学理论指导，不断推进马克思主义中国化；坚持人民立场，始终站在人民立场上担起初心使命。坚持以人民为中心，是中国共产党治国理政的逻辑遵循和价值追求。坚持全心全意为人民服务的根本宗旨，贯彻群众路线，尊重人民主体地位和首创精神，始终保持同人民群众的血肉联系，凝聚起众志成城的磅礴力量，团结带领人民共同创造历史伟业。坚持不忘初心、牢记使命，必须坚持统筹推进伟大斗争、伟大工程、伟大事业、伟大梦想。使命既是历史的，又是现实的。我们党的初心和使命与"四个伟大"紧密相连，"四个伟大"就是新时代践行初心使命的现实任务。

<<< 第二章 新时代坚持和发展中国特色社会主义

【教学建议】

本案例适用于第二章第二节"中国共产党的初心和使命"内容的教学和考核。

案例3 伟大斗争,伟大工程,伟大事业,伟大梦想①

【案例呈现】

中华民族伟大复兴,绝不是轻轻松松、敲锣打鼓就能实现的。全党必须准备付出更为艰巨、更为艰苦的努力。

实现伟大梦想,必须进行伟大斗争。社会是在矛盾运动中前进的,有矛盾就会有斗争。我们党要团结带领人民有效应对重大挑战、抵御重大风险、克服重大阻力、解决重大矛盾,必须进行具有许多新的历史特点的伟大斗争,任何贪图享受、消极懈怠、回避矛盾的思想和行为都是错误的。

实现伟大梦想,必须建设伟大工程。这个伟大工程就是我们党正在深入推进的党的建设新的伟大工程。全党要更加自觉地坚定党性原则,勇于直面问题,敢于刮骨疗毒,消除一切损害党的先进性和纯洁性的因素,清除一切侵蚀党的健康肌体的病毒,不断增强党的政治领导力、思想引领力、群众组织力、社会号召力,确保我们党永葆旺盛生命力和强大战斗力。

实现伟大梦想,必须推进伟大事业。全党要更加自觉地增强道路自信、理论自信、制度自信、文化自信,既不走封闭僵化的老路,也不走改旗易帜的邪路,保持政治定力,坚持实干兴邦,始终坚持和发展中国特色社会主义。②

伟大斗争,伟大工程,伟大事业,伟大梦想,紧密联系、相互贯通、相互作用,其中起决定性作用的是党的建设新的伟大工程。推进伟大工

---

① 习近平.决胜全面建成小康社会 夺取新时代中国特色社会主义伟大胜利——在中国共产党第十九次全国代表大会上的报告[EB/OL].新华网,2017-10-27.
② 习近平.决胜全面建成小康社会 夺取新时代中国特色社会主义伟大胜利——在中国共产党第十九次全国代表大会上的报告[EB/OL].新华网,2017-10-27.

程，要结合伟大斗争、伟大事业、伟大梦想的实践来进行，确保党在世界形势深刻变化的历史进程中始终走在时代前列，在应对国内外各种风险和考验的历史进程中始终成为全国人民的主心骨，在坚持和发展中国特色社会主义的历史进程中始终成为坚强领导核心。

【案例讨论】

1. 如何理解伟大斗争、伟大工程、伟大事业、伟大梦想？
2. 为什么说实现伟大梦想必须进行伟大斗争？
3. 为什么说实现伟大梦想，必须建设伟大工程？
4. 为什么说实现伟大梦想，必须推进伟大事业？
5. 如何理解"四个伟大"之间的内在关系？

【案例分析】

习近平总书记在十九大报告中指出，伟大斗争，伟大工程，伟大事业，伟大梦想，紧密联系、相互贯通、相互作用，其中起决定性作用的是党的建设新的伟大工程。习近平总书记在省部级主要领导干部专题研讨班重要讲话中，把"进行伟大斗争、建设伟大工程、推进伟大事业、实现伟大梦想"放在一起加以强调，具有重要的理论意义。党的十八大以来的实践表明，这"四个伟大"已形成一个有机整体，贯穿党中央治国理政新理念新思想新战略之中。

"进行伟大斗争"明确宣示了我们"以什么样的精神状态"治国理政，"建设伟大工程"明确宣示了我们"以什么样的主体力量"治国理政，"推进伟大事业"明确宣示了我们治国理政要"举什么旗，走什么路"，"实现伟大梦想"明确宣示了我们"朝着什么样的目标"治国理政。进行伟大斗争、建设伟大工程、推进伟大事业，共同构成了实现伟大梦想总目标的战略支撑。进行伟大斗争、建设伟大工程、推进伟大事业，归根结底就是要实现伟大梦想。在新的历史起点上，实现中华民族伟大复兴的中国梦，既需要攻坚克难进行具有许多新的历史特点的伟大斗争这样的精神状态和锐利武器以提供强大动力，也需要毫不动摇推进党的建设新的伟大工程打造坚强领导主体力量以提供组织保证，还需要坚定不移推进中国特色社会主义伟大事业以确保改革和发展的正确方向和道路。进行伟大斗争、建设伟大工程、推进伟大事业，共同托起实现社会主义现代化和民族复兴中国梦的伟大梦想。

"四个伟大"重要论述，是对我国改革开放和社会主义现代化建设实践经验的根本总结，是党的十八大以来党中央治国理政的总体框架，是党的十八大以来党中央推进理论创新的实践基础，是制定中国特色社会主义发展新阶段行动纲领的基本遵循。"四个伟大"具有非凡的理论意义和实践意义。

【教学建议】

本案例可用于第二章第二节的"在推进"四个伟大"中勇担历史使命"部分的辅助教学或用于该部分内容的考核。

案例4　中国共产党的使命担当与民族复兴[①]

【案例呈现】

中国共产党担当的历史使命与实现中华民族伟大复兴的中国梦紧密相连，使党的事业和人民的实践植根中华民族伟大复兴的土壤之中。中国共产党一经成立，就肩负起实现中华民族独立和复兴的庄严使命，中国共产党的奋斗历程与实现中华民族伟大复兴的奋斗目标是有机统一的，实现中华民族的复兴始终是中国共产党历史发展的主脉。

一、领导"两个革命"与"立民族"

近代以来，中华民族饱受欺凌、任人宰割的历史决定了实现民族独立和人民解放、实现国家繁荣富强和人民共同富裕成为中国近代历史发展的两大任务，为此无数的先进中国人前仆后继，为之奋斗，都没能找到实现民族独立和人民解放的出路，实现中华民族独立与复兴的历史重任就落在了中国共产党身上。

经过28年的艰苦斗争，中国共产党终于带领人民在1949年建立了新中国。中国共产党领导的民族革命和民主革命，最终实现了"占人类总数

[①] 齐卫平，许振江．中国共产党的使命担当与民族复兴［EB/OL］．人民网，2016-08-11．

四分之一的中国人""站立起来"的愿望，表明"我们的民族将再也不是被人侮辱的民族了"。至此，中国共产党领导全国各族人民完成了反对帝国主义、封建主义、官僚资本主义的历史使命，取得了新民主主义革命的胜利，完成了新民主主义向社会主义的过渡，确立了社会主义基本制度。

二、实现"两次巨变"与"富民族"

20世纪中叶以来，中国共产党引领了中国历史与社会发展的两次巨变：一次是中华人民共和国的成立和社会主义制度的确立，开启了中华民族走向繁荣富强的新篇章；一次是改革开放，为中华民族伟大复兴奠定了雄厚的物质基础。中国共产党的历史使命贯穿这两次巨变的始终，这就是解决人民的温饱问题，改善和提高人民的生活水平，以此助推实现社会主义现代化，实现中华民族的伟大复兴。

改革开放以后，我国社会发展迎来了新中国成立以来的第二次巨变。通过引领两次巨变，中国共产党领导中国人民实现了从贫困到温饱，从温饱到总体小康的历史性跨越，正在朝着全面建成小康社会的奋斗目标快速前行；中国共产党实现了从"立民族"到"富民族"的历史使命的转变。

三、进行"两段探索"与"强民族"

经历了两次革命和巨变，中国共产党实现了中华民族"站起来"和"富起来"的历史使命，使我们比任何时期都更接近中华民族伟大复兴，中华民族"强起来"的愿望从未如此强烈和迫切。完成中华民族"强起来"的愿望成为新时期中国共产党的历史使命，为此中国共产党进行了两次艰辛探索。探索中国特色社会主义道路，实现中华民族的繁荣富强是这两次探索一贯的追求。

实现国家的现代化是世界各个国家不变的追求和梦想，但是在西方视野中，成功的只有资本主义模式。苏联模式尽管在一定时期内取得了巨大的成就，但是随着苏联解体和东欧剧变，这种模式宣告失败，西方资本主义模式似乎成为实现国家现代化的唯一选择。但是，改革开放以来中国坚持社会主义制度，探索建设中国特色社会主义道路，以快速发展的成效使中国由贫困国家逐步向现代化国家迈进，从而有力地向世界证明：除西方的资本主义道路以外，坚持社会主义道路同样可以实现现代化。

"中国特色社会主义道路的价值在于它拓宽了民族国家走向现代化的道路，加深了人类对社会发展规律的认识，加速了人类文明多样性的发展，提供了坚持走本国式社会主义道路的新体验。"

改革开放以来，我国之所以能够在政治、经济、文化、社会等领域取得丰硕成果，人民生活水平有了质的变化，综合国力迅猛提升，归根结底就是我们探索出了中国特色社会主义道路。

四、中国共产党使命担当与民族复兴的历史经验

一部中国共产党的历史，就是中国共产党完成使命担当，领导实现中华民族伟大复兴的奋斗史。

第一，坚持中国共产党的领导是实现中华民族伟大复兴的前提和基础。

第二，坚持马克思主义与中国实际相结合，坚持实事求是，走中国特色社会主义道路是实现中华民族伟大复兴的有力保障。

第三，坚持人民群众的主体地位，发挥人民群众的积极性和创造性是实现中华民族伟大复兴的关键因素。

第四，坚持与时俱进，树立切实可行的奋斗目标是实现中华民族伟大复兴的有效手段。

第五，坚持创新和开放战略，吸收人类文明先进成果是实现中华民族伟大复兴的必要条件。

【案例讨论】

1. 如何理解中国共产党是民族复兴使命的合格担当者？
2. 为什么说走中国特色社会主义道路是历史的结论、人民的选择？

【案例分析】

实现中华民族伟大复兴是近代以来中华民族最伟大的梦想，谁能够承担起这个历史使命，谁就能赢得中国各民族人民的衷心拥护，成为中华民族的主心骨。

中华民族有 5000 多年文明历史，为人类进步与发展作出了卓越贡献。鸦片战争后，中国陷入内忧外患的黑暗境地，中国人民经历了战乱频繁、山河破碎、民不聊生的深重苦难。为了民族复兴，无数仁人志士"以爱国

相砥砺，以救亡为己任"，不屈不挠、前仆后继，进行可歌可泣的斗争，进行各式各样的尝试。不甘屈服的中国人民一次次抗争，一次次失败，又一次次奋起。历史呼唤真正合格的使命担当者。在历史的反复比较中，在各种政治力量的反复较量中，在马克思列宁主义同中国工人运动的结合过程中，中国共产党应运而生。我们党一经成立，就义无反顾肩负起实现中华民族伟大复兴的历史使命。

中国共产党团结带领人民进行28年浴血奋战，完成了新民主主义革命，建立了中华人民共和国，实现了中国从几千年封建专制政治向人民民主的伟大飞跃，为中华民族伟大复兴扫清了根本障碍。

中国共产党团结带领人民完成社会主义革命，确立社会主义基本制度，推进社会主义建设，完成了中华民族有史以来最为广泛而深刻的社会变革，实现了中华民族由近代不断衰落到根本扭转命运、持续走向繁荣富强的伟大飞跃，为中华民族伟大复兴奠定了坚实基础。

中国共产党团结带领人民进行改革开放新的伟大革命，开辟了中国特色社会主义道路，使中国大踏步赶上时代，迎来了中华民族从站起来到富起来、强起来的伟大飞跃，为中华民族伟大复兴开辟了光明前景。

回顾近代以来的中国历史，正是有了中国共产党，才改变了中国人民的命运，创造了中华民族新辉煌。为了实现中华民族伟大复兴的历史使命，一代又一代中国共产党人同中国人民接续奋斗，攻克了一个又一个看似不可攻克的难关，创造了一个又一个彪炳史册的人间奇迹。实践充分证明，中国共产党是民族复兴使命的合格担当者，只有中国共产党才能带领人民实现中华民族伟大复兴的梦想。

【教学建议】

本案例可用于第二章第一节的"历史的结论、人民的选择"和"中国特色社会主义道路走得对、走得通、走得好"部分的辅助教学或用于该部分内容的考核。

案例5　准确把握"三个一以贯之"的内涵蕴意①

【案例呈现】

习近平总书记着眼党和国家事业发展全局，鲜明提出"三个一以贯之"的要求并进行了深刻阐述：坚持和发展中国特色社会主义要一以贯之；推进党的建设新的伟大工程要一以贯之；增强忧患意识、防范风险挑战要一以贯之。习近平总书记的重要指示，贯通历史和现实，关联国际和国内，结合理论与实际，内涵极其丰富，对于推动全党全国各族人民把思想统一到党的十九大精神上来，把力量凝聚到实现党的十九大确定的目标任务上来，具有十分重要的意义。

坚持和发展中国特色社会主义是新时代必须坚定前行的道路和方向。十九大报告指出："中国特色社会主义是改革开放以来党的全部理论和实践的主题，是党和人民历尽千辛万苦、付出巨大代价取得的根本成就。"十九大宣誓了中国特色社会主义新时代必须高举中国特色社会主义伟大旗帜。旗帜引领方向，旗帜代表形象，旗帜凝聚力量。坚持和发展中国特色社会主义就要以习近平新时代中国特色社会主义思想为指引，牢固"四个意识"、坚定"四个自信"，既不走封闭僵化的老路，也不走改旗易帜的邪路，自觉以新气象、新作为肩负起新时代的历史使命，在坚持和发展中国特色社会主义的伟大进程中，不断开辟党和国家事业发展新境界。

推进党的建设新的伟大工程是新时代坚持和发展中国特色社会主义的根本保障。十九大报告强调："党政军民学，东西南北中，党是领导一切的。"中国特色社会主义最本质的特征是中国共产党领导，中国特色社会主义制度的最大优势是中国共产党领导。我们党必须以勇于自我革命的精神打造和锤炼"初心本色"，不断"补钙壮骨""强身健体""刮骨疗毒"，增强自我净化功能，提高排毒杀菌的政治免疫力，大力推进党的建设新的伟大工程，以党的自我革命推动党领导人民进行的伟大社会革命，答好新

---

① 王邦和. 准确把握"三个一以贯之"的内涵蕴意[EB/OL]. 光明网，2018-01-14.

时代共产党人的"初心问卷",用党心赢取民心。

增强忧患意识、防范风险挑战是新时代坚持和发展中国特色社会主义的必然要求。党的十九大把防范化解重大风险放在三大攻坚战之首,彰显了深沉的忧患意识,提醒全党时刻警醒、戒骄戒躁,在忧患和防范风险中继续砥砺奋进。习近平总书记这样告诫全体党员:我们既要有防范风险的先手,也要有应对和化解风险挑战的高招;既要打好防范和抵御风险的有准备之战,也要打好化险为夷、转危为机的战略主动战。唯有不因胜利而骄傲,不因成就而懈怠,不因困难而退缩,不犯战略性、颠覆性错误,如履薄冰、居安思危,永葆革命精神、革命斗志,才能不断开创中国特色社会主义事业新局面。

【案例讨论】

1. 如何把握"三个一以贯之"的内涵蕴意?
2. 新时代坚持和发展中国特色社会主义为何要牢牢把握"三个一以贯之"的要求?

【案例分析】

"三个一以贯之",既是对党的十九大精神的深刻把握和高度凝练,也是党的十九大以来以习近平同志为核心的党中央领导推进新时代治国理政伟大实践的生动写照,更是我们把握新发展阶段、贯彻新发展理念、构建新发展格局的重要遵循。

坚持和发展中国特色社会主义,是改革开放以来我们党全部理论和实践的鲜明主题,也是习近平新时代中国特色社会主义思想的核心要义。新时代中国特色社会主义是我们党领导人民进行伟大社会革命的成果,也是我们党领导人民进行伟大社会革命的继续。进入"十四五",我们要科学把握新发展阶段,实现新时代的历史使命,最根本的就是要高举中国特色社会主义伟大旗帜,做到志不改、道不变,勇于把我们党领导人民进行了一百年的伟大社会革命继续推进下去,努力使中国特色社会主义展现更加强大、更有说服力的真理力量。

中国共产党历来重视加强党的领导和党的建设,创造性地提出了党的建设伟大工程。中国共产党诞生于民族危难时刻,危机意识与生俱来,忧患意识贯穿党的全部奋斗历程。特别是党的十八大后，习近平总书记更是把增强忧患意识、防范风险挑战提到了前所未有的高度。

【教学建议】

本案例适用于第二章第三节"牢牢把握'三个一以贯之'的重大要求"内容的教学和考核。

四、阅读文献

[1] 习近平. 习近平谈治国理政[M]. 北京：外文出版社，2014.

[2] 习近平. 习近平谈治国理政：第二卷[M]. 北京：外文出版社，2017.

[3] 习近平. 习近平谈治国理政：第三卷[M]. 北京：外文出版社，2020.

[4] 习近平. 习近平谈治国理政：第四卷[M]. 北京：外文出版社，2022.

[5] 中共中央宣传部. 习近平新时代中国特色社会主义思想学习问答[M]. 北京：学习出版社，2021.

[6] 中共中央宣传部. 习近平新时代中国特色社会主义思想三十讲[M]. 北京：学习出版社，2018.

第三章 中国特色社会主义经济建设

一、理论知识概要

（一）知识结构

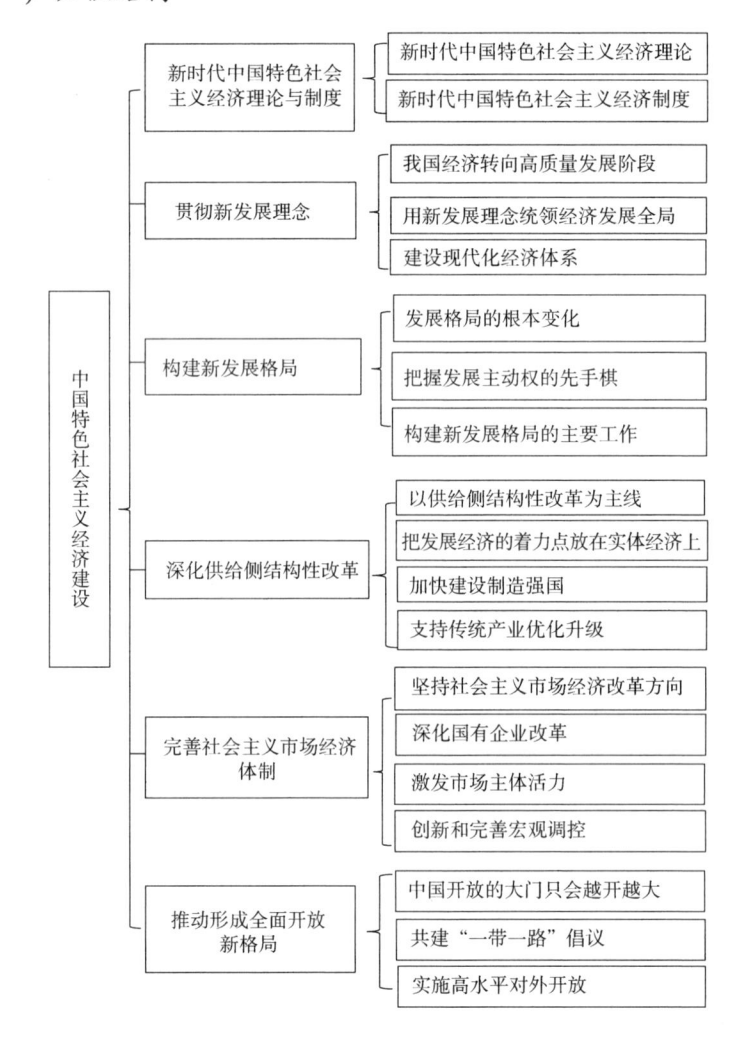

中国特色社会主义经济建设
- 新时代中国特色社会主义经济理论与制度
  - 新时代中国特色社会主义经济理论
  - 新时代中国特色社会主义经济制度
- 贯彻新发展理念
  - 我国经济转向高质量发展阶段
  - 用新发展理念统领经济发展全局
  - 建设现代化经济体系
- 构建新发展格局
  - 发展格局的根本变化
  - 把握发展主动权的先手棋
  - 构建新发展格局的主要工作
- 深化供给侧结构性改革
  - 以供给侧结构性改革为主线
  - 把发展经济的着力点放在实体经济上
  - 加快建设制造强国
  - 支持传统产业优化升级
- 完善社会主义市场经济体制
  - 坚持社会主义市场经济改革方向
  - 深化国有企业改革
  - 激发市场主体活力
  - 创新和完善宏观调控
- 推动形成全面开放新格局
  - 中国开放的大门只会越开越大
  - 共建"一带一路"倡议
  - 实施高水平对外开放

（二）理论知识

1. 新时代中国特色社会主义经济理论

中国特色社会主义经济理论，是马克思主义政治经济学基本原理与中国经济建设实际相结合的产物。党的十八大以来，全球经济面临许多新的重大课题。以习近平同志为核心的党中央紧密结合时代和实践的要求，围绕发展中国特色社会主义经济，观大势、谋全局，自觉认识和遵循经济发展规律，提出了一系列新的重大战略思想和重要理论观点，形成了习近平经济思想。主要内容有：

一是关于加强党对经济工作的集中统一领导的理论。

二是关于坚持以人民为中心的发展的理论。

三是关于用新发展理念统领发展全局的理论。

四是关于经济发展新常态的理论。

五是关于推动经济高质量发展的理论。

六是关于供给侧结构性改革的理论。

七是关于构建以国内大循环为主体、国内国际双循环相互促进的新发展格局的理论。

八是关于社会主义市场经济改革的理论。

九是关于经济发展战略的理论。

十是关于坚持正确工作策略和方法的理论。

2. 新时代中国特色社会主义经济制度

经济制度体现一定社会形态中最基本、最本质的经济关系，经济制度的选择取决于一国生产力发展水平和具体的社会经济条件。中国特色社会主义基本经济制度，主要包括以下三方面。

一是社会主义初级阶段基本经济制度。基本经济制度是指一国的生产资料所有制形式与结构，是生产关系的核心内容，决定了一国经济的基本性质和发展方向。我国现阶段实行的是以公有制为主体、多种所有制经济共同发展的基本经济制度。这个基本经济制度，是中国特色社会主义制度的支柱，也是社会主义市场经济体制的根基。

二是社会主义初级阶段的收入分配制度。收入分配制度是有关国民收入如何在不同经济主体和个人之间进行分配的制度总和。以按劳分配为主体、多种分配方式并存，是我国社会主义初级阶段的收入分配制度。

三是社会主义市场经济体制。市场经济体制，是指以市场为配置资源基本手段的一种经济体制。经过改革开放以来的不断探索，我国已基本建立了社会主义市场经济体制。社会主义市场经济体制是适应我国现阶段基本经济制度的经济体制形式。

中国特色社会主义基本经济制度的三个重要组成部分相互联系、相互支持、相互促进。将这三项经济制度纳入基本经济制度，是中国特色社会主义政治经济学的重大理论创新，是新时代我国构建更加有效管用、逻辑贯通、衔接匹配的经济制度体系的根本遵循。

3. 贯彻新发展理念

党的十八大以来，我们党对经济形势进行科学判断，提出创新、协调、绿色、开放、共享的新发展理念。新发展理念传承党的发展理论，科学回答了新时代实现什么样的发展、怎样实现发展的问题，引导我国经济建设取得了历史性成就。

创新是引领发展的第一动力，协调是持续健康发展的内在要求，绿色是永续发展的必要条件和人民对美好生活追求的重要体现，开放是国家繁荣发展的必由之路，共享是中国特色社会主义的本质要求。新发展理念是一个系统的理论体系，回答了关于发展的目的、动力、方式、路径等一系列理论和实践问题，阐明了我们党关于发展的政治立场、价值导向、发展模式、发展道路等重大政治问题。

4. 构建新发展格局

2020年以来，习近平总书记多次强调，要构建以国内大循环为主体、国内国际双循环相互促进的新发展格局。加快构建以国内大循环为主体、国内国际双循环相互促进的新发展格局，是当前一项关系我国发展全局的重大战略任务。构建新发展格局，是我们党根据我国发展阶段、环境、条件变化，特别是基于我国比较优势变化，审时度势作出的重大决策，明确了我国经济现代化的路径选择，对于推动我国高质量发展、促进世界经济繁荣，具有重大而深远的意义。

二、教学重点难点

（一）教学重点

1. 我国经济转向高质量发展阶段

党的十八大以来，我们党对经济发展阶段性特征的认识不断深化。2013年提出我国经济发展正处于增长速度换挡期、结构调整阵痛期和前期刺激政策消化期"三期叠加"阶段，2014年提出我国经济发展进入新常态。新常态下，我国经济发展的环境、条件、任务、要求都发生了新的变化，增长速度要从高速转向中高速，发展方式要从规模速度型转向质量效率型，经济结构调整要从增量扩能为主转向调整存量、做优增量并举，发展动力要从主要依靠资源和低成本劳动力等要素投入转向创新驱动。这些变化，是我国经济向形态更高级、分工更优化、结构更合理的阶段演进的必经过程。党的十九大明确提出，我国经济已由高速增长阶段转向高质量发展阶段。

高质量发展，就是能够很好满足人民日益增长的美好生活需要的发展，是体现新发展理念的发展。推动高质量发展，是遵循经济发展规律、保持经济持续健康发展的必然要求。

2. 为什么要建设现代化经济体系？

建设现代化经济体系是我国经济高质量发展的战略目标，是落实新发展理念的客观要求，是转变经济发展方式、优化经济结构、转换经济增长动力的迫切需要。国家强，经济体系必须强，只有形成现代化经济体系，才能更好顺应现代化发展潮流和赢得国际竞争主动，也才能为其他领域的现代化提供有力支撑。

建设现代化经济体系，既是一个重大理论命题，更是一个重大实践课题；既要借鉴发达国家的有益做法，更要符合中国国情、具有中国特色。当前，建设现代化经济体系，要突出抓好大力发展实体经济、加快实施创新驱动发展战略、实施乡村振兴战略、积极推动城乡区域协调发展、着力发展开放型经济、深化经济体制改革六项主要任务。

3. 共建"一带一路"的重要意义

党的十九大报告指出，要以"一带一路"倡议为重点，坚持引进来和走出去并重，遵循共商共建共享原则，加强创新能力开放合作，形成陆海内外联动、东西双向互济的开放格局。

深刻认识"一带一路"倡议的重大意义。首先，"一带一路"倡议是我国扩大对外开放的重大举措和经济外交的顶层设计。"一带一路"倡议，是将我国发展置于更广阔的国际空间来谋划的主动开放之举，标志着党的开放理论实现了从指导我国开放到推动世界各国共同开放的伟大历史转变。其次，"一带一路"倡议是为破解人类发展难题提供的中国智慧和中国方案。"一带一路"致力于缩小发展鸿沟，从根本上化解造成各种冲突矛盾的根源，致力于破解全球发展难题。再次，"一带一路"倡议是国家全球经济治理新模式、构建人类命运共同体的新平台。"一带一路"强调求同存异、兼容并蓄，给予各国平等参与全球事务的权利，推动现有国际秩序、国际规则增量改革，为完善全球经济治理体系提供了新思路新方案。最后，"一带一路"倡议是新时代中国特色社会主义的伟大开放实践。"一带一路"倡议提出以来，全球多个国家和国际组织积极支持和参与。实践证明，"一带一路"倡议开创了中国特色社会主义伟大新实践，丰富和发展了治国理政的新理念。

(二) 教学难点

1. 如何深化供给侧结构性改革？

深化供给侧结构性改革，是国际金融危机发生后适应综合国力竞争新形势的主动选择，是适应和引领经济发展新常态的重大创新和必然要求，是推动我国经济实现高质量发展的必然要求。贯彻新发展理念、建设现代化经济体系，要以供给侧结构性改革为主线。

深化供给侧结构性改革，要以实体经济特别是制造业为重点，把提高供给体系质量作为主攻方向，提质升级存量供给，扩大优质增量供给，实现更高水平和更高质量的供需动态平衡。要以加快发展先进制造业为重点全面提升实体经济，要通过深化改革、完善制度，更好激发和保护企业家精神，要继续采取有效措施推进去产能、去库存、去杠杆、降成本、补短板，通过并购重组和依法破产等方式完善市场化优胜劣汰机制，优化存量资产，增加优质供给，支持传统产业优化升级。

2. 如何理解完善社会主义市场经济体制要创新和完善宏观调控？

科学的宏观调控、有效的政府治理，是发挥社会主义市场经济体制优势的内在要求。创新和完善宏观调控，发挥国家发展规划的战略导向作用，健全财政、货币、产业、区域等经济政策协调机制，是新时代我国宏观调控的新要求。宏观调控工作要坚持稳中求进工作总基调，坚持以新发展理念引领发展全局，坚持以供给侧结构性改革为主线，适度扩大总需求，紧紧围绕加快建设现代化经济体系，不断创新思路、完善方式方法，为努力实现更高质量、更有效率、更加公平、更可持续的发展发挥作用。

3. 如何实施高水平对外开放？

实施高水平对外开放，既要求开放范围扩大、领域拓宽、层次加深，也要求开放方式创新、布局优化、质量提升。

坚持主动开放，把开放作为发展的内在要求，更加积极主动地扩大对外开放；坚持双向开放，把引进来与走出去更好结合起来，拓展经济发展空间；坚持全面开放，推动形成陆海内外联动、东西双向互济的开放格局；坚持公平开放，构建公平竞争的内外资发展环境；坚持共赢开放，推动经济全球化朝着普惠共赢方向发展；坚持包容开放，探索求同存异、包容共生的国际发展合作新途径。

三、教学案例

案例1　分配制度是实现共同富裕的有效制度安排[①]

【案例呈现】

分配制度是实现共同富裕的有效制度安排。习近平总书记指出，我们必须"作出更有效的制度安排，使全体人民朝着共同富裕方向稳步前进"。

---

① 韩喜平. 怎样把握新时代分配制度？[J] 红旗文稿，2020（2）：22-24.

党的十九届四中全会通过的《中共中央关于坚持和完善中国特色社会主义制度、推进国家治理体系和治理能力现代化若干重大问题的决定》（以下简称《决定》）把分配制度纳入社会主义基本经济制度，而且其具体的制度设计是以共同富裕目标为导向，其中完善分配方式，调节分配政策，注重分配结果，是完善实现共同富裕的制度保障。

完善初次分配制度。初次分配在分配制度中占比最大、覆盖面最广、影响面最深。构建完善以共同富裕为导向的分配制度，必须使初次分配更好地体现共同富裕的要求。《决定》指出，要"健全劳动、资本、土地、知识、技术、管理、数据等生产要素由市场评价贡献、按贡献决定报酬的机制"。这里和以往提法不同的是，数据作为一种新兴的分配方式写进了分配制度中，这样的分配制度安排，有利于使我们的分配方式更加丰富和多元，更能体现市场要素的报酬贡献。这里需要注意的是，不能把提高初次分配比重看作抑制效率的表现。我们说以共同富裕为导向完善分配方式，不是说把共同富裕绝对化、一元化。无论怎样强调初次分配中的共同富裕要求，都要处理好效率和公平的关系，有公平才能更有效率，有效率才能更好地促进公平，这是涉及分配有序循环的大问题。

改进二次分配制度。二次分配实质上是对一次分配的补充，在某种程度上也是对一次分配失灵的纠正。《决定》也对此进行了明确，指出，"要健全以税收、社会保障、转移支付等为主要手段的再分配调节机制，强化税收调节，完善直接税制度并逐步提高其比重"。

发展三次分配制度。随着我国经济发展和社会文明程度提高，社会公众的公益慈善意识日渐增强，三次分配已经具备运行的客观基础。从实践上看，推行三次分配制度，有利于实现国家更深层次的收入分配调整，弥补市场机制和国家机制之间存在的"剩余空间"与内在缺陷。《决定》明确提出"重视发挥第三次分配作用，发展慈善等社会公益事业"，这是历史上第一次把三次分配制度纳入分配制度体系之中。坚持以共同富裕为导向发展三次分配制度，一方面，要把三次分配事业做大做强，通过完善企业社会责任等举措，不断涵养三次分配的"蓄水池"。另一方面，完善三次分配制度建设，推进三次分配规范化，保证三次分配在技术操作上全流程、全链条公开化、透明化，避免"暗箱操作"。

注重分配结果的共同富裕。我国以共同富裕为导向完善基本经济制度，必须在坚持按劳分配为主体、多种分配方式并存过程中高度重视分配结果。分配结果的公平，这是整个分配制度以共同富裕为导向的具体体现，也是社会主义制度优越性的价值体现。《决定》中提出"鼓励勤劳致富，增加低收入者收入，扩大中等收入群体，调节过高收入，清理规范隐性收入，取缔非法收入"。这就意味着要以共同富裕为导向完善基本经济制度，要遏制以权力、垄断和不正当竞争获取收入的行为，从而将收入获取建立在以公平竞争和要素贡献的基础之上。改革开放四十多年以来，我国经济发展取得了巨大的成就，但是，实事求是地讲，当前我国还存在着较大的收入差距问题。只有扩大中等收入群体，调节过高收入，增加低收入者收入，逐步形成橄榄型收入分配格局，才能缩小收入差距，实现共同富裕。

【案例讨论】

结合案例，请思考如何认识我国社会主义初级阶段的分配制度。

【案例分析】

收入分配制度是有关国民收入如何在不同经济主体和个人之间进行分配的制度总和。以按劳分配为主体、多种分配方式并存是我国社会主义初级阶段的收入分配制度。现阶段，要坚持按劳分配原则，完善按要素分配的体制机制，促进收入分配更合理、更有序。鼓励勤劳守法致富，扩大中等收入群体，增加低收入者收入，调节过高收入，取缔非法收入。坚持在经济增长的同时实现居民收入同步增长。在劳动生产率提高的同时实现劳动报酬同步提高。拓宽居民劳动收入和财产性收入渠道。履行好政府再分配调节职能，加快推进基本公共服务均等化，缩小收入分配差距。

【教学建议】

本案例可用于第三章第一节"中国特色社会主义基本分配制度"相关内容的辅助教学。

案例 2　数字经济为绿色普洱注入新活力①

【案例呈现】

镶嵌在祖国西南边陲的绿海明珠云南省普洱市，"一市连三国、一江通五邻"，自古是茶马古道的源头，在这片 4.5 万平方公里的土地上，气候宜人，物华毓秀，"一片茶叶"承载着普洱人民"大美和谐、天地人和"的永恒信仰走向世界。

新时代，普洱市作为"一带一路"建设的重要节点，积极贯彻国家"互联网+"和大数据发展战略，在"数字普洱"建设的新"茶马古道"上再续新章。

近年来，普洱市围绕"数字普洱"建设，实施宽带进入乡村和城区无线网络全覆盖工程，城乡网络覆盖率达 100%，城区公共区域提供免费 Wi-Fi 服务。随着数字经济和区块链发展规划的启动，"一部手机"系列、智慧党建、数字邮政、智慧停车等应用深入推广；普洱城市大脑、普洱数据湖、京东智联云（普洱）数字经济产业园等一批项目先后落地；税务发票监管、普洱茶溯源、林下三七、信用经济等"区块链+应用"先行先试；5G、云计算、大数据等一批"新基建"项目正在谋划。

不可多得的生态资源禀赋，锐意进取的战略推动，诚信人和的营商环境缔造，再次承载起国家绿色经济试验示范区数字化发展的使命担当。普洱市把大数据产业发展作为脱贫攻坚、加快转型、稳定增长、促进投资的有力抓手，全力构建"4+4"产业集群，着力打造现代林产业、旅游康养产业、高原特色农业 3 个"千亿级产业"；生物药、茶、现代制造业 3 个"五百亿级产业"；现代物流、数字经济 2 个"百亿级产业"。

随着大数据的广泛应用和全面推广，政府效能明显提升，群众生活更加便利，城市管理规范有序，产业发展动力倍增，一个宜居宜业宜游的智慧普洱呈现出勃勃生机。

---

① 梁荔. 数字经济为绿色普洱注入新活力 [EB/OL]. 人民网，2020-08-17.

生态为普洱打上了绿的底色，历史给普洱留下了茶马古道，数字经济为普洱注入了新的活力。智慧的普洱人将历史积淀与未来时空交织，大手笔绘就了一幅数字城乡建设的美好蓝图。

【案例讨论】

结合案例，思考什么是新发展理念，普洱的发展如何体现出这一理念。

【案例分析】

新发展理念是中国共产党关于发展理论的重大升华，是习近平新时代中国特色社会主义经济思想的主要内容。新发展理念强调，创新是引领发展的第一动力，协调是持续健康发展的内在要求，绿色是永续发展的必要条件，开放是国家繁荣发展的必由之路，共享是中国特色社会主义的本质要求。

云南普洱的发展体现了新发展理念的五个方面是相互贯通、相互促进，是具有内在联系的集合体。创新注重的是解决发展动力问题，协调注重的解决发展不平衡问题，绿色注重的是解决人与自然和谐问题，开放注重的是解决发展内外联动问题，共享注重的是解决社会公平正义问题。

【教学建议】

本案例可用于第三章第二节"用新发展理念统领发展全局"等相关内容的辅助教学。

案例3 "木桶理论"蕴含的协调发展理念[①]

【案例呈现】

宁夏回族自治区位于我国西北内陆，六盘山和贺兰山分别矗立其南北两端。宁夏南部是干旱少雨的黄土高原，北部同时被三片沙漠包围，穿行而过的黄河孕育出富庶的"塞上江南"。

在几十年接续奋斗的历程中，有这样一段关于"东西部省份扶贫协作"的故事被口口相传。

---

① 李丹．"木桶理论"蕴含的协调发展理念［EB/OL］．央视网，2020-08-06.

1996年，我国确定东部13个比较发达省市与西部10个省区"结对"帮扶，福建"结对"的是宁夏。时任福建省委副书记的习近平担任福建对口帮扶宁夏领导小组组长，主抓闽宁对口扶贫协作工作。

宁夏南部的黄土丘陵区，曾有一片"不适宜人类居住的地区"，俗称"西海固"，由西吉、海原、固原等多个贫困县共同组成。

1997年，习近平第一次带队来到西海固，被当地百姓家徒四壁、食不果腹、衣不蔽体的贫困状况深深震撼。

那次考察后，习近平下决心推动福建与宁夏对口帮扶。在福建援助资金支持下，西海固打井、建水窖，让百姓用上干净的水；把坡地改为梯田，发展马铃薯产业，带动百姓劳动增收；将西海固不宜生存地方的贫困群众搬迁到银川河套平原待开发荒漠地，建设新家园……

习近平亲自为移民村命名"闽宁村"。

习近平曾说："闽宁村现在是个干沙滩，将来会是一个金沙滩。"

多年来，福建和宁夏一棒接着一棒干。党的十八大以来，借助福建的资金、技术和人才等要素，结合当地特色，发展葡萄、枸杞和养殖等特色产业，闽宁村脱贫致富走上了"快车道"，逐步发展成了闽宁镇。如今，闽宁镇已开发出种植、养殖、劳务、光伏、旅游等多个特色产业，常住居民6.6万多人。2019年，全镇人均可支配收入13970元，贫困发生率降为0.197%。

昔日的干沙滩果真蜕变为繁荣富裕的"金沙滩"。"闽宁模式"逐渐成为我国东西部协调发展的成功样板。

区域协调发展，一直植根于习近平总书记心中。如何做长欠发达地区这块"短板"？他曾专门撰文谈及此事，并引用经济学中著名的"木桶理论"进行论述——"一只木桶的装水容量不是取决于这只木桶中最长的那块板，而是取决于最短的那块板"。

在习近平总书记看来，实现全面建成小康社会、逐步建成社会主义现代化国家，既需要发达地区加快发展，更需要欠发达地区跨越式发展，发达地区要发挥自身优势，尽力帮助欠发达地区加快发展。

党的十八大以来，面对我国中心城市和城市群正在成为承载发展要素主要空间形式的新特点，习近平总书记着眼区域协调发展，提出一系列重大国家战略，推动我国经济社会不断向更加均衡、更高质量的方向迈进。

【案例讨论】

结合案例，思考区域协调发展和建设现代化经济体系的关系是什么。

【案例分析】

建设现代化经济体系是针对我国经济发展内外部环境和条件新变化、经济结构存在的突出矛盾和问题、经济发展质量和效益整体偏低、国际竞争能力有待进一步提高等提出的战略性举措。

建设现代化经济体系各项工作的一个目的，就是实现更加平衡更加充分的发展。当前经济不平衡不充分的重要表现之一，就是脱贫攻坚任务艰巨，城乡区域发展和收入分配差距依然较大。解决这些问题，离不开实施乡村振兴战略和区域协调发展战略。

【教学建议】

本案例可用于第三章"建设现代化经济体系"中实施区域协调发展战略相关内容的辅助教学。

案例4　从制造大国迈向制造强国[①]

【案例呈现】

大国重器书写中国奇迹——"墨子号"量子科学实验卫星、第三代核电"华龙一号"、C919大飞机、"蛟龙"号深海载人潜水器……"可上九天揽月，可下五洋捉鳖。"

中国制造彰显中国底气——火电、水电、核电、输变电装备进入"百万时代"；时速350公里"复兴号"标准动车组日开行数量超过170对；"蓝鲸1号"超深水双塔半潜式钻井平台助力我国首次海域可燃冰开采成功……

---

① 黄鑫. 从制造大国迈向制造强国［N］. 经济日报，2019-09-26（9）.

从"一无所有"到门类最齐全

"中国制造"意味着什么？网上曾流传一个视频，主题是"在美国可以不用中国制造吗？"，美国挑战者在24个小时不用中国制造后，得出的答案是"可以，就是活不下去"。他翻了一遍身上服饰的标签，发现全都印着"中国制造"，就连手里的苹果手机也是中国组装。

众所周知，中国制造已经"席卷全球"。在世界500多种主要工业产品中，中国有220多种工业产品的产量位居全球第一。

但70年前，中国制造却几乎"什么都不能造"。"而今，我国拥有41个工业大类、207个工业中类、666个工业小类，形成了独立完整的现代工业体系，是全世界唯一拥有联合国产业分类中所列全部工业门类的国家。"工信部部长苗圩如是说。

从学习模仿到创中国品牌

1994年，九阳发明了全球第一台豆浆机，这也是中国人发明的第一台家用电器，中国品牌、中国制造在全球家电行业崭露头角。25年来，九阳专注创新，推出不用手洗的豆浆机、无涂层蒸汽饭煲、炒菜机器人等一系列原创智能新品，见证着中国家庭厨房的变迁。九阳的原创之路证明，不靠别国的技术，靠自身专注原创的那份匠心，中国品牌、中国制造一样能够占据全球家电行业领先地位。

新中国成立后，中国制造的发展大致可分为四个阶段。第一阶段是1949年至1977年的自我发展阶段。新中国成立初期，我国从苏联学习并建立起一整套工业体系。第二阶段是1978年至2000年的代工阶段。改革开放之后，"三来一补"合作模式兴起，中国制造自此起步。"三来一补"指的是"来料加工、来件装配、来样加工、补偿贸易"，本质是利用国内低成本优势，通过两头在外——原料在外、市场在外的业务模式，为国际企业代工，赚取基本加工费，形成了中国制造的初期形态。第三阶段是2001年至2010年的全球化阶段。随着加入WTO，我国迅速融入全球大市场分享全球化红利。国内制造企业通过积极参与全球价值链分工，让我国快速成为"世界工厂"。同时，我国通过扩大开放既快速推进了自身经济增长和工业化进程，又对全球产业链构建作出巨大贡献。第四阶段则是从

2011年到现在，是中国制造迈向高质量发展的阶段，也是制造大国迈向制造强国的阶段。

立国之本、强国之基。回顾70载历程，中国制造业穿越了发达国家几百年的工业化历程，创造了人类发展史上的奇迹，建成了门类齐全、独立完整的现代工业体系，并在2010年重夺丢失了一个半世纪的世界第一制造业大国地位，如今已成为驱动全球工业增长的重要引擎。

【案例讨论】

结合案例，思考我国为什么要加快建设制造业强国。

【案例分析】

制造业是国民经济的主体，是科技创新的主战场，是立国之本、兴国之器、强国之基。打造具有国际竞争力的制造业，是我国提升综合国力、保障国家安全、建设世界强国的必由之路。

加快建设制造强国，是对我国制造业整体形势正确判断的结果。我国是制造大国和出口大国，但目前主要是低端产品和技术，科技含量高、质量高、附加值高的产品并不多。我国总体上产能很大，但其中一部分产能是无效供给，而高质量、高水平的有效供给又不足。我们既要着力扩大需求，也要注重提高供给质量和水平。

【教学建议】

本案例可用于第三章第三节"深化供给侧结构性改革"中加快建设制造强国相关内容的辅助教学。

案例5　海南自贸港成全球投资"新热土"①

【案例呈现】

4月18日至21日，博鳌亚洲论坛2021年年会如期举行，世界进入"博鳌时间"。全球政商学界代表将在线下线上智慧碰撞，汇聚共识。

三年前，习近平主席在博鳌亚洲论坛2018年年会开幕式上宣示，中

---

① 王晓樱，陈怡. 海南自贸港成全球投资新热土：写在博鳌亚洲论坛二〇二一年年会召开之际［N］. 光明日报，2021-04-18（8）.

国开放的大门不会关闭，只会越开越大。随后，在庆祝海南建省办经济特区 30 周年大会上，习近平总书记宣布，支持海南全岛建设自由贸易试验区，支持海南逐步探索、稳步推进中国特色自由贸易港建设。

在海南建设自由贸易港，对标世界最高水平的开放形态，这是党中央着眼于国内国际两个大局、为推动中国特色社会主义创新发展作出的一个重大战略决策，是我国新时代改革开放进程中的一件大事。2020 年 6 月 1 日，中共中央、国务院印发的《海南自由贸易港建设总体方案》发布，中国特色自由贸易港建设正式启航。

博鳌乐城国际医疗旅游先行区，距离博鳌亚洲论坛永久会址十多公里，4 月 13 日一场国际创新药械展在这里开幕。来自 16 个国家 36 个地区的 80 家全球参展厂商带来 810 种药械产品参展，其中 441 种未在国内上市、394 种首次在国内亮相。

波士顿科学是第二次参加在乐城先行区长期举行的国际创新药械展。与第一次相比，这次该公司带来的产品更多，也更加先进。"这次带来了公司旗下 63 款亮点产品，几乎每一条产品线的代表产品都来了。"波士顿科学展馆工作人员说。

作为海南自贸港重点园区，博鳌乐城国际医疗旅游先行区正在推动国际先进医疗资源与国内健康需求有效衔接，目前世界排名前 30 强的药械企业近八成与园区建立直接合作关系，在区内使用的未在国内上市创新药械已达 135 种，其中不乏全球首例应用的创新产品。

除了医疗领域，教育领域的开放也同样精彩：海南已签约引进中国大陆首个境外高水平大学独立办学项目德国比勒菲尔德应用科技大学；酒店管理专业世界知名的瑞士洛桑酒店管理学院也将在海南独立办学，计划今年秋季开学。

位于海口国兴大道的全球贸易之窗，是海南"百国千企"计划的首个载体，于 2019 年 7 月 1 日正式投入运营，面向全球招商引资。从 0 到来自 32 个国家和地区的 400 余家企业入驻，全球贸易之窗仅用了一年多的时间。在已入驻的企业中，外资企业共有 83 家，其投资涉及贸易、旅游、文化、教育、医药等领域。

2020年，新冠疫情在全球蔓延，世界经济增长放缓，全球跨国直接投资大幅下降。在这样的背景下，海南利用外资规模创历史新高，实际利用外资实现连续三年翻番，总额超过海南设立经济特区30年总额的一半。2020年，海南全省新设外商投资企业1005家，同比增长197.3%；外资来源地包括80多个国家和地区，同比增长一倍。呈现出以特斯拉等为代表的"投未来"、以普洛斯仓储等为代表的"补短板"、以哈罗公学等为代表的"强功能"、以普华永道等为代表的"优服务"等特点。

随着一批批宣示开放的大门只会越开越大的政策落地实施，海南全面深化改革开放生机勃勃，海南自贸港成为各界关注的热点、焦点。

【案例讨论】

结合案例，思考为什么说"中国开放的大门只会越开越大"。

【案例分析】

对外开放是我国的基本国策，是推动经济社会发展的重要动力。坚定不移扩大对外开放，是实现中华民族繁荣富强的必由之路，是适应经济全球化趋势的必然要求，是顺应新时代国内改革发展的应有之举。

【教学建议】

本案例可用于第三章第五节"推动形成全面开放新格局"相关内容的辅助教学。

案例6　守望相助　情义无价——"一带一路"朋友圈齐心战"疫"[①]

【案例呈现】

面对突如其来的新冠疫情，中国在与"一带一路"共建国家保持定力、稳步推进"一带一路"项目建设的同时，聚焦全球公共卫生合作，分享抗疫信息和技术创新成果，携手打造"健康丝绸之路"。

[①] 新华社.守望相助　情义无价："一带一路"朋友圈齐心战"疫"[EB/OL].中国政府网，2020-03-10.

共筑抗疫防线 共建健康丝路

"逆行者",是新冠疫情期间一个鼓舞人心的词汇。"一带一路"朋友圈中也有一群"逆行者",他们交流分享抗疫经验、技术,融通医疗、防疫物资,推进共建"健康丝绸之路",携手共筑抗击疫情的严密防线。

2020年3月7日晚,一个中国医疗专家组携防疫物资抵达巴格达,援助伊拉克疫情防控工作。伊拉克目前有新冠感染确诊病例数十例。经历多年战乱后,当地医疗条件落后,防疫物资匮乏。中方专家组的到来,有助于增强伊拉克的疫情防控能力。

与伊拉克相比,其邻国伊朗的疫情更为严峻。伊朗卫生部9日公布的数据显示,该国累计确诊病例7161例,其中237例死亡。在伊朗报告首例确诊病例10天后,中国红十字会就派出志愿医疗专家团队抵达德黑兰,帮助伊朗共同抗疫。

突如其来的疫情为"一带一路"共建国家探索深化非传统安全领域合作提供了契机。在这场抗疫斗争中,中方始终秉持人类命运共同体理念,及时同国际社会分享信息、加强合作。

意大利洛伦佐·梅迪奇国际关系研究所专家法比奥·马西莫·帕伦蒂说,疫情暴发以来,中意两国互相支持,很好诠释了命运共同体理念。未来"一带一路"共建国家可以加强在医疗服务和科研方面的合作,为改善全球公共卫生治理体系贡献力量。

患难见真情 仁义动人心

2020年1月底,得知中国急需医疗物资的消息后,哈萨克斯坦中国贸易促进协会会长哈纳特·拜赛克发起募捐倡议,短短一周就有126家企业捐款捐物。截至3月2日,共有62个国家和7个国际组织向中国捐赠口罩、防护服等物资。

战"疫"中,"一带一路"朋友圈的支持尤显温暖:缅甸提供大米,斯里兰卡提供红茶,蒙古国捐赠3万只羊,巴基斯坦拿出全国医院库存口罩……

他们是"一带一路"朋友圈中的特殊"逆行者":柬埔寨首相洪森、蒙古国总统巴特图勒嘎、塞尔维亚第一副总理兼外长达契奇……他们在特殊时期访问中国，表达与中国携手抗疫的决心。

他们是"一带一路"朋友圈中的超级"鼓劲者"：印尼总统佐科、智利总统皮涅拉、哈萨克斯坦总统托卡耶夫、塔吉克斯坦总统拉赫蒙、乌兹别克斯坦总统米尔济约耶夫、英国首相约翰逊……他们以高层通话等形式向中国传递早日克服疫情的祝福，表达深化"一带一路"国际合作的意愿。

盼风雨过去　迎春暖花开

2020年2月10日，X8074次"义新欧"中欧班列从浙江义乌西站出发，驶向白俄罗斯明斯克。

2020年2月20日12时，X9403次中欧班列从乌鲁木齐发车，驶往哈萨克斯坦、阿塞拜疆和土耳其。

哈萨克斯坦"一带一路"专家俱乐部成员阿依达尔·阿姆列巴耶夫说，中欧班列恢复运行是让中亚国家高兴的好消息。他相信，经过疫情考验后，"一带一路"国际合作将更加完善。

中国举全国之力抗击疫情，审时度势推动复工复产，赢得国际社会广泛赞誉。"一带一路"朋友圈传递着充满信任、信心和希望的正能量。

比利时泽布吕赫港是中比"一带一路"框架下合作项目所在地。在港口高管文森特看来，中国发展前景不会因当前疫情而改变，泽布吕赫港的未来与中国经济密切相关，"期待为推动'一带一路'建设作出更多贡献"。

守望相助，携手前行，中国愿与各方继续推动"一带一路"高质量发展。风雨过后，春暖花开，"一带一路"百花园将更加绚烂多彩。

【案例讨论】

结合案例，思考我国进行"一带一路"倡议的重要意义是什么。

【案例分析】

党的十九大报告指出，要以"一带一路"倡议为重点，坚持引进来和走出去并重，遵循共商共建共享原则，加强创新能力开放合作，形成陆海内外联动、东西双向互济的开放格局。"一带一路"倡议是我国扩大对外开放的重大举措和经济外交的顶层设计；是为破解人类发展难题提供的中国智慧和中国方案,是探索全球经济治理新模式、构建人类命运共同体的新平台,是新时代中国特色社会主义的伟大开放实践。"一带一路"倡议提出以来,全球多个国家和国际组织积极支持和参与。实践证明,"一带一路"倡议开创了中国特色社会主义伟大新实践,丰富和发展了治国理政的新理念。

【教学建议】

本案例可用于第三章第五节共建"一带一路"倡议相关内容的学习。

四、阅读文献

[1] 求是杂志社. 治国理政新理念新思想新战略 [M]. 北京:学习出版社,2018.

[2] 中国共产党第十九届中央委员会第三次全体会议公报 [EB/OL]. 新华网,2018-02-28.

[3] 习近平. 在庆祝改革开放40周年大会上的讲话 [M]. 北京:人民出版社,2018.

[4] 林毅夫,贾康,财新传媒. "一带一路" 2.0:中国引领下的丝路新格局 [M]. 杭州:浙江大学出版社,2018.

第四章　新时代中国特色社会主义政治建设

一、理论知识概要

（一）知识结构

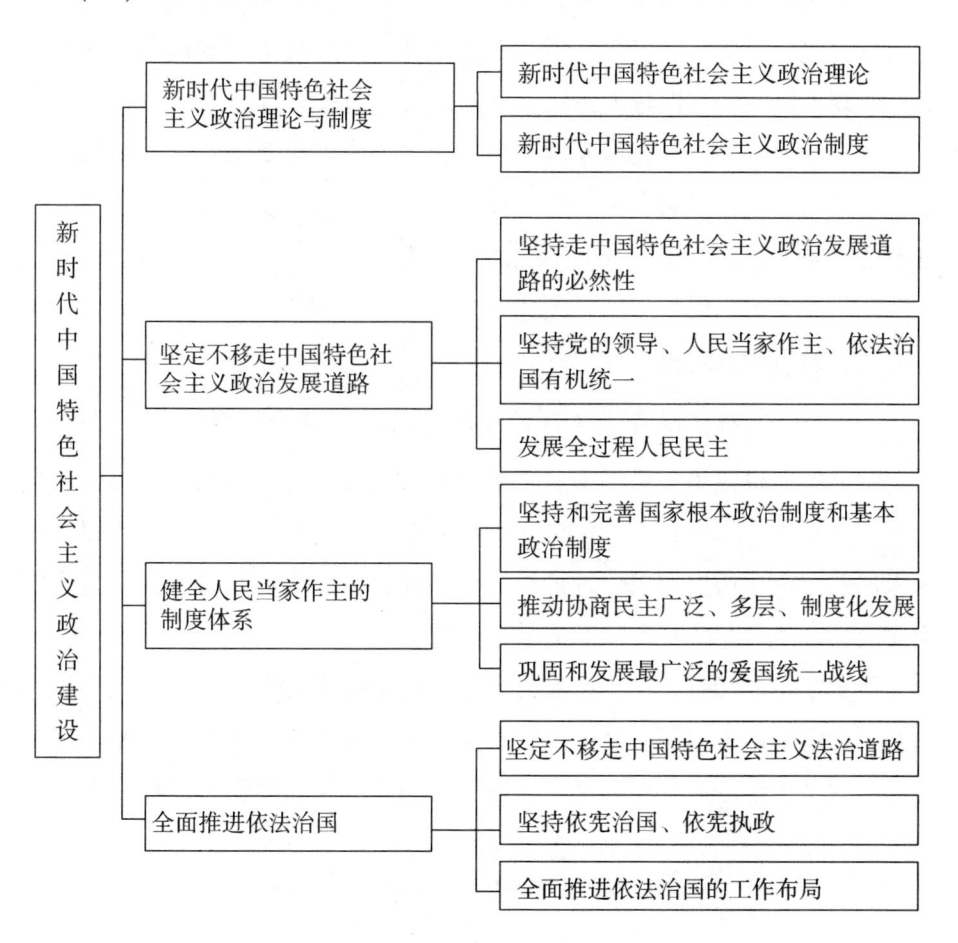

```
新时代中国特色社会主义政治建设
├── 新时代中国特色社会主义政治理论与制度
│   ├── 新时代中国特色社会主义政治理论
│   └── 新时代中国特色社会主义政治制度
├── 坚定不移走中国特色社会主义政治发展道路
│   ├── 坚持走中国特色社会主义政治发展道路的必然性
│   ├── 坚持党的领导、人民当家作主、依法治国有机统一
│   └── 发展全过程人民民主
├── 健全人民当家作主的制度体系
│   ├── 坚持和完善国家根本政治制度和基本政治制度
│   ├── 推动协商民主广泛、多层、制度化发展
│   └── 巩固和发展最广泛的爱国统一战线
└── 全面推进依法治国
    ├── 坚定不移走中国特色社会主义法治道路
    ├── 坚持依宪治国、依宪执政
    └── 全面推进依法治国的工作布局
```

（二）理论知识

改革开放尤其是党的十八大以来，中国特色社会主义政治理论创新发展，中国特色社会主义政治制度日臻完善。

中国特色社会主义政治发展道路是近代以来中国人民长期奋斗的历史逻辑、理论逻辑、实践逻辑的必然结果，是坚持党的本质属性、践行党的根本宗旨的必然要求。坚持走中国特色社会主义政治发展道路，关键是要坚定不移地坚持中国共产党的领导、人民当家作主和依法治国的有机统一。发展和完善我国社会主义政治制度需要借鉴国外政治文明的有益成果，但绝不能放弃中国政治制度的根本。

促进中国特色社会主义政治发展，必须大力发展社会主义民主政治，用制度体系保障人民当家做主，要努力发展和完善人民代表大会制度、推动协商民主广泛多层制度化发展、积极稳妥地推进政治体制改革，从而更好地体现人民意志、保障人民权益、激发人民创造活力。

依法治国是坚持和发展中国特色社会主义的本质要求和重要保障，全面依法治国必须走对路，要坚定不移地走中国特色社会主义法治道路，加强宪法实施与监督，建设社会主义法治国家。

二、教学重点难点

（一）中国特色社会主义政治发展道路的"三个逻辑"[①]

政治发展道路是关系根本、关系全局的重大问题。习近平总书记在党的十九大报告中指出："中国特色社会主义政治发展道路，是近代以来中国人民长期奋斗历史逻辑、理论逻辑、实践逻辑的必然结果，是坚持党的本质属性、践行党的根本宗旨的必然要求。"

历史逻辑意味着，一个国家的政治发展道路要与本国历史文化传统相衔接，不能不顾本国历史文化传统，生搬硬套他人的制度模式。鸦片战争以后，中国逐渐沦为半殖民地半封建社会，中华民族遭受了前所未有的苦

[①] 闵仕君，邵东亮. 深刻认识中国特色社会主义政治发展道路的"三个逻辑"[N]. 解放军报，2018-03-02（7）.

难。如何拯救民族危亡、实现民族复兴，成为历史性课题。为此，中国仁人志士进行了各种各样的艰辛探索。从太平天国运动到康有为、梁启超等发起维新变法，再到孙中山等人领导的辛亥革命，等等，都没有使中华民族获得彻底的独立解放。1921年，中国共产党诞生。中国共产党团结带领人民经过28年浴血奋战，完成了新民主主义革命，建立了中华人民共和国，彻底结束了旧中国半殖民地半封建社会的历史，实现了中华民族从几千年封建专制向人民民主专政制度的伟大飞跃。而后，我们党团结带领中国人民完成社会主义革命，确立社会主义基本制度，完成了中华民族有史以来最为广泛而深刻的社会变革，为当代中国一切发展进步奠定了根本政治前提和制度基础。改革开放以来，党团结带领中国人民积极探索，走出了中国特色社会主义政治发展道路，为我国经济实力、综合国力、人民生活水平不断跨上新台阶，为不断战胜前进道路上各种艰难险阻提供了政治制度保证。历史充分证明，中国特色社会主义民主政治具有强大生命力，中国特色社会主义政治发展道路是符合中国国情、保证人民当家做主的正确道路。

　　理论逻辑意味着，一个国家的政治发展道路总是在一定的理论指导下进行的。中国特色社会主义政治发展道路，是以马克思主义为指导、具有社会主义性质、适合中国国情的一整套政治制度和政治模式。一方面，中国特色社会主义政治发展道路，符合科学社会主义的本质要求，是对马克思主义政治学说的丰富发展。中国共产党在实践探索中，特别是在汲取我国和苏联社会主义政治建设经验教训的基础上，开创和发展了中国特色社会主义政治发展道路。这一道路，充分体现了"我国是工人阶级领导的、以工农联盟为基础的人民民主专政的社会主义国家"的国家性质，充分体现人民民主这一社会主义的本质特征，进一步发展了科学社会主义的内涵、精神实质和基本原则。另一方面，中国特色社会主义政治发展道路，植根于中国传统、符合中国国情。中国特色社会主义政治制度之所以行得通、有生命力，就是因为它紧密地结合了中国实际。我们只有坚持从国情出发、从实际出发，既把握长期形成的历史传统，又把握走过的发展道路、积累的政治经验、形成的政治原则，同时把握现实要求、着眼解决现实问题，才能坚定不移走富有中国特色的政治发展道路。

实践是检验真理的唯一标准。中国特色社会主义政治发展道路，是中国共产党团结带领中国人民、立足中国政治实际进行长期不懈奋斗的实践创造，是人类民主政治发展史上具有标志性意义的中国智慧和中国方案。中国特色社会主义政治发展道路的正确性，已被中国改革开放的伟大实践所证明。尤其是党的十八大以来，以习近平同志为核心的党中央不断推进社会主义民主政治建设，丰富和发展了中国特色社会主义政治发展道路的理论与实践。中国特色社会主义政治发展道路的正确性，也日益被世界范围内的政治实践所佐证。近年来西方世界政治乱象频发，西方政治模式正面临严峻挑战。反观中国，则是政治稳定、经济发展、治理有效。我们用事实宣告了"历史终结论"的破产，宣告了以西方制度模式为归宿的单线式历史观的破产。

（二）中国特色社会主义政治发展道路的鲜明特色[①]

坚持党的领导、人民当家作主、依法治国有机统一是社会主义政治发展的必然要求。

党的领导是人民当家作主和依法治国的根本保证。我国宪法确立了中国共产党领导地位，这是历史的选择、人民的选择。中国特色社会主义最本质的特征是中国共产党领导，中国特色社会主义制度的最大优势是中国共产党领导。在当今中国，党政军民学，东西南北中，党是领导一切的，是最高的政治领导力量。坚持和完善党的领导，是党和国家的根本所在、命脉所在，是全国各族人民的利益所在、幸福所在。在坚持党的领导这个重大原则问题上，我们绝不能有任何含糊和动摇。在新时代，迈进全面建设社会主义现代化国家新征程，实现中华民族伟大复兴的中国梦，实现人民对美好生活的向往，必须坚持党对一切工作的领导，确保党始终总揽全局、协调各方。

人民当家作主是社会主义民主政治的本质特征。人民民主是社会主义的生命。没有民主就没有社会主义，就没有社会主义现代化，就没有中华

[①] 天津市中国特色社会主义理论体系研究中心. 坚持走中国特色社会主义政治发展道路[N]. 光明日报，2017-12-01（5）.

民族伟大复兴。中国共产党领导人民实行人民民主，就是保证和支持人民当家作主。发展社会主义民主政治，就是要体现人民意志，保障人民权益，激发人民创造活力，用制度体系保证人民当家作主。坚持人民当家作主，必须坚持国家一切权力属于人民，坚持人民主体地位，扩大人民有序政治参与，保证人民依法实行民主选举、民主协商、民主决策、民主管理、民主监督，保证人民依法通过各种途径和形式管理国家事务，管理经济文化事业，管理社会事务，巩固和发展生动活泼、安定团结的政治局面。人民当家作主必须具体现实地体现到中国共产党执政和国家治理上来，具体现实地体现到党和国家机关各个方面、各个层级的工作上来，具体现实地体现到人民对自身利益的实现和发展上来。

依法治国是党领导人民治理国家的基本方式。全面依法治国是中国特色社会主义的本质要求和重要保障。法治兴则国家兴。党的十九大报告提出，建设中国特色社会主义法治体系，建设社会主义法治国家。既明确了全面推进依法治国的性质和方向，又突出了全面推进依法治国的工作重点和总抓手，对全面推进依法治国具有纲举目张的意义。必须把党的领导贯彻落实到依法治国全过程和各方面，坚定不移走中国特色社会主义法治道路，坚持厉行法治，推进科学立法、严格执法、公正司法、全民守法，坚持依法治国、依法执政和依法行政共同推进，坚持法治国家、法治政府和法治社会一体建设，坚持依法治国和以德治国相结合，依法治国和依规治党有机统一，深化司法体制改革，提高全民族法治素养和道德素质。

党的领导、人民当家作主和依法治国统一于中国特色社会主义民主政治伟大实践。党的领导、人民当家作主、依法治国是一个相辅相成的有机整体，三者的有机统一是中国特色社会主义民主政治的集中体现，已经成为当代中国政治制度和政治过程最鲜明的特征。坚持党的领导、人民当家作主、依法治国有机统一，我国政治建设才能保持正确方向。

(三) 中国式民主政治具有独特的优势[①]

中国式民主符合我国国情，适应我国发展要求，体现人民意志，在实

[①] 中共中央宣传部理论局. 新中国发展面对面 [M]. 北京：学习出版社, 2019：49-53.

践中发挥了巨大威力和作用，彰显出无可比拟的优越性。

它能够实现最广泛的人民民主。人民当家作主，是社会主义民主的本质要求，但不同层次、不同方面民主需求不同。为了适应这一现实状况，中国式民主构建了十分丰富的民主形式。通过人民代表大会制度、中国共产党领导的多党合作和政治协商制度、民族区域自治制度、基层群众自治制度等多种制度安排，有效保证人民享有更加广泛、更加充实的权利和自由，保证人民广泛参与国家治理和社会治理。

它能够形成安定团结的政治局面。国家之治贵在和谐与共。中国式民主具有很强的社会整合功能，可以有效调节政党、民族、宗教、阶层、海内外同胞等国家政治关系，平衡各种利益诉求，使矛盾和问题在现有体制框架内得到妥善化解，最大限度减少内部分歧和消耗，增强民族凝聚力，保持国家政局稳定和社会和谐发展。

它能够集中力量办大事。中国式民主在广泛发扬民主、集思广益的基础上，强调集中统一，充分调动一切积极因素，汇聚最广大人民的智慧和力量，集中力量办大事，有效促进社会生产力解放和发展，促进现代化建设各项事业，促进人民生活质量和水平不断提高。正是因为这一点，新中国才在70余年间，实施了一个个重大战略，完成了一个个重大工程，攻克了一个个发展难题，战胜了一个个风险挑战，把许多不可能变成了可能，创造了难以想象的奇迹。

它能够维护中国人民和中华民族的福祉。中国已经几十年没有经历过战争，国内也没有出现过大的冲突和纷争，很重要的一个原因，就在于我国政治制度能够最大限度地凝聚起各方面、各阶层、各民族的共同意志。在中华民族大家庭里，中国式民主能够起到"一锚定乾坤"的作用，确保国家政权高度稳定，强化全体人民对统一国家的意识，不断增强政治认同、情感认同和文化认同，从而有效维护国家独立自主，有力维护国家主权、安全、发展利益，确保各民族的安定团结和国家的长治久安。

（四）不能生搬硬套外国政治制度模式

判断一个国家政治制度究竟好不好，是否科学、是否先进，关键要看是否符合国情、是否有效管用、是否得到人民拥护。世界上没有也不可能有一种放之四海而皆准的政治发展道路。习近平总书记明确指出："世界上没有完全相同的政治制度模式，政治制度不能脱离特定社会政治条件和历史文化传统来抽象评判，不能定于一尊，不能生搬硬套外国政治制度模式"，"鞋子合不合脚，自己穿了才知道"。一个国家的政治制度合不合适，只有这个国家的人民才最有发言权。以美国为代表的西方国家总是打着"普世价值"的旗号，试图在全球推行或输出西方政治制度模式。国内也有一些人简单地将西方政治制度奉为圭臬，主张移植或照搬西方政治制度模式。但中国既不存在实行西方政治制度的历史文化传统，也不存在实行西方政治制度的经济社会基础。

西方政治制度模式是西方国家在其长期的历史发展过程中形成的。它建立在资本主义经济基础之上，是保护资产阶级私人占有制的政治上层建筑。实际上，西方各国政治制度也存在着明显的差异，如英国实行的是君主立宪制，美国实行总统制，德国、意大利是议会制的典型，但"政党轮替""三权鼎立"是西方国家政治制度模式的主要特点。"政党轮替"是资本主义国家由两个或多个政党通过竞选而轮流上台执政或联合执政的政党制度。这种政党制度曾经被看成资产阶级民主政治的主要运行机制。但无论是"两党制"还是"多党制"，其实质都是资产阶级内部不同集团、不同派别的政治统治，而且越来越表现出政党之间相互倾轧、相互拆台的乱象，导致金钱政治、民主游戏和政治极化现象丛生。"三权鼎立"主要是指立法权、行政权和司法权分别由不同的国家机关掌握，三者之间相互独立、互相制衡，在一定程度上可以避免某一集团独揽权力，便于资产阶级统治集团内部实现"民主"，但实际上是资产阶级内部不同利益集团之间的博弈和制衡，是实行资产阶级专政、维护资本主义统治的工具。[①]

中国特色社会主义政治发展道路，不是中国传统政治的"再版"，也不是西式民主的"翻版"，而是经过反复比较、长期探索、实践验证的

---

① 本书编写组.《毛泽东思想和中国特色社会主义理论体系概论》辅导用书[M].北京：高等教育出版社，2021：210.

"原版"。发展和完善我国社会主义政治制度，正如习近平总书记深刻指出的，"我们需要借鉴国外政治文明有益成果，但绝不能放弃中国政治制度的根本。中国有九百六十多万平方公里土地、五十六个民族，我们能照谁的模式办？谁又能指手画脚告诉我们该怎么办？""照抄照搬他国的政治制度行不通，会水土不服，会画虎不成反类犬，甚至会把国家前途命运葬送掉。只有扎根本国土壤、汲取充沛养分的制度，才最可靠、也最管用"。

（五）"党大还是法大"是一个伪命题

针对有一些人提出的"党大还是法大"的问题，习近平总书记一针见血地指出，这是一个政治陷阱，是一个伪命题，要明确予以回答。

一方面，要深刻理解坚持党的领导与全面推进依法治国的高度统一性。社会主义法治必须坚持党的领导，党的领导必须依靠社会主义法治，两者之间是根本一致的。从性质上看，党领导人民干的事业就是建设社会主义，我们搞的法治也是社会主义性质的法治；从宗旨上看，始终坚持人民主体地位、保证人民当家做主、维护人民合法权益，既体现了我们党的根本宗旨，也是社会主义法治建设的根本目的；从任务上看，我们党带领人民实现现代化，包括实现国家治理体系和治理能力现代化，而法治建设也是实现国家治理体系和治理能力现代化的重要内容，所以说这两者是根本一致、内在统一的。习近平总书记明确指出："我们强调坚持党的领导、人民当家作主、依法治国有机统一，最根本的是坚持党的领导。坚持党的领导，就是要支持人民当家作主，实施好依法治国这个党领导人民治理国家的基本方略。党的领导和社会主义法治是一致的，只有坚持党的领导，人民当家作主才能充分实现，国家和社会生活制度化、法治化才能有序推进。不能把坚持党的领导同人民当家作主、依法治国对立起来，更不能用人民当家作主、依法治国来动摇和否定党的领导。那样做在思想上是错误的，在政治上是十分危险的。"[①]

另一方面，"党大还是法大"这个伪命题所掩盖的，实际上是"权大还是法大"这个真命题，这恰恰是我们在全面推进依法治国中要着力解决

---

① 习近平. 论坚持全面依法治国[M]. 北京：中央文献出版社，2020：42.

的问题。习近平总书记深刻指出:"如果说'党大还是法大'是一个伪命题,那么对各级党政组织、各级领导干部来说,权大还是法大则是一个真命题。""我们说不存在'党大还是法大'的问题,是把党作为一个执政整体而言的,是指党的执政地位和领导地位而言的,具体到每个党政组织、每个领导干部,就必须服从和遵守宪法法律,就不能以党自居,就不能把党的领导作为个人以言代法、以权压法、徇私枉法的挡箭牌。我们有些事情要提交党委把握,但这种把握不是私情插手,不是包庇性的插手,而是一种政治性、程序性、职责性的把握。这个界线一定要划分清楚。"[1]

总之,党的领导与依法治国二者是并行不悖、缺一不可的。坚持在党的领导下依法治国、厉行法治,同时坚持党在宪法法律范围内活动,这样才能真正实现党的领导、人民当家作主和依法治国的有机统一,国家和社会生活法治化才能有序推进。

(六)推进社会主义政治建设、推进我国政治制度自我完善和发展的总体要求和重点任务[2]

实现"十四五"时期和今后更长时期我国经济社会发展新的战略部署和目标任务,必须推进中国特色社会主义政治制度自我完善和发展。总体要求是:高举中国特色社会主义伟大旗帜,深入贯彻党的十九大和十九届二中、三中、四中、五中全会精神,坚持以马克思列宁主义、毛泽东思想、邓小平理论、"三个代表"重要思想、科学发展观、习近平新时代中国特色社会主义思想为指导,统筹推进经济建设、政治建设、文化建设、社会建设、生态文明建设的总体布局,协调推进全面建设社会主义现代化国家、全面深化改革、全面依法治国、全面从严治党的战略布局,适应把握新发展阶段、贯彻新发展理念、形成新发展格局的要求,坚持党的领导、人民当家作主、依法治国有机统一,坚定不移走中国特色社会主义政治发展道路,加快建设社会主义法治国家,团结一切可以团结的力量,调

---

[1] 中共中央文献研究室. 习近平关于全面依法治国论述摘编[M]. 北京:中央文献出版社, 2015:37.
[2] 王晨. 推进中国特色社会主义政治制度自我完善和发展[N]. 人民日报, 2020-11-24(6).

动一切可以调动的积极因素,广泛动员和组织全社会成员和各方面力量投身全面建设社会主义现代化国家的伟大事业,为"十四五"时期和未来15年经济社会发展、全面建设社会主义现代化国家开好局、起好步提供有力政治保证和制度保障。

按照《中共中央关于制定国民经济和社会发展第十四个五年规划和二〇三五年远景目标的建议》的顶层设计和全面部署,当前和今后一个时期推进社会主义政治建设、推进我国政治制度自我完善和发展的重点任务和工作要求,主要有以下九个方面。

——坚持和完善人民代表大会制度。坚持国家的一切权力属于人民,支持和保证人民通过人民代表大会行使国家权力,保证各级人大都由民主选举产生、对人民负责、受人民监督,保证各级国家机关都由人大产生、对人大负责、受人大监督。加强人大对"一府一委两院"的监督,保障人民依法通过各种途径和形式管理国家事务、管理经济文化事业、管理社会事务。支持和保证人大及其常委会依法行使立法权、监督权、决定权、任免权,密切人大代表同人民群众的联系,健全代表联络机制,更好发挥人大代表作用。健全人大组织制度、选举制度和议事规则,适当增加基层人大代表数量,加强地方人大及其常委会建设。

——坚持和完善中国共产党领导的多党合作和政治协商制度。贯彻长期共存、互相监督、肝胆相照、荣辱与共的方针,加强中国特色社会主义政党制度建设。发挥社会主义协商民主独特优势,提高建言资政和凝聚共识水平。统筹推进政党协商、人大协商、政府协商、政协协商、人民团体协商、基层协商以及社会组织协商。加强人民政协专门协商机构建设,丰富协商形式,健全协商规则,推动协商民主广泛多层制度化发展,形成完整的制度程序和参与实践,保证人民在日常政治生活中有广泛持续深入参与的权利。

——坚持和完善民族区域自治制度。全面贯彻党的民族政策,坚持走中国特色解决民族问题的正确道路。铸牢中华民族共同体意识,不断增强各族群众对伟大祖国、中华民族、中华文化、中国共产党、中国特色社会主义的认同。高举中华民族大团结的旗帜,促进各民族共同团结奋斗、共同繁荣发展。全面贯彻落实民族区域自治法，依法管理民族事务，依法保障各民族合法权益。

——全面贯彻党的宗教工作基本方针。全面贯彻党的宗教信仰自由政策，依法管理宗教事务，坚持独立自主自办原则，积极引导宗教与社会主义社会相适应。坚持我国宗教的中国化方向，发挥宗教界人士和信教群众在促进经济社会发展中的积极作用，努力调动积极因素、抑制消极因素。

——健全基层群众自治制度。健全基层党组织领导的基层群众自治机制，增强群众自我管理、自我服务、自我教育、自我监督实效。健全企事业单位民主管理制度，保障职工群众的知情权、参与权、表达权、监督权，维护职工合法权益。

——发挥工会、共青团、妇联等人民团体作用。推动人民团体等群团组织增强政治性、先进性、群众性，健全联系广泛、服务群众的群团工作体系，把各自联系的群众紧紧凝聚在党的周围，更好发挥联系群众的桥梁和纽带作用。

——完善大统战工作格局。巩固和发展最广泛的爱国统一战线，坚持一致性和多样性统一，谋求最大公约数，画出最大同心圆，促进政党关系、民族关系、宗教关系、阶层关系、海内外同胞关系和谐，巩固和发展大团结大联合局面。全面贯彻党的侨务政策，凝聚侨心、服务大局。

——坚持法治国家、法治政府、法治社会一体建设。完善以宪法为核心的中国特色社会主义法律体系，加强重点领域、新兴领域、涉外领域立法，提高依法行政水平，完善监察权、审判权、检察权运行和监督机制，促进司法公正，深入开展法治宣传教育，有效发挥法治固根本、稳预期、利长远的保障作用，推进法治中国建设。

——促进人权事业全面发展。走符合国情的人权发展道路，奉行以人民为中心的人权理念，把生存权、发展权作为首要的基本人权，协调增进全体人民的各项权利，努力维护社会公平正义，促进人的全面发展。

三、教学案例

【案例呈现】

案例1　政治道路坚定走①

1989年，美国政治学者弗朗西斯·福山在《历史的终结》中预言，西式民主制度是"人类政府的最后形式"，历史将终结在这里。曾几何时，苏联解体、东欧剧变，似乎印证了这个论断。然而20多年后，历史并没有终结，反而西式民主乱象丛生，制度危机凸显。与此形成鲜明对比的是，中国特色社会主义民主政治"风景这边独好"，中国特色社会主义制度焕发出强大生命力。面对事实，福山也不得不改口："随着中国崛起，所谓'历史终结论'有待进一步推敲和完善。人类思想宝库需为中国传统留有一席之地。"

"金豆豆，银豆豆，豆豆不能随便投。选好人，办好事，投在好人碗里头。"这首质朴的歌谣，反映的是抗战时期陕甘宁边区民主选举的生动场景。一粒粒小小的豆子，承载着人民当家作主的希望。1945年7月，民主人士黄炎培来到延安有感而发，希望中国共产党找出一条新路。毛泽东同志说，我们已经找到了新路，就是民主。只有让人民来监督政府，政府才不敢松懈。只有人人起来负责，才不会人亡政息。

一个国家实行什么样的政治制度、走什么样的政治发展道路，是由这个国家的具体国情和历史文化条件决定的，必须与这个国家的国情和性质相适应。中国特色社会主义民主道路，不是中国传统政治的"再版"，也不是西式民主的"翻版"，而是经过反复比较、长期探索、实践验证的"原版"。这条道路之所以是人间正道，就在于它具有无可比拟的独特优势和鲜明特色。实践反复证明，这条政治道路走得通、走得好。

好就好在党的领导、人民当家作主、依法治国有机统一。党是顶梁柱，离开党的领导，人民当家作主和依法治国就没了主心骨；人民当家作

---

①　人间正道是沧桑：如何健全人民当家作主制度体系［N］. 人民日报, 2018-02-28（9）.

主是旨归，离开人民当家作主，党的领导和依法治国就没了基石；依法治国是守护，离开依法治国，党的领导和人民当家作主就没了法律保障。三者有机统一，相互依存、相互作用，就能确保党领导人民有效治理国家，确保国家一切权力属于人民，确保民主的制度化、法律化，使国家政治生活既充满活力又安定有序。

好就好在选举民主与协商民主完美结合。在我国民主实践中，我们既强调选举民主的作用，人民通过选举、投票行使权利，又注重发挥协商民主的优势，通过广泛协商参与国家和社会事务。这两种方式相互补充、相得益彰，保证了过程民主和结果民主、形式民主和实质民主的统一，避免了西方国家"人民只有在投票时被唤醒、投票后就进入休眠期"的虚伪民主。

好就好在高效运行和制约监督并行不悖。美国学者约翰·奈斯比特作过这样的对比：中国民主体制优势明显，高效率、快速执行；西方民主体制弊端丛生，低效率、议而不决。连西方政治学者都不得不承认，中国民主最大的优势就是科学及时决策、高效有力执行。同时，为防止滥用权力，我们着力构建全方位的权力制约监督体系。把权力的高效行使和规范运行有机结合起来，既可以避免苏联高度集权的制度弊病，又能够克服西方民主制度下国家权力碎片化、社会力量分散化、政府能力弱化的弊病。

"世界上找不到两片完全相同的叶子"，也没有完全相同的政治模式。政治制度不能脱离特定社会政治条件和历史文化传统来抽象评判，不能定于一尊，不能生搬硬套外国政治制度模式。走自己的路——这是中国在饱经沧桑、历经磨难之后的经验总结，也是中华民族面向未来、不断发展的方向指南。中国特色社会主义政治发展道路，是中国共产党和中国人民经过艰苦探索走出的一条伟大光明正确的道路。我们有理由、有信心、有能力，把这条人间正道越走越宽广，为人类政治文明进步贡献中国智慧。

【案例讨论】

我们为什么必须坚定不移走中国特色社会主义政治发展道路？这条道路具有哪些无可比拟的独特优势和鲜明特色？

【案例分析】

中国在政治发展道路上所取得的巨大成就、所探索的成功经验、所标注的崭新未来，让那些曾经欢呼"历史终结"的人也开始"修正观点"，重新认识和考量这条"中国道路"。中国特色社会主义政治发展道路是符合中国国情、保证人民当家作主的正确道路，坚定不移走中国特色社会主义政治发展道路，更好发挥中国特色社会主义政治制度优越性，我们必将为实现中华民族伟大复兴的中国梦筑牢民主基石、汇聚磅礴力量。

【教学建议】

本案例可用在第四章第二节的教学中。

案例 2　坚持和完善人民代表大会制度　不断发展
全过程人民民主[①]

【案例呈现】

2022 年 6 月 29 日，中共中央宣传部举行"中国这十年"系列主题新闻发布会，介绍新时代坚持和完善人民代表大会制度的进展和成就。

全国人大常委会副秘书长汪铁民在会上表示，党的十八大以来，以习近平同志为核心的党中央从坚持和完善中国特色社会主义制度、推进国家治理体系和治理能力现代化的战略高度，推进人民代表大会制度理论和实践创新，形成习近平总书记关于坚持和完善人民代表大会制度的重要思想，推动人大工作取得历史性成就，人民代表大会制度更加成熟、更加定型。

践行全过程人民民主 更好凝聚人民力量

2019 年 11 月，正在上海考察的习近平总书记来到虹桥街道，同正在参加立法意见征询的社区居民代表亲切交流，首次提出"人民民主是一种全过程的民主"。

目前，新一轮县乡人大换届选举已基本完成，全国 10 亿多选民直接选举产生 200 多万名县乡两级人大代表，这是全过程人民民主的一次生动实践。

"人大的协商体现在调研、座谈、论证、审议、公开征求意见等各方面；人大通过的法律、作出的决定决议，是在广泛听取意见、充分凝聚共识的基

[①] 李睿宸. 坚持和完善人民代表大会制度 不断发展全过程人民民主[N]. 光明日报，2022-06-30（8）.

础上依法进行表决的；人大的监督，是代表人民意志、具有法律效力的监督，推动各国家机关依法正确地行使权力，维护人民群众的合法权益。"全国人大常委会办公厅研究室主任宋锐表示，"正是通过践行全过程人民民主，保证了人民的知情权、参与权、表达权、监督权落实到人大工作的各方面各环节全过程，从而把各方面的社情民意统一到最广大的人民利益之中"。

把宪法实施提高到一个新的水平

今年是我国现行宪法颁行40周年，如何推动宪法与时俱进、全面实施始终深受关注。

"2018年，全国人大通过了第五个宪法修正案，为实现中华民族伟大复兴的中国梦夯实法治基础、汇聚磅礴力量。"汪铁民表示。

制定监察法、英雄烈士保护法、国歌法，修改国旗法等宪法相关法，落实宪法规定的授勋、特赦等制度；调整设立全国人大宪法和法律委员会；有序推进合宪性审查工作，加强备案审查制度和能力建设；以立法形式建立宪法宣誓制度、设立国家宪法日……十年来，一系列制度措施渐次落地，让宪法深深扎根在中华大地上。

汪铁民介绍，在维护宪法和基本法确定的特别行政区宪制秩序方面，制定香港维护国家安全法，作出关于完善香港特别行政区选举制度等10多个决定，为"一国两制"实践行稳致远提供更加坚实的法治保障。

中国特色社会主义法律体系日臻完善

新制定法律69件、修改法律237件，通过有关法律问题和重大问题的决定99件，作出立法解释9件，迄今现行有效的法律有292件……"党的十八大以来，立法工作呈现任务重、覆盖广、节奏快、质量高的特点。"汪铁民说。

编纂民法典；制定和修改国家安全法、反外国制裁法等20多部法律，基本形成国家安全法律制度体系；制定和实施强化公共卫生法治保障立法修法计划；制定和修改疫苗管理法、家庭教育促进法等，从法律制度上解决群众关心的突出问题；制定和修改长江保护法、黑土地保护法、森林法等20多部法律，初步形成生态环保法律体系；制定外商投资法、海南自由贸易港法，修改土地管理法、反垄断法，以立法形式确认和巩固改革成果……十年来，一批国家治理急需、满足人民日益增长的美好生活需要必备的法律相继出台或修改完善。

宋锐表示，要深入推进科学立法、民主立法、依法立法，这是党中央、总书记高度重视、多次强调的，也是做好人大立法工作、提高立法工作质量的基础和关键。

实行正确监督、有效监督、依法监督

听取审议关于监督工作的150多个报告，检查50余部法律的实施情况，开展25次专题询问和45项专题调研……十年来，全国人大及其常委会实行正确监督、有效监督、依法监督，交出了一份令人民满意的、沉甸甸的成绩单。

全国人大常委会连续五年开展大气污染防治法、水污染防治法、土壤污染防治法、固体废物污染环境防治法、环境保护法等五部法律的执法检查，做到全国31个省（区、市）全覆盖。汪铁民介绍："执法检查将实地检查与随机抽查、问卷调查、网络调研结合起来，既有明察也有暗访。同时，对法律实施情况开展第三方评估，增强执法检查的科学性、客观性和权威性。"

"盯紧百姓的'钱袋子'，守好国有资产的'家底'，这是党中央赋予人大监督工作的新职责。"汪铁民表示，为此，全国人大常委会加快完善加强预算决算审查监督和国有资产管理情况监督方面的机制制度。

在加强对监察、司法工作的监督方面，2018年全国人大常委会首次对"两高"相关工作进行专题询问，2020年首次听取审议国家监委关于开展反腐败国际追逃追赃工作情况的报告。"这标志着人大对'一府一委两院'工作的监督步入一个新的境界、开辟了一片新的天地。"汪铁民说。

更好发挥人大代表的作用

推进代表工作制度化、规范化、常态化；认真办理代表议案和建议；密切常委会同人大代表、人大代表同人民群众的联系；做实做细人大代表培训工作；建成并运行全国人大代表工作信息化平台……"这十年，是人大代表工作机制更加健全、实现跨越式发展的十年。"宋锐表示，"支持和保障代表依法履职、充分发挥人大代表作用是做好新时代人大工作的基础。"

目前，156位常委会组成人员直接联系着439名全国人大代表，各专门委员会、工作委员会也建立起了直接联系代表机制，基本实现了联系基层代表全覆盖。

4648件议案、84028件建议，这是本届以来近五年的代表议案和建议总数。宋锐表示，这些议案和建议均得到认真办理，做到了件件有回音、有落实，推动解决了一批人民群众普遍关心的突出问题。

据了解，目前网络学院上自主录制和上线的课程有150多门，2500多名全国人大代表参加了网络学习。十年来，已经举办了全国人大代表培训班43期，累计2万多人次参加培训，有效提升了代表的履职能力和工作水平。

【案例讨论】

人民代表大会制度是如何落实全过程人民民主的？

【案例分析】

党的十八大以来，习近平总书记不断深化对民主政治发展规律的认识，提出了全过程人民民主的重大理念，并明确指出人民代表大会制度是实现我国全过程人民民主的重要制度载体。全过程人民民主，本质是社会主义民主，主体是全体中国人民，特点和优势在于全过程。人民代表大会制度正式确立60多年来，特别是改革开放40多年来，一方面为全过程人民民主的完整制度程序提供了支撑，另一方面则为全过程人民民主的完整参与实践提供了平台，从人大代表选举体现全过程人民民主理念，到立法、监督项目的确定体现人民意志，再到有效发挥人大代表的作用，无一不扎实推进着全过程人民民主。

【教学建议】

本案例可用在第四章第二节的教学中。

案例3 "有事好商量"的中国智慧[①]

【案例呈现】

2019年春节前夕，习近平总书记走进位于北京前门草厂四条44号院

[①] 邹翔."有事好商量"的中国智慧：全过程人民民主的显著优势[N]. 人民日报，2022-03-01（4）.

内的"小院议事厅",来自街道、社区、居民等方面的代表,正在这里召开胡同院落提升改造恳谈会。习近平总书记同正在议事的居民亲切交谈,并指出:"设立'小院议事厅','居民的事居民议,居民的事居民定',有利于增强社区居民的归属感和主人翁意识,提高社区治理和服务的精准化、精细化水平。"从"小院议事厅",到村(居)民议事会,再到"协商议事室",一个个充满烟火气的民主形式,是全过程人民民主的具体实践,是"有事好商量"的生动注解。

习近平总书记强调:"在中国社会主义制度下,有事好商量,众人的事情由众人商量,找到全社会意愿和要求的最大公约数,是人民民主的真谛。"在我国,人民在通过选举、投票行使权利的同时,在重大决策前和决策过程中进行充分协商,尽可能就共同性问题取得一致意见。这保证了人民的意愿和要求得到充分表达,丰富了民主形式、拓宽了民主渠道、加深了民主内涵。

"每有大事,必相咨访。"中国文化历来就有"有事好商量"的传统,小到家庭、邻里,大到一个单位、一个国家,在涉及群众的事务上,往往通过"商量"的办法解决问题。中国的传统文化强调天下为公、兼容并蓄、求同存异,倡导团结合作、沟通说理、协商讨论,这为社会主义协商民主提供了深厚文化土壤。只有扎根本国土壤、汲取充沛养分的制度,才最可靠、也最管用。协商民主之所以能够在中国大地上茁壮成长,关键是其契合我国文化传统、适合我国现实国情,具有深厚的文化基础、理论基础、实践基础、制度基础。

实现民主的形式是丰富多样的。古今中外的实践都表明,保证和支持人民当家作主,通过依法选举、让人民的代表来参与国家生活和社会生活的管理是十分重要的,通过选举以外的制度和方式让人民参与国家生活和社会生活的管理也是十分重要的。在我国民主实践中,我们既强调选举民主的作用,人民通过选举、投票行使权利,又注重发挥协商民主的优势,人民通过广泛协商参与国家和社会事务。"十四五"规划编制工作开展网上征求意见期间,广大人民群众踊跃参与,留言100多万条,有关方面从中整理出1000余条建议;民法典草案编纂过程中,先后10次公开征求意见，累计收到42.5万人提出的102万条意见和建议……协商民主为人民经常、广泛、有序地参与国家治理、社会治理提供畅通渠道，并深深嵌入了中国社会主义民主政治全过程。

商以求同，协以成事。习近平总书记强调："我们坚持有事多商量，遇事多商量，做事多商量，商量得越多越深入越好，就是要通过商量出办法、出共识、出感情、出团结。"在人民内部各方面广泛商量的过程，就是发扬民主、集思广益的过程，就是统一思想、凝聚共识的过程，就是科学决策、民主决策的过程，就是实现人民当家作主的过程。这样做起来，国家治理和社会治理才能具有深厚基础，也才能凝聚起强大力量。中国的协商民主、广开言路、集思广益，促进不同思想观点的充分表达和深入交流，做到相互尊重、平等协商而不强加于人，遵循规则、有序协商而不各说各话，体谅包容、真诚协商而不偏激偏执，形成既畅所欲言、各抒己见，又理性有度、合法依章的良好协商氛围。也正因此，协商民主广泛凝聚了全社会共识，促进了社会和谐稳定。

早在1956年12月，毛泽东同志在同工商界人士谈话中形象地说，"我们政府的性格，你们也都摸熟了，是跟人民商量办事的"，"可以叫它是个商量政府"。社会主义协商民主是中国共产党和中国人民的伟大创造，是中国社会主义民主政治的特有形式和独特优势。新征程上，推进协商民主广泛多层制度化发展，不断提高协商民主的科学性和实效性，我们必能进一步汇聚和激发14亿多人民的磅礴力量。

【案例讨论】

怎样理解协商民主深深嵌入我国社会主义民主政治全过程？

【案例分析】

社会主义协商民主是中国共产党和中国人民的伟大创造。历史和现实反复证明，社会主义协商民主是适合中国国情、有效管用的民主形式。在中国特色社会主义制度下，人民民主的真谛就是有事好商量，众人的事情由众人商量，通过协商找到全社会意愿和要求的最大公约数，形成最大范围的共识。发展社会主义民主政治，实现人民当家做主，必须推动协商民主广泛、多层、制度化发展，要坚持在党的领导下，围绕经济社会发展中的重大问题和涉及群众切身利益的实际问题，在全社会开展广泛协商，坚持协商于决策之前和决策实施之中，构建程序合理、环节完整的协商民主体系。

【教学建议】

本案例可用在第四章第三节的教学中。

案例4　孙小果案"一查到顶"，让公众更有法治信心[①]

【案例呈现】

继日前云南省纪委监委通报冯家聪等5人涉孙小果案的违纪违法问题后，2019年12月15日，19名涉孙小果案公职人员和重要关系人职务犯罪案公开宣判。

"绝不姑息，依纪依规依法严肃处理。"19人获刑，不仅让人看到了相关部门一查到底的决心，更感受到一查到"顶"的果决。

事实上，早在2019年5月，全国扫黑办将孙小果案列为重点案件，由全国扫黑办挂牌督办，"依法加快孙小果案办理进度，切实把案件办成经得起法律和历史检验的铁案"，就给公众吃下了法治定心丸。

而在此前，孙小果案在舆论场中备受关注。

无数人追问，21年前，因强奸等罪被判死刑的孙小果，为何上演"亡者归来"，摇身变为昆明夜场的"黑老大"？

再联系到昆明早年间流传"白天政府管，夜晚小果管"，更骇人而显怪诞，也给公众带来了极大的想象空间，孙小果究竟有何来头？谁是他的保护伞？

一方面，舆论的质疑，媒体的报道，乃至大众的不安，推动了孙小果案再审，也让孙小果背后的"保护伞"付出应有代价。

另一方面，那些认为孙小果只手遮天足以颠覆法治进程的看法，经不起推敲。随着案件推进，19人获刑的结果，传递出再明确不过的信号，扫

---

① 秦川.人民网评：孙小果案"一查到顶"，让公众更有法治信心［EB/OL］.人民网，2019-12-15.

黑除恶动真格，依法治国有行动。

相关公职人员和重要关系人被依法严惩，清晰地告诉我们，全面推进依法治国，坚持公正司法，绝不是说说而已；对有法不依、执法不严、徇私枉法的要严肃问责、依法惩治，绝不是说说而已；努力让人民群众在每一个司法案件中都能感受到公平正义，绝不是说说而已；确保审判机关、检察机关依法独立公正行使审判权、检察权，绝不是说说而已……所有这一切，从根本上说都是夯实依法治国的根基。

具体到孙小果案，由于涉及扫黑除恶，宣判结果不仅能够彰显依法治国的决心，还能重塑公众的法治信念。

一个过了很多年的陈年积案，一个涉及不少官员的案子，能不能彻查？彻查后会不会严肃处理？相关部门给出了最明确的答案。

"国无常强，无常弱。奉法者强则国强，奉法者弱则国弱。"无论法治信心还是法治信仰，都不是凭空而成，它体现在对每一个案件公平审理上，体现在遏制司法腐败上，体现在通过扫黑除恶维护公平正义上。

2019年7月15日，中央政法委秘书长、全国扫黑办主任陈一新主持召开全国扫黑办第七次主任会议强调，坚持以"破案攻坚"开路、以"打伞破网"断根、以"打财断血"绝后、以"问题整改"提质，再掀扫黑除恶强大攻势，推动下半年"深挖根治"取得更大成效。从湖南"操场埋尸"案，到孙小果案，相关部门不仅回应了舆论关切，更维护了公平正义，不仅提振了公众的法治信心，更塑造了公众的法治信仰，意义重大而深远，值得激赏。

"把每一起案件都办成经得起法律和历史检验的铁案"，这是法治社会的题中应有之义。建设法治国家的步伐正坚定前行，公众的法治信心必将日益增强！

【案例讨论】
孙小果案再审彰显哪些法治理念？为什么说其让公众更有法治信心？
【案例分析】
法治兴则国兴，法治强则国强。无论法治信心还是法治信仰，都不是凭空而来的，它体现在对每一个案件的公平审理上，体现在遏制司法腐败上，体现在维护社会公平正义上。近来，在全国扫黑除恶专项斗争督导工作中被揭出并被挂牌督办的云南孙小果案、湖南新晃"操场埋尸案"相关处理情况，格外引人关注。这两起案件都涉及黑恶势力严重侵害他人人身安全、破坏社会秩序，牵涉到多个"保护伞"。社会对这两起案件的关注，表明了人民群众对惩处罪恶、坚守正义、法律面前人人平等的强烈共识和对司法公正的热切期望。公平正义是人民群众的内心期待，也是我们党追求的崇高价值。维护社会公平正义，保护人民群众人身和财产安全，必须坚持依法治国。党的十八届四中全会对全面推进依法治国作出全面战略部署。党的十九届四中全会提出坚持和完善中国特色社会主义法治体系，提高党依法治国、依法执政能力的明确要求。为进一步推进全面依法治国、建设法治中国，在法治轨道上坚持和完善中国特色社会主义制度、推进国家治理体系和治理能力现代化指明了方向和路径。

【教学建议】

本案例可用在第四章第四节的教学中。

四、阅读文献

[1] 宋鲁郑. 中国能赢：中国的制度模式何以优于西方 [M]. 北京：红旗出版社，2012.

[2] 中共中央宣传部理论局. 法治热点面对面 [M]. 北京：学习出版社，2015.

[3] 中共中央宣传部理论局. 新中国发展面对面 [M]. 北京：学习出版社，2019.

[4] 中共中央宣传部理论局. 中国制度面对面 [M]. 北京：学习出版社，2020.

[5] 本书编写组.《中共中央关于坚持和完善中国特色社会主义制度、推进国家治理体系和治理能力现代化若干重大问题的决定》辅导读本 [M]. 北京：人民出版社，2019.

第五章 新时代中国特色社会主义文化建设

一、理论知识概要

（一）知识结构

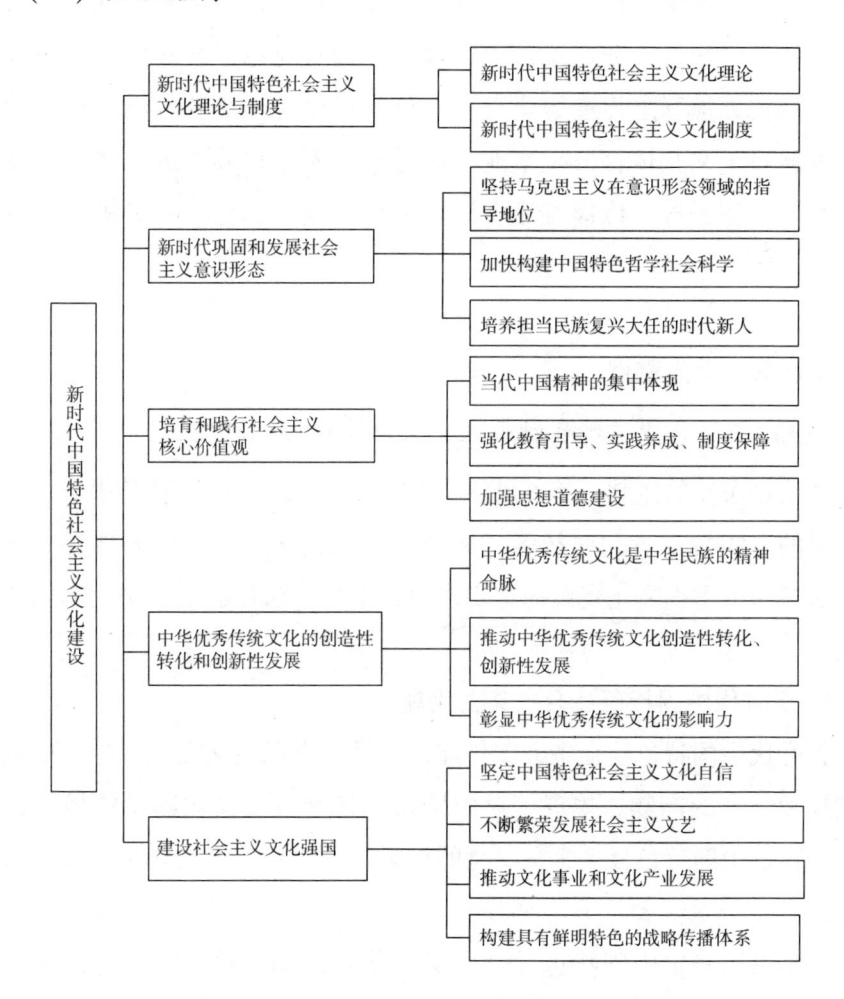

新时代中国特色社会主义文化建设
- 新时代中国特色社会主义文化理论与制度
  - 新时代中国特色社会主义文化理论
  - 新时代中国特色社会主义文化制度
- 新时代巩固和发展社会主义意识形态
  - 坚持马克思主义在意识形态领域的指导地位
  - 加快构建中国特色哲学社会科学
  - 培养担当民族复兴大任的时代新人
- 培育和践行社会主义核心价值观
  - 当代中国精神的集中体现
  - 强化教育引导、实践养成、制度保障
  - 加强思想道德建设
- 中华优秀传统文化的创造性转化和创新性发展
  - 中华优秀传统文化是中华民族的精神命脉
  - 推动中华优秀传统文化创造性转化、创新性发展
  - 彰显中华优秀传统文化的影响力
- 建设社会主义文化强国
  - 坚定中国特色社会主义文化自信
  - 不断繁荣发展社会主义文艺
  - 推动文化事业和文化产业发展
  - 构建具有鲜明特色的战略传播体系

(二) 理论知识

文化是民族的血脉，是人民的精神家园。新时代中国特色社会主义文化理论，是马克思主义文化理论与中国具体实际相结合的产物，体现了新时代对中国特色社会主义文化建设的规律性认识，是中国特色社会主义理论体系的重要组成部分，是建设新时代中国特色社会主义文化的根本指导思想。新时代中国特色社会主义文化制度，是指现阶段国家通过宪法和法律规范社会文化生活，调整以社会意识形态为核心的各种文化生活的基本原则和规则的总和。它既包括直接反映和体现中国特色社会主义基本经济制度、基本政治制度的基本文化制度，也包括建立在这些制度基础上的文化体制等各项具体制度。新时代中国特色社会主义文化制度涉及的内容十分广泛，主要包括坚持马克思主义在意识形态领域的指导地位、加强思想道德建设、繁荣发展教育事业和哲学社会科学事业、发展科学文化体育卫生事业、加强文化人才培养，以及文化产品创作生产、载体手段、传播流通、评价激励、规划管理、人员机构等方面的制度。

二、教学重点难点

(一) 新时代中国特色社会主义文化建设（教学重点）

文化是民族的血脉，是人民的精神家园。中国共产党既是中华优秀传统文化的忠实传承者和弘扬者，又是中国先进文化的积极倡导者和发展者，始终高度重视文化建设的重要作用，不断推动社会主义文化的繁荣和发展。

1. 新时代中国特色社会主义文化理论

新时代中国特色社会主义文化理论，是马克思主义文化理论与中国具体实际相结合的产物，体现了对中国特色社会主义文化建设的规律性认识，是建设中国特色社会主义文化的根本指导思想。其内容主要包括以下八方面。

一是关于坚定中国特色社会主义文化自信的理论。文化自信是更基础、更广泛、更深厚的自信，是更基本、更深沉、更持久的力量。中国特色社会主义文化，源自中华民族5000多年文明历史所孕育的中华优秀传统文化，熔铸于党领导人民在革命、建设、改革中创造的革命文化和社会主义先进文化。

二是关于发展中国特色社会主义文化理论。发展中国特色社会主义文化，就是以马克思主义为指导，坚守中华文化立场，立足当代中国现实，结合当今时代条件，将马克思主义具体贯彻到对中华优秀传统文化的传承弘扬中，贯穿到对革命文化和社会主义先进文化的继承发展中，贯穿到对世界优秀文化成果的借鉴吸收中，更好地发展面向现代化、面向世界、面向未来的，民族的科学的大众的社会主义文化。

三是关于建设社会主义文化强国理论。建设社会主义文化强国是全面建设社会主义现代化国家的题中应有之义。要坚定不移地走中国特色社会主义与文化发展道路，激发全民族文化创新创造活力，建设社会主义文化强国。

四是关于中国特色社会主义文化建设目的理论。中国特色社会主义文化必须以满足人民精神文化需求为出发点和落脚点。坚持以人为本，贴近实际、贴近生活、贴近群众，发挥人民在文化建设中的主体作用，坚持文化发展为了人民、文化发展依靠人民、文化发展成果由人民共享，不断丰富人民的精神世界。

五是关于培育和践行社会主义核心价值观理论。社会主义核心价值体系基本内容包括马克思主义指导思想、中国特色社会主义共同理想、以爱国主义为核心的民族精神和以改革创新为核心的时代精神、社会主义荣辱观。社会主义核心价值体系是社会主义意识形态的本质体现，决定着中国特色社会主义发展方向，是兴国之魂。要把社会主义核心价值体系融入国民教育、精神文明建设和党的建设全过程，贯穿改革开放和社会主义现代化建设各领域，体现到精神文化产品创作生产传播各方面，坚持用社会主义核心价值体系引领社会思潮，在全党全社会形成统一指导思想、共同理想信念、强大精神力量、基本道德规范。

六是关于进一步发扬革命精神理论。在社会主义现代化建设中，我们要大力发扬红色传统、传承红色基因，赓续共产党人精神血脉，始终保持革命者的大无畏奋斗精神，鼓起迈进新征程、奋进新时代的精气神。

七是关于坚持中华优秀传统文化创造性转化、创新性发展理论。任何一个国家和民族文化的发展，都离不开继承传统和借鉴外来，更离不开创造性转化和创新性发展。做到不忘本来、吸收外来、面向未来，更好构筑中国精神、中国价值、中国力量。

八是关于提升国家文化软实力的思想。当今世界，文化与经济相互交融，软实力的作用渗透到各个方面，成为综合国力的重要组成部分，成为国家核心竞争力的重要因素。要大力弘扬中华优秀传统文化，创新文化"走出去"模式，不断扩大中华文化国际影响力，形成与我国国际地位相称的文化软实力，切实维护国家文化安全。

2. 新时代中国特色社会主义文化制度

中国特色社会主义文化制度，是现阶段国家通过宪法和法律等规范社会文化生活，调整以社会意识形态为核心的各种文化生活的基本原则和规范的总和。要求我们坚持马克思主义在意识形态领域指导地位的根本制度。坚持以社会主义核心价值观引领文化建设制度，健全人民文化权益保障制度，完善坚持正确导向的舆论引导工作机制，建立健全把社会效益放在首位、社会效益和经济效益相统一的文化创作生产体制机制。

（二）推进社会主义核心价值体系建设

1. 社会主义核心价值体系建设的主要任务

第一，坚持马克思主义的指导地位，毫不动摇地坚持马克思主义基本原理，坚持解放思想、实事求是、与时俱进，大力推进理论创新，不断把党领导人民创造的成功经验上升为理论，推进马克思主义中国化时代化大众化，赋予当代中国马克思主义鲜明的实践特色、民族特色、时代特色，用中国特色社会主义理论体系武装全党、教育人民，用发展着的马克思主义指导新的实践。

第二，坚定中国特色社会主义共同理想，坚持以理想信念教育为重点，深入开展形势政策教育、国情教育、革命传统教育、改革开放教育、国防教育，在重大思想理论问题上划清是非界限，不断增强坚持中国特色社会主义旗帜、道路、理论体系和制度的自觉性坚定性。

第三，弘扬民族精神和时代精神，大力弘扬爱国主义、集体主义、社会主义思想，弘扬一切有利于国家富强、民族振兴、人民幸福、社会和谐的思想和精神，大力发扬艰苦奋斗、劳动光荣、勤俭节约的优良传统。不断增强民族自尊心、自信心、自豪感，始终保持与时俱进、开拓创新的精神状态。

第四，树立和践行社会主义荣辱观，推进公民道德建设工程，引导人民增强道德判断力和道德荣誉感，深化群众性精神文明创建活动，深入开展学雷锋活动，坚决反对拜金主义、享乐主义、极端个人主义，坚决纠正以权谋私、造假欺诈、见利忘义、损人利己的歪风邪气，在全社会形成知荣辱、讲正气、作奉献、促和谐的良好风尚。

（三）提高国家文化软实力（教学难点）

文化软实力主要是指一个国家或地区基于文化而具有的凝聚力、生命力、创新力和传播力，以及由此而产生的感召力和影响力。当今世界，中国增强国家文化软实力的要求更加紧迫。

1. 文化软实力是综合国力的重要组成部分

当今世界，综合国力的竞争越来越表现为经济实力、国防实力和民族凝聚力的竞争，而民族凝聚力和创造力的重要源泉就是文化。文化在综合国力竞争中的地位和作用更加凸显，比其他力量的影响更具渗透性、持久性、广泛性。从一定意义上说，只有拥有强大的文化软实力，才能占据文化发展的制高点，在激烈的国际竞争中赢得主动。一个国家的文化软实力，取决于国民的精神状态、意志品质和内在向心力、凝聚力、创造力。改革开放以来，随着中国文化的改革发展，全民族思想道德素质和科学文化素质显著提高，文化走出去的步伐加快，多层次、宽领域对外文化交流格局逐步形成，中华文化影响力不断扩大，国家文化软实力显著增强。同时也要看到，我国是有着悠久历史和灿烂文明的文化大国，但丰富的文化资源还没有转化为较强的文化软实力。中国文化国际影响力与经济、政治国际影响力还不相称，文化产品输出国角色与物质产品输出国地位还不匹配，维护国家文化安全的任务更加艰巨。在这样的形势下，必须切实提高国家的文化软实力。

2. 推进文化传承、借鉴与创新

提高文化软实力，必须继承中华优秀传统文化。优秀传统文化凝聚着中华民族自强不息的精神追求和历久弥新的精神财富，是发展社会主义先进文化的深厚基础，是建设中华民族共有精神家园的重要支撑。要建设优秀传统文化传承体系，加强对优秀传统文化思想价值的挖掘和阐发，加强文化遗产的保护，发挥国民教育在文化传承创新中的基础性作用和各类文化载体的重要作用，使优秀传统文化成为鼓舞人民前进的精神力量。

提高文化软实力，必须推动哲学社会科学的繁荣发展。要巩固发展马克思主义理论学科，实施哲学社会科学创新工程，建设具有中国特色、中国风格、中国气派的哲学社会科学，使之更好发挥认识世界、传承文明、创新理论、资政育人、服务社会的重要功能。

提高文化软实力，必须积极吸收借鉴国外优秀文化成果，坚持以我为主、为我所用，学习借鉴一切有利于加强中国特色社会主义文化建设的有益经验、一切有利于丰富中国人民文化生活的积极成果、一切有利于发展中国文化事业和文化产业的经营管理理念和机制，在博采众长中不断赋予中华文化以强大生机。

提高文化软实力，必须大力推进文化创新，把创新精神贯穿文化创作生产全过程，适应时代和实践发展要求，积极运用高新科技成果，大力推进文化内容形式、体制机制、方法手段创新，不断创造新的文化样式，催生新的文化业态，努力创作生产更多思想性艺术性观赏性相统一、经得起历史和人民检验的优秀精神文化产品。

3. 推动中华文化走向世界

推动中华文化走向世界，要开展多渠道多形式多层次对外文化交流，广泛参与世界文明对话，促进文化相互借鉴，共同维护文化多样性，增强中华文化在世界上的感召力和影响力；创新对外宣传方式方法，增强国际话语权，增进国际社会对中国基本国情、价值观念、发展道路、内外政策的了解和认识；实施文化"走出去"工程，完善支持文化产品和服务走出去的政策，不断开拓国际文化市场。

三、教学案例

案例1　中华优秀传统文化的丰富底蕴——三星堆古遗址[①]

【案例呈现】

三星堆古遗址位于四川省广汉市西北的鸭子河南岸，分布面积12平方千米，距今已有5000至3000年历史，是迄今在西南地区发现的范围最大、延续时间最长、文化内涵最丰富的古城、古国、古蜀文化遗址。遗址群年代上起新石器时代晚期，下至商末周初，上下延续近2000年。三星堆遗址被称为20世纪人类最伟大的考古发现之一，昭示了长江流域与黄河流域一样，同属中华文明的母体，被誉为"长江文明之源"。其中出土的文物是宝贵的人类文化遗产，在中国的文物群体中，属最具历史、科学、文化、艺术价值和最富观赏性的文物群体之一。

出土文物

1986年7月至9月发掘的两座大型商代祭祀坑，出土了金、铜、玉、石、陶、贝、骨等珍贵文物近千件。在三星堆祭祀坑出土的上千件青铜器、金器、玉石器中，最具特色的首推三四百件青铜器。其中，在一号坑出土青铜器的种类有人头像、人面像、人面具、跪坐人像、龙形饰、龙柱形器、虎形器、戈、环、戚形方孔璧、龙虎尊、羊尊、瓿、器盖、盘等。二号坑出土的青铜器有大型青铜立人像、跪坐人像、人头像、人面具、兽面具、兽面、神坛、神树、太阳形器、眼形器、眼泡、铜铃、铜挂饰、铜戈、铜戚形方孔璧、鸟、蛇、鸡、怪兽、水牛头、鹿、鲶鱼等。其中出自一号祭器坑的金杖，它全长1.42米，直径为2.3厘米，用捶打好的金箔，包卷在一根木杆上，净重约500克。二号祭祀坑出土的青铜大立人像，人像高180厘米、通高260.8厘米。它是世界上出土年代最早、体型最大的

[①] 王卓娇. 上新了，三星堆遗址考古重大发现［EB/OL］. 南都周刊，2021-03-21.

一件青铜器。青铜神树高350厘米，树上挂有许多飞禽走兽、铃和各种果实，是古代巫师们专用的神器。另外还出土有青铜头像40余种，面具10余件。三星堆这批前所未有的珍贵文物的发现把古蜀国的文明史向前推进了1500年，因此在世界考古学界引起了轰动。在三星堆的两个祭祀坑发掘中，还出土了共计80多枚象牙，它的来源和作用在学术界有多种观点，有的认为是通过贸易而来，有的认为在远古川内的生态环境适合大象的生存，其证物主要是在当地发现大量的半化石状乌木，单体巨大。

历史价值

以前历史学界认为，中华民族的发祥地是黄河流域，然后渐渐地传播到全中国。而三星堆的发现将古蜀国的历史推前到5000年前，证明了长江流域与黄河流域一样同是中华民族的发祥地，证明了长江流域地区存在过不亚于黄河流域地区的古文明。两个祭祀坑出土的青铜器，除青铜容器具有中原殷商文化和长江中游地区的青铜文化风格外，其余的器物种类和造型都具有极为强烈的本地特征，它们的出土，首次向世人展示商代中晚期蜀国青铜文明的高度发达和独具一格的面貌。在青铜器冶铸方面，范铸法和分铸法的使用，以铅锡铜为主的三元合金的冶炼，表明在商周时期，三星堆古蜀国已有高度发达的青铜文明，有力地驳斥了传统史学关于中原周边文化滞后的谬误。三星堆文物是具有世界影响的文物，属世界文化遗产范畴。由三星堆遗址可见古蜀国的手工业甚为发达，门类齐全、技术先进。三星堆遗址丰富的文化遗存填补了中华文明演进序列重要文物的空缺，是长江上游的古代文明中心，中华文明重要的起源地之一，有助于探索人类早期政治组织及社会形态演化的进程。

【案例讨论】

中华优秀传统文化的丰富底蕴及其当代价值。中华文明是世界古文明中唯一没有中断、传承至今的伟大文明，中华民族五千多年文明历史孕育出中华优秀传统文化，是中华民族最深沉的精神追求。任何一个国家和民族都是在承先启后、继往开来中走到今天的，任何一种现代文化都是在传统文化的基础上发展而来的。只有讲清楚中华优秀传统文化的历史渊源、发展脉络、基本走向，讲清楚中华文化的独特创造、价值理念、鲜明特色，才能增强我们的文化自信和价值观自信。

【案例分析】

习近平总书记强调："讲清楚中华文化积淀着中华民族最深沉的精神追求，是中华民族生生不息、发展壮大的丰厚滋养。"[①] 中华文化积淀着中华民族最深沉的精神追求，包含着中华民族最根本的精神基因，代表着中华民族独特的精神标识，是中华民族生生不息、发展壮大的丰厚滋养。善于承继好、发展好优秀传统文化，并将其灌注进价值观塑造，是任何一个有理想、求奋进、图强盛的民族的必然选择。

习近平总书记强调："讲清楚中华优秀传统文化是中华民族的突出优势，是我们最深厚的文化软实力。"[②] "不忘本来"，要深刻理解中华优秀传统文化是中华民族的突出优势，筑牢文化自信之基。中华优秀传统文化是中华民族的根和魂。

【教学建议】

本案例可用在第五章第一节中的第一部分"新时代中国特色社会主义文化理论"的教学中。

案例2　中国共产党领导人民在革命中创造的革命文化
　　　　长征——人类历史的伟大奇迹 [③]

【案例呈现】

习近平总书记在纪念红军长征胜利80周年大会上的讲话中指出，长征是"人类为追求真理和光明而不懈努力的伟大史诗"，是"人类历史上的伟大壮举""创造了气吞山河的人间奇迹"。从人类历史发展的高度认识长征，是汲取长征精神伟大力量、走好新的长征路的重要基点。毛泽东同志在中央红军长征刚一结束时自豪地指出，"长征是历史记录上的第一

[①] 习近平总书记关于"文化自信"的重要论述［EB/OL］. 国务院新闻办公室网站，2016-08-30.
[②] 习近平总书记关于"文化自信"的重要论述［EB/OL］. 国务院新闻办公室网站，2016-08-30.
[③] 王继凯. 长征——人类历史的伟大奇迹［N］. 光明日报，2016-11-12（11）.

次",一些西方人士也将长征称为"人类坚定无畏的丰碑",将"永远流传于世"。那么,长征究竟创造了哪些人类历史的奇迹呢?

长征创造了人类军事史上的奇迹。长征"上演了世界军事史上威武雄壮的战争活剧"。从全局看,参加长征的各路红军和坚持在根据地、游击区斗争的红军队伍,既要各自为战,又要相互配合,往来穿插,伺机而动,变幻莫测,形成一个席卷全国的战争奇观。从战略态势看,红军在被包围封锁、力量对比悬殊、多次面临全军覆没的绝对劣势中,绝地反击,斩关夺隘,起死回生,反败为胜,犹如一个战争神话,很多经典战例也因而具有不可逾越的象征意义。从过程看,长征进行了人类历史上罕见的长时间、高强度行军作战。中央红军平均每天要走88里,进行重要战役战斗380多次,平均每天就有一次遭遇战。从结果看,红军在最为艰难的斗争和磨难中不仅取得最后胜利,站稳脚跟,而且将自己锻造成了一支享誉世界的人民军队。这不能不说是一个军事奇迹。

长征创造了人类政治史上的奇迹。红军长征面临国民党大兵压境、党内"左"倾教条主义、右倾分裂主义三大政治危机,各种危机接踵而至、相继叠加,这种困境可想而知。同时,如何处理好与共产国际的关系,处理好中国革命与世界革命的关系,也是一个历史难题。但是党和红军依靠自己的力量一一解决了这些历史难题,在错综复杂的政治博弈和极端危险中厘清了政治发展的正确方向和前进道路,开启了中国革命的新局面,也有力影响了国际共产主义运动的发展。"全中国全世界相信了中国共产党和中国红军是不可战胜的力量。"

长征创造了人类战胜自然和超越生存极限的奇迹。红军在长征中经历了各种恶劣自然环境的考验,高山激流、雪山草地,无衣无食,流动作战,无一不在考验着红军的决心、毅力和生存能力。尤其最艰难的雪山草地,曾经夺去上万红军的生命,但是这些都没有吓倒英勇的红军。"万水千山只等闲""乌蒙磅礴走泥丸",只有中国工农红军才有这样的气魄,才能创造这样的奇迹。

长征创造了促进民族觉醒和发展的奇迹。长征是第五次反"围剿"失败后的战略转移,但是党和红军把它变成传播革命真理、凝聚民族力量的胜利进军，使之成为"唤醒民众的伟大远征"。红军沿途宣传党和红军的政治主张，宣传人民当家作主、抗日救国的真理，在更广泛的范围内推进了马克思主义中国化、大众化。长征是宣言书，长征是宣传队，长征是播种机。革命真理和革命文化的传播使大半个中国几万万各族人民在党的旗帜下实现新的融合发展，激发和培育了新时代的民族精神，孕育了中国革命的巨大潜力。同时，中国共产党高举全民族团结抗战的大旗，把一切爱国力量团结在自己周围，吹响了全民族觉醒和奋起的号角，孕育着中华民族由衰败走向振兴的奇迹。

红军长征的历史告诉我们，一个伟大的能够实行正确领导的党和广大人民群众、强大的人民军队凝聚在一起，以科学的理论和坚定的理想信念为支撑，就会形成无坚不摧、战无不胜的力量。只要我们不忘初心、继续前进，中华民族伟大复兴一定能实现。习近平："人无精神则不立，国无精神则不强。精神是一个民族赖以长久生存的灵魂，唯有精神上达到一定的高度，这个民族才能在历史的洪流中屹立不倒、奋勇向前。伟大长征精神，作为中国共产党人红色基因和精神族谱的重要组成部分，已经深深融入中华民族的血脉和灵魂，成为社会主义核心价值观的丰富滋养，成为鼓舞和激励中国人民不断攻坚克难、从胜利走向胜利的强大精神动力。"

【案例讨论】

为什么说伟大的长征精神，是中国共产党人及其领导的人民军队革命风范的生动反映，是中华民族自强不息的民族品格的集中展示，是以爱国主义为核心的民族精神的最高体现？

【案例分析】

习近平总书记指出："人无精神则不立，国无精神则不强。精神是一个民族赖以长久生存的灵魂，唯有精神上达到一定的高度，这个民族才能在历史的洪流中屹立不倒、奋勇向前。伟大长征精神，作为中国共产党人红色基因和精神族谱的重要组成部分，已经深深融入中华民族的血脉和灵魂，成为社会主义核心价值观的丰富滋养，成为鼓舞和激励中国人民不断攻坚克难、从胜利走向胜利的强大精神动力。"① 习近平总书记在纪念红军长征胜利80周年大会上指出，红军长征是20世纪最能影响世界前途的重要事件之一。伟大长征精神，是中国共产党人及其领导的人民军队革命风范的生动反映，是中华民族自强不息的民族品格的集中展示，是以爱国主义为核心的民族精神的最高体现。精神是一个民族赖以长久生存的灵魂，唯有精神上达到一定的高度，这个民族才能在历史的洪流中屹立不倒、奋勇向前。

【教学建议】

本案例可用在第五章第一节中的第一部分"新时代中国特色社会主义文化理论"的教学中。

案例3　大力弘扬大庆精神、铁人精神②

【案例呈现】

新中国成立之初，国家一穷二白、百废待兴。在20世纪五六十年代，有些人为祖国的发展与建设做出了巨大的贡献，有的甚至献出了自己宝贵的生命，比如王进喜、焦裕禄、雷锋等同志。那么，被誉为"铁人"的王进喜有哪些鲜为人知的事迹？

铁人王进喜，新中国第一批石油工人

王进喜于1923年出生在甘肃玉门县赤金堡的贫困家庭，在新中国成立后，王进喜通过考核，成为新中国第一批石油工人。在1950—1953年，王进喜一直在老君庙里当钻井工人，他能吃苦，很勤奋，什么活都抢着干，任劳任怨。他说：新中国把人民当成主人，我们就是主人，工作时不能像长工那样磨磨蹭蹭，要积极主动。由于他工作表现积极，经人推荐在1956年加入中国共产党。入党后不久，他担任贝乌5队队长，带领队员在艰难环境中开凿，并提出了"月上千，年上万，祁连山上立标杆"的口号，创出了月进尺5009.3米的全国钻井最高纪录。10月，王进喜到新疆

---

① 中国共产党人的精神谱系 | 长征精神［EB/OL］. 澎湃网，2021-08-20.
② 王进喜："铁人"长眠，精神永存［EB/OL］. 学习强国微信公众号，2021-09-28.

克拉玛依参加石油工业部召开的现场会。余秋里部长、康世恩副部长把一面"钻井卫星"红旗颁发给他,贝乌5队被命名为"钢铁钻井队",王进喜被誉为"钻井闯将",并且被评为甘肃省的"劳模",受邀去北京参加新中国成立十周年庆典。在北京,当他看到当公交车上还背着"煤气包",竟然蹲在街头哭了起来,他知道国家现在缺石油,只能用煤气代替,感觉是一种莫大的耻辱。男儿有泪不轻弹,作为铁汉子的王进喜,迫切希望改变这一现状,这也激发起他心中献身于石油的使命感与责任感。他曾说过这样一句话,"宁肯少活十年,也要搞出石油",这句话激励着他不断前进。

铁人王进喜,用血肉之躯制服井喷

在1960年,为了改变国家缺油状况,我国决定自己开采油井,打响了"石油会战"。作为"钻井闯将"的王进喜,怎能少得他?他带领1205钻井队,马不停蹄赶到萨尔图车站,一下火车就直奔钻井现场,投入到工作当中。那时候条件艰苦,没有大型工程机械(吊机、挖机),王进喜他们克服万难,用手用撬棍将钻井台直立在边远的沙漠上,开始钻井。井架立起来后,没有打井用的水,王进喜组织职工到附近的水泡子破冰取水,带领大家用脸盆端、水桶挑,硬是靠人力端水50多吨,保证了按时开钻。萨尔图55井于1960年4月19日胜利完钻,进尺1200米,创5天零4小时打一口深井的纪录。1960年4月29日,1205钻井队准备往第二口井搬家时,王进喜右腿被砸伤,他在井场坚持工作。由于地层压力太大,第二口井打到700米时发生了井喷。危急关头,王进喜不顾腿伤,扔掉拐杖,带头跳进水泥浆池,用身体搅拌水泥浆,最终制服了井喷。王进喜用血肉之躯制服井喷,因此被后人被赋予"铁人"的称号。

终前这一动作,让在场的人无不动容

虽然王进喜被赋予"铁人"称号,但身体可不是铁打的。由于他长期高强度工作,身体终是有些吃不消,正值壮年时期,王进喜被诊断出胃癌。临终前,他用颤抖的手取出一个纸包,交给守候在床前的一位领导同志。打开纸包,里面是他住院以来组织给他的补助款和一张记账单,一笔一笔记得清清楚楚,一分钱也没有动。王进喜说:"这笔钱,请把它花到最需要的地方去，我不困难。"在场的人无不为之动容，流下了感动的泪水。临终前，弟弟王进邦守候在病榻边，王进喜手拿300元钱交给他，强忍剧痛，断断续续地说："看情况，我可能看不到咱妈了，妈这一辈子很苦，你就多替我尽孝道吧！"1970年11月15日，铁人王进喜逝世，年仅47岁。

【案例讨论】

站在这个特殊的历史节点上，拉近历史的镜头，回望那段激情燃烧的艰苦创业期，我们心潮澎湃。除了大庆精神、铁人精神，还有同时期的大寨精神、雷锋精神、"两弹一星"精神，都是先辈留给我们的宝贵财富，是社会主义建设的"传家之宝"，需要一代代继承与发扬。

【案例分析】

习近平总书记指出："在大庆油田开发建设的艰苦环境和激情岁月里形成的以爱国、创业、求实、奉献为主要内涵的大庆精神、铁人精神，集中体现了我国工人阶级的崇高品质和精神风貌，永远是激励中国人民不畏艰难、勇往直前的宝贵精神财富。各级党组织要结合新的实际与时俱进地大力弘扬大庆精神、铁人精神，使之在全面建设小康社会的进程中持久地发挥思想保证和精神动力作用。"[1]

习近平总书记指出："大庆油田的卓越贡献已经镌刻在伟大祖国的历史丰碑上，大庆精神、铁人精神已经成为中华民族伟大精神的重要组成部分。"[2]

大庆科研工作者坚持实践第一观点，不断超越权威、超越前人、超越自我，形成了"三老四严""四个一个样""六股劲"的务实精神，创造了"两分法""三个面向""四勤四看""五到现场"等科学方法，正是以这种对事业、对工作科学认真、求实严谨的精神为动力，以科学严明的规则作保障，大庆人战胜了各种困难挫折和干扰，依靠自主创新攻克多项关键核心技术，让外国权威的唱衰言论不攻自破，闯出了一条中国人自己的油田开发之路，使大庆精神、铁人精神成为中国科技人员讲求科学、务实

---

[1] 总书记走过的红色史迹 | 这里为共和国成长持续加油[N].广州日报，2021-04-29(2).
[2] 让大庆精神铁人精神在新时代焕发新光彩[EB/OL].央广网，2019-09-28.

创新的实践指向。大庆的奋进之路，就是弘扬大庆精神、铁人精神，讲求科学、务实创新，努力掌握决定命脉的核心技术，在不断战胜各种风险挑战中破浪前行。我们要始终坚持倡导求实精神、创新精神，以"滚石上山、爬坡过坎"的勇气和干劲，以坚持不懈的学习劲头和成为行家里手的专业追求，在责任面前勇于担当，在困难面前勇于任事，在挑战面前勇于攻坚，争做民政事业发展的开拓者、实干家，努力创造属于新时代的光辉业绩。

【教学建议】

本案例可用在第五章第三节中的第三部分"加强思想道德建设"的教学中。

案例4　培育和践行社会主义核心价值观——钱学森的轨迹[1]

【案例呈现】

钱学森，中国著名物理学家，世界著名火箭专家，"中国导弹之父""中国火箭之父""导弹之王"。浙江杭州人，1911年12月生于上海。1934年毕业于上海交通大学机械工程系，1935年至1939年在美国麻省理工学院和加利福尼亚理工学院学习，师从空气动力学教授冯·卡门教授，1938年获加利福尼亚理工学院博士学位，后留在美国任讲师、副教授、教授以及超音速实验室主任和古根罕喷气推进研究中心主任，并从事火箭研究。1950年开始争取回归祖国，受到美国政府长达5年的迫害，于1955年回到祖国。1958年起，钱学森长期担任火箭导弹和航天器研制的技术领导职务，为组织、领导新中国火箭、导弹和航天器的研究发展工作发挥了巨大作用，对中国火箭、导弹和航天事业的迅速发展作出了卓越贡献。

"我一直相信，我一定能够回到祖国"

钱学森于1935年赴美国留学，在美国待了20年。20年的时间可谓漫长，但钱学森连一美元的保险金也不曾存过，因为他从来没想过要在那里待一辈子。当新中国成立的消息传来时，钱学森归心似箭，彻夜难眠。得

---

[1] 选自搜狗百科：钱学森。

知钱学森准备回国，美国当局用名誉、地位等挽留他，甚至还派特务监视他的一举一动，军方更是无理地吊销了他参与机密研究工作的证件。美国海军的一个高级将领金布尔说："一个钱学森抵得上五个海军陆战师，我宁可把这个家伙枪毙了，也不能放他回中国去！"面对美方的蓄意阻挠，钱学森不仅没有削弱回国的信心，反而更加坚定了报国的信念。他只身前往五角大楼海军次长丹尼尔·金波尔的办公室，据理力争；面对移民局"莫须有"的扣留，他笑对联邦调查局的威胁、囚禁乃至审讯。后来，虽然迫于舆论压力，美国当局不得不将钱学森释放，但仍对其行动进行监视和限制。在长达5年的折磨中，钱学森先后5次搬家。然而，就是在这样险恶的环境中，钱学森的家中也总是摆着三个小箱子，准备重获自由时立即返回祖国；同时，钱学森完成了30万字的《工程控制论》一书，一举奠定了他作为工程控制论开山鼻祖的历史地位。1955年，在中国政府的强烈努力下，钱学森终于踏上了归国的航程。

"我只是沧海一粟！"

钱学森回国后担任国防部五院院长一职，但是随着导弹事业的发展、五院规模的扩大，钱学森作为院长的行政事务也越来越多。虽说45岁的钱学森精力充沛，但他既要为中国的导弹事业举办"扫盲班"，又要带领大家进行技术攻关，还要为研究院一大家子的柴米油盐操心。有时研究院和幼儿园的报告会一同等待他的批示。他说，我哪懂幼儿园的事呀。为此，他给聂帅写信要求退下来，改正为副，专心致力于科学研究和技术攻关。上级同意了他的要求，使他从繁杂的行政、后勤事务中解脱出来。从此，他不管当什么官，前面都加一个"副"字。逢官必副，可是钱学森对这种安排十分满意，乐在其中。

钱学森姓钱却不爱钱，他数次将国家奖励的巨额款项捐献出去。可以享受国家领导人待遇的他，几十年如一日住在破旧的楼房里，过着清贫的生活。几十年不换的相机，穿了一辈子的中山装，用了50多年的破提包……，钱学森曾主动要求撤销自己的"两院院士"称号，并给自己制定了4条原则：不题词，不为人写序，不出席应景活动，不接受媒体采访。也许他的做法不为人所理解，但这正是他对自己高标准严要求、不断完善人格的具体体现。钱学森舍弃功名利禄的背后，是其难得的高尚品格。"我只是沧海一粟！"钱学森在与别人的书信中反复强调，原子弹、氢弹、导弹卫星的研究、设计、制造和实验，是几千名科学技术专家通力合作的成果，不是哪一个科学家独立的创造。

【案例讨论】

核心价值观，承载着一个民族、一个国家的精神追求，体现着一个社会评判是非曲直的价值标准，是决定文化性质和方向的最深层次要素。社会主义核心价值观，是中国特色社会主义的价值表达，是我国社会共同的思想道德基础。

【案例分析】

习近平总书记指出："核心价值观是文化软实力的灵魂、文化软实力建设的重点。这是决定文化性质和方向的最深层次要素。一个国家的文化软实力，从根本上说，取决于其核心价值观的生命力、凝聚力、感召力。培育和弘扬核心价值观，有效整合社会意识，是社会系统得以正常运转、社会秩序得以有效维护的重要途径，也是国家治理体系和治理能力的重要方面。历史和现实都表明，构建具有强大感召力的核心价值观，关系社会和谐稳定，关系国家长治久安。"[1] 社会主义核心价值观是我国文化软实力之"魂"，赋予其精神气质；是我国文化软实力之"核"，构成其最深层次内容；是我国文化软实力之"源"，为其发展提供动力。社会主义核心价值观支配着国家文化软实力的生命力，决定着文化软实力的性质和发展道路，是文化软实力之"钙"。文化软实力最终还是要体现在人的精神状态、理想追求上，社会主义核心价值观体现着人们心中最美好、最执着的向往和愿景，并促使人们为这美好的向往和愿景而努力奋斗、不懈前进，这是国家文化软实力发展的动力和活力之所在。社会主义核心价值观烛照人心、烛照人生，为文化软实力建设提供着强大的内在支撑。

习近平总书记指出："历史深刻表明，爱国主义自古以来就流淌在中华民族血脉之中，去不掉，打不破，灭不了，是中国人民和中华民族维护

---

[1] 推进社会主义文化强国建设的行动纲领[EB/OL]. 求是网，2022-11-26.

民族独立和民族尊严的强大精神动力,只要高举爱国主义的伟大旗帜,中国人民和中华民族就能在改造中国、改造世界的拼搏中迸发出排山倒海的历史伟力!"① 钱学森具有的深厚的爱国情怀,使他能够冲破重重阻力,不远万里回到祖国。这样一颗赤子之心,让他在面临很多重大选择时都毫不犹豫地投身祖国的怀抱。爱国,是人世间最深层、最持久的情感,爱国主义是中华民族精神的核心。爱国主义情怀深深根植于中华民族和中华儿女心中,五千年来从未间断。

【教学建议】

本案例可用在第五章第三节中的第一部分"当代中国精神的集中体现中的爱国精神理论"的教学中。

案例5 中国共产党领导人民在建设社会主义大厦中创造的社会主义文化

【案例呈现】

习近平:"建设具有强大凝聚力和引领力的社会主义意识形态,是全党特别是宣传思想战线必须担负起的一个战略任务。"

【案例讨论】

要"有效防范化解意识形态风险",发展壮大主流价值、主流舆论、主流文化,为全面推进强国建设、民族复兴伟业提供坚强思想保证、强大精神力量、有利文化条件。意识形态工作,是为国家立心、为民族立魂的工作。新征程上,我们必须深刻认识意识形态领域的伟大变革,有效防范化解意识形态风险,坚定维护意识形态安全,敢于斗争、善于斗争,把新时代意识形态工作引向深入。

【案例分析】

美国意识形态骗局②

在当今世界的舞台上,美国被广泛视为自由、民主和人权的象征。美

---

① 习近平. 在纪念五四运动100周年大会上的讲话 [EB/OL]. 共产党员网,2019-04-30.
② 美国的意识形态骗局 [EB/OL]. 网易,2023-07-02.

国的意识形态，以其独特的价值观和制度，影响着全球范围内的政治、经济和文化。然而，我们也不能忽视其中存在的骗局。

（一）美国意识形态领域的骗局

美国的意识形态骗局体现在其所倡导的自由和民主原则上。美国一直自诩为自由世界的领导者，声称要将自由和民主的价值观传播到全球各地。然而，实际上，美国的行为却经常与其声称的原则相矛盾。美国历史上多次干预他国内政，支持独裁政权或进行军事侵略，这显然违背了其所标榜的民主价值观。更令人担忧的是，美国在国内外使用的情报机构和网络监控手段，侵犯了个人隐私和言论自由，给世界其他国家树立了一个不良榜样。

美国的意识形态骗局还表现在其所推崇的市场经济制度上。美国一直将市场经济视为实现繁荣和进步的唯一途径，并通过推广自由贸易和全球化来宣传这一理念。然而，这种市场经济模式实际上造成了贫富差距的扩大和社会不平等的加剧。富人越富，穷人越穷，贫困问题和社会不公已经成为美国社会的严重挑战。此外，美国的大公司和金融机构的无序行为导致了金融危机和全球经济动荡，这进一步揭示了市场经济的弊端和美国所推崇的自由市场的虚伪性。

美国的意识形态骗局还体现在其文化输出和宣传手段上。美国的文化产品和价值观通过媒体、电影和音乐等渠道广泛传播到全球。然而，这种文化输出往往伴随着文化霸权主义和价值观的强加。美国的文化产品通常带有浓重的商业主义色彩，宣扬物质主义和消费主义，导致其他国家的文化多样性受到限制。此外，美国的宣传手段常常通过操纵事实和信息来塑造自己的形象，制造对他国的偏见和误解。这种意识形态的骗局不仅削弱了其他国家的文化独立性，也削弱了人们对真相和客观事实的判断能力。

对于其他国家而言，关注美国的意识形态骗局是非常重要的。我们不能盲目接受美国所宣扬的价值观，而应保持独立思考和客观判断的能力。同时，我们也应该反思自己国家的意识形态和价值观，避免盲目模仿和错误引导。真正的进步和发展来自对多元文化和价值观的尊重与包容，而不是简单地追随某一国家的意识形态。

（二）抵御美国对华意识形态新策略[①]

党的二十大报告明确指出："中国共产党为什么能，中国特色社会主义为什么好，归根到底是马克思主义行，是中国化时代化的马克思主义行。拥有马克思主义科学理论指导是我们党坚定信仰信念、把握历史主动的根本所在。"习近平总书记强调："必须把意识形态工作的领导权、管理权、话语权牢牢掌握在手中，任何时候都不能旁落，否则就要犯无可挽回的历史性错误。"习近平总书记的重要论述和党的二十大报告相关精神为做好当前形势下的意识形态工作提供了根本遵循。

一是坚定正确方向，牢牢掌握意识形态工作领导权。"当今时代，社会思想观念和价值取向日趋活跃，主流的和非主流的同时并存，先进的和落后的相互交织，社会思潮纷纭激荡。"为此，我们要"牢牢掌握党对意识形态工作领导权，全面落实意识形态工作责任制，巩固壮大奋进新时代的主流思想舆论"。在党的领导下，巩固意识形态阵地，必须坚持正确的舆论导向，积极弘扬社会主义核心价值观，遵循新时代媒体传播规律，提高舆论引导能力，有效抵御西方资本主义价值观的侵蚀。

二是坚守意识形态阵地，牢牢掌握意识形态工作管理权。在网络舆论、高校教学、干部教育和宗教活动等重点领域构筑堡垒，全面落实意识形态工作责任制。加强针对美国对华意识形态渗透的舆情监测与研判，营造清朗的网络空间；充分发挥高校马克思主义学院的思想引领作用，警惕、防范美国非政府组织拉拢正处于自主意识强烈、思想尚未定型阶段的高校学生；党校要成为马克思主义理论宣传的重要阵地，结合"四史教育"，加强党员干部对两种意识形态的比较分析，使其牢牢掌握"两个必然"的历史规律；严防以美国国际宗教自由委员会为代表的境外宗教势力制造民族分裂、培植地下宗教代理人及其组织，引导我国宗教与社会主义社会相适应。

三是推进文化自信自强，牢牢掌握意识形态工作话语权。一方面，借

[①] 孙蔚. 美国对华意识形态遏制的本质、特征及对策［J］. 世界社会主义研究，2023(3).

助于传统媒体与新兴媒体的融合发展,大力推进马克思主义中国化时代化。推动主流思想舆论传播方式的创新,有效利用以知乎、B 站、微博、抖音、微信为代表的新兴媒体平台开展马克思主义宣传。另一方面,坚定"四个自信",积极弘扬中华优秀传统文化,构建中国特色话语体系,提升国际传播能力,讲好中国故事,更好地向世界展现负责任的大国形象。

【教学建议】

本案例可用在第五章第二节中的第三部分"培养担当民族复兴大任的时代新人"的教学中。

四、阅读文献

[1] 曹燕. 三星堆祭祀坑挖掘的前世今生[N]. 中国社会科学报, 2021-04-20 (8).

[2] 宋豪新. 引人注目的"三星堆上新"考古过程[N]. 人民日报, 2021-03-30 (5).

[3] 何映宇. 新千年中国重大考古发现 唤醒沉睡千年的历史[J]. 新民周刊, 2020 (34).

[4] 罗少波. 革命理想高于天[N]. 中国纪检监察报, 2021-04-28 (3).

[5] 李慧. 从湘江战役看中国共产党人的初心和使命[J]. 党史博采(下), 2021 (4).

[6] 宋天鹤. 弘扬铁人精神 传承红色基因[J]. 大庆社会科学, 2020 (6).

[7] 段永坚. 铁人精神是抓好党建工作的法宝[N]. 中国石化报, 2020-12-18 (2).

[8] 段明. 传承大庆精神 领会新时代使命担当[J]. 企业文明, 2020 (10).

[9] 王兆飞. 大庆三代"铁人"践行初心担当使命的启示[J]. 中国工运, 2020 (10).

[10] 毛瑶, 张利民. 新时代大学生中国精神的培育[J]. 西南交通

大学学报（社会科学版），2021（2）.

［11］冯玮. 弘扬中华民族精神，培养爱国主义情怀［J］. 教育家，2021（3）.

［12］李晨. 爱国主义教育的理论根基与践行路径［J］. 中共山西省委党校学报，2021（2）.

［13］王嘉，吕君怡. "圈层华"下的青年网络爱国主义［J］. 探索与争鸣，2021（3）.

［14］石娜. 论新时代爱国主义精神［J］. 贵州省党校学报，2021（1）.

［15］付文广. 美国对外干涉思想的历史起源与基本定型［J］. 拉丁美洲研究，2021（4）.

［16］韩强. 中国共产党开展意识形态工作的历史进程与基本经验［J］. 中国井冈山干部学院学报，2021（2）.

［17］陈小环. 全媒体时代高校网络意识形态话语权构建探析［J］. 中北大学学报，2021（4）.

［18］郑威，夏一雪. 我国网络舆情与网络意识形态研究的可视化关联分析［J］. 情报探索，2021（4）.

［19］令睿，张添翼，闫宁. 从苏联解体的历史反思中探究中国特色社会主义意识形态领导权建立与实践［J］. 南方论刊，2021（4）.

第六章　新时代中国特色社会主义社会建设

一、理论知识概要
（一）知识结构

```
                    ┌─ 新时代中国特色社会主义社会建设理论与制度 ─┬─ 新时代中国特色社会主义社会建设理论
                    │                                              └─ 新时代中国特色社会主义社会建设制度
新时代中国特          │                              ┌─ 增进民生福祉是发展的根本目的
色社会主义社          ├─ 在发展中保障和改善民生 ────┼─ 保障和改善民生的重点领域
会建设                │                              ├─ 巩固拓展脱贫攻坚成果
                    │                              └─ 扎实推动共同富裕
                    │                              ┌─ 推进社会治理现代化
                    └─ 加强和创新社会治理 ────────┼─ 打造共建共治共享的社会治理格局
                                                   └─ 建设更高水平的平安中国
```

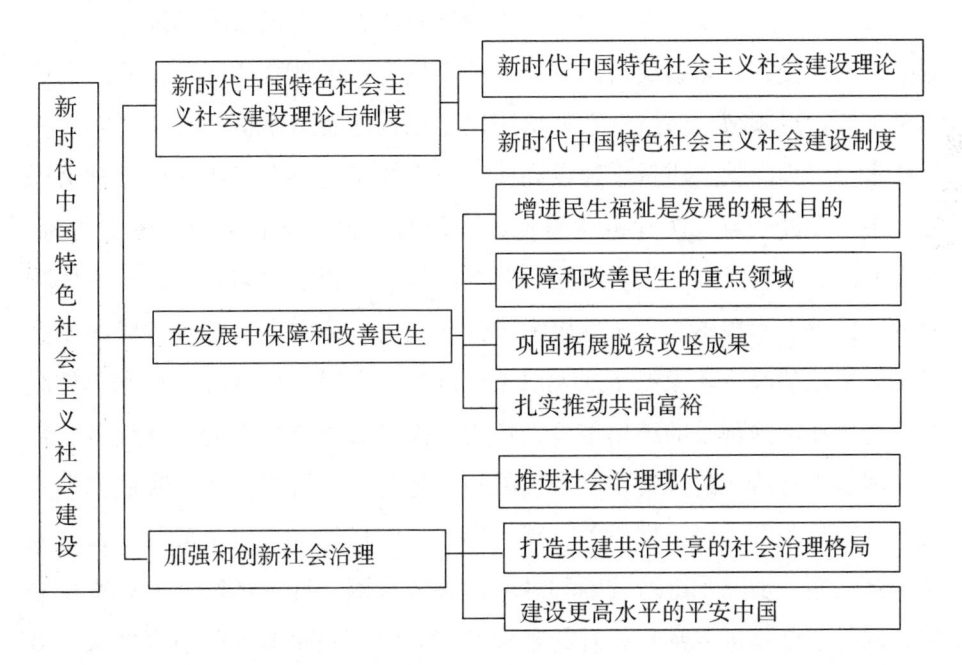

（二）理论知识

习近平新时代中国特色社会主义社会建设是以习近平同志为核心的党中央对社会建设理论与实践的创造性发展，是中国共产党领导社会建设的社会主义制度优势的具体化和实体化。党的十八大以来，以习近平同志为核心的党中央坚持以人民为中心的发展思想，深刻把握人民群众日益增长的美好生活需要，提出了一系列具有原创性的社会建设理论，加强和创新社会治理体制机制，使得中国特色社会主义社会治理和社会管理制度更加健全，为更好推进新时代中国特色社会主义社会建设提供了科学引领和基本遵循。

新时代中国特色社会主义社会建设理论具有十分丰富的理论内涵，涉及社会建设各个领域，涵盖社会生活各个方面，悠悠万事，民生为大。主要包括：关于在发展中保障和改善民生的理论、关于促进社会公平正义的理论、关于精准扶贫的理论、关于实现共同富裕的理论。中国特色社会主义社会建设在实践中形成了劳动就业制度、教育制度、社会保障制度、卫生健康制度等一系列制度，为实现社会主义建设总体目标提供了制度保障。

党的十八大以来，以习近平同志为核心的党中央把保障和改善民生放到突出的位置，着力解决人民群众最关心最直接最现实的问题，保障和改善民生的重点领域，通过一系列增进民生福祉的有力举措，包括提高人民生活水平、提高就业质量、建设高质量教育体系、全面建成多层次社会保障体系、发展公益性医疗卫生事业，在幼有所育、学有所教、劳有所得、病有所医、老有所养、住有所居、弱有所扶上取得了很多新进展，人民群众的获得感、幸福感、安全感极大增强。其中，贫困人口的生存状况发生了翻天覆地的改变。党的十八大以来，以习近平同志为核心的党中央把脱贫攻坚摆在治国理政的突出位置，作为全面建成小康社会的底线任务，组织开展了声势浩大的脱贫攻坚人民战争。经过 8 年持续奋斗，我们如期完成了新时代脱贫攻坚目标任务，现行标准下农村贫困人口全部脱贫，贫困县全部摘帽，消除了绝对贫困和区域性整体贫困，近 1 亿贫困人口实现脱贫，取得了令全世界刮目相看的重大胜利。中国的脱贫攻坚力度之大、规模之巨、影响之深，史无前例、前所未有，创造了当之无愧的"世界奇迹"，这为新发展阶段推动共同富裕奠定了坚实基础。

在发展中补齐民生短板的同时，以习近平同志为核心的党中央牢牢把握推进国家治理体系现代化和治理能力现代化的总要求，推进社会治理现代化、打造共建共治共享的社会治理格局，使得我国治理体系不断完善，社会安全稳定形式持续向好，人民生命财产安全得到有效维护。

二、教学重点难点

（一）保障和改善民生

随着中国特色社会主义进入新时代，我国社会主要矛盾转变为人民日益增长的美好生活需要和不平衡不充分的发展之间的矛盾，这对做好民生工作提出了许多新要求。在发展中保障和改善民生，带领人民创造美好生活，是党始终不渝的奋斗目标，也是加强社会建设的基本着力点。民生涉及人民群众生活的方方面面，是人民幸福之基、社会和谐之本。让人民群众过上幸福美好的生活，是党的一切工作的出发点和落脚点。因而，增进民生福祉是推动发展的根本目的，从这个意义上讲，抓民生也是抓发展，经济发展是前提，离开经济发展谈改善民生是无源之水、无本之木。改善民生要做到尽力而为，量力而行。当前，保障和改善民生的主要内容包括以下五方面：一是人民收入水平，让改革发展成果更多更公平惠及全体人民；二是提高就业质量，就业是最大的民生工程、民心工程、根基工程；三是建设高质量教育体系，坚持党对教育工作的全面领导、健全学校家庭社会协同育人机制、深化教育改革促进教育公平、发挥在线教育优势；四是全面建成多层次社会保障体系，让人民群众更多地分享到经济社会发展成果，做到"覆盖全民、城乡统筹、权责清晰、保障适度、可持续"；五是发展公益性医疗卫生事业，发挥中医药和西医药相互补充协调的中国特色卫生健康发展模式的显著优势，全面推进健康中国建设，为人民提供全方位全周期健康性服务。

（二）共同富裕

共同富裕是社会主义的本质要求，是中国式现代化的重要特征。全体人民共同富裕，不是狭义上的物质财富的富裕，而是广义上的物质生活和精神生活都富裕。它既包括表现在收入、财产及物质生活条件上"看得见"的显性富裕，又包括表现在社会公平正义和"学有所教、劳有所得、病有所医、老有所养、住有所居"的公共服务与公共产品均等化、生态环境改善和精神文化生活条件上"容易忽视"或"看不见"的隐性富裕。因此，要实现这样的全体人民"全面富裕"，并不只是先"做蛋糕"后"分蛋糕"那样简单，而必须坚持系统观念，通过高质量发展实现全体人民共同富裕，再依托全体人民共同富裕，不断增强高质量发展的后劲。这是适应我国社会主要矛盾变化、更好满足人民日益增长的美好生活需要的必然要求。因此，必须把促进全体人民共同富裕作为为人民谋幸福的着力点。

（三）加强和创新社会治理

社会治理是国家治理的重要方面，社会治理现代化是国家治理体系和治理能力现代化的题中应有之义。中国特色社会主义进入新时代，我国发展仍处于并将长期处于重要战略机遇期。这一时期同样也是社会治理的关键期，社会治理的成效如何将直接决定着我国能否实现长治久安的战略目标。因此，加强和创新社会治理，打造共建共治共享的社会治理格局，建设更高水平的平安中国，加快推进国家治理体系和治理能力现代化显得尤为重要和迫切。

三、教学案例

案例1　909万个期待[①]

【案例呈现】

909万人，2021届高校毕业生总规模再创新高。

2021年的政府工作报告指出，"做好高校毕业生、退役军人、农民工等重点群体就业工作"。据了解，受新冠疫情和其他方面的影响，2021年的高校就业季不容乐观。就业是最大的民生，是"六稳""六保"之首，大学生的就业问题也成为全国两会代表委员热议的话题。874万人的2020

---

① 叶雨婷，孙庆玲.909万个期待：如何为大学生就业保驾护航［N］.中国青年报，2021-03-09（1）.

届毕业生就业问题还没有画上句号时，909万人的2021届求职大军已挺进了求职市场。从2020年到2021年，大学生的就业季交织又漫长。

在不久前国新办举行的新闻发布会上，人力资源和社会保障部副部长李忠介绍，2020年高校毕业生总体就业率达90%以上，好于预期。但对于今年的就业形势，他表示："加上还有不少往届未就业毕业生在求职，在国内外环境不确定因素增多的情况下，今年促就业的任务更重。"全国政协委员、南通大学校长施卫东分析，如今，大学生就业的结构性矛盾仍然存在，毕业生就业难和用人单位招工难现象并存，一方面高校毕业生就业期望值越来越高，另一方面制造业、服务业普工难招、技能人才短缺。

据人社部统计，2020年公共部门提供了大约300万个岗位吸纳高校毕业生就业，"三支一扶"和地方补充项目吸纳4万名高校毕业生，大学生创业者达到82万人，比2019年增长了11%。

稳定就业，离不开良好的就业环境和社会氛围。2020年年底，教育部发布的关于做好2021届全国普通高校毕业生就业创业工作的通知指出，对于近年来大学生就业工作中存在的"强迫签三方"等问题，要推动党政机关、事业单位、国有企业带头扭转"唯名校""唯学历"的用人导向，在招聘公告和实际操作中不得将毕业院校、国（境）外学习经历、学习方式（全日制和非全日制）作为限制性条件，应形成不拘一格降人才的用人氛围。

【案例讨论】

请根据案例，结合自身专业，谈谈如何理解高校毕业生是就业的重点群体。对于将来的就业，目前应做好怎样的准备？

【案例分析】

就业是最大的民生，我国有14亿多人口、近9亿劳动力，解决好就业问题始终是经济社会发展的一项重大任务。2022年政府工作报告中，"就业"一词出现34次，可见解决好就业问题的重要性和紧迫性，同时释放"稳就业、扩就业"的政策信号。近年来我国高校毕业生人数逐年增多，2022年预计大学毕业生人数为1076万人，再创历史新高。同时，高校毕业生的就业诉求、就业预期以及就业选择行为发生了很大变化，该群体的就业问题不再是"有没有""能不能"的问题,而是"好不好""优不优"的问题。因此高校毕业生必须首先应通过刻苦学习和课外实践持续提升自身竞争力,以未来高质量的就业为目标提升自己的能力。

【教学建议】

本案例可用在第六章第二节"保障和改善民生重点领域"的辅助教学,使学生深刻体会"就业是最大的民生"的深刻内涵,并为提高自身就业质量奠定基础。

案例2　从"一步跨千年"到全面小康[①]

【案例呈现】

习近平总书记在全国脱贫攻坚总结表彰大会上的讲话中指出,28个人口较少民族全部整族脱贫,一些新中国成立后"一步跨千年"进入社会主义社会的"直过民族",又实现了从贫穷落后到全面小康的第二次历史性跨越。独龙族,就是这样一个实现了两次历史性跨越的少数民族。

一个世代刀耕火种的民族,七十载历经两次跨越,踏入社会主义社会,实现整族脱贫,在人类与贫困斗争的历史上书写了浓墨重彩的一笔。如今,独龙江已成为一个标志,一种象征。

独龙族主要聚居在滇藏交界处的贡山县独龙江乡。"刻木结绳记事,鸟鸣花开辨时令。"新中国成立前,独龙族生活处于原始状态。1994平方公里的独龙江乡是其唯一聚居地,一年中约有半年时间因大雪封山而与外界隔绝。从一部拍摄于20世纪60年代的纪录片中,仍可看到独龙人"树叶木片遮羞,岩洞树洞作屋,过江靠溜索,刀耕火种"的原始生活状况。新中国成立后,在党和政府关心下,独龙族告别了刀耕火种的原始生活,直接由原始社会过渡到社会主义社会,实现了第一次历史性跨越。孔志清是这段历史的见证者,后来还担任了贡山独龙族怒族自治县首任县长。他

[①] 张帆,徐锦庚. 独龙族七十年实现两次跨越:迈上小康路生活变了样[N]. 人民日报,2019-05-03 (1).

在自述中说：世世代代被称为"野人"的独龙人，第一次能以本民族的意愿称呼自己，这意味着遭人侮辱、歧视的历史结束了，独龙人终于站起来了。

但由于自然条件恶劣，山峻谷深，每年有半年大雪封山，独龙江乡一直是云南乃至全国最为贫穷的地区之一，独龙族处于整体贫困状态。"全面建成小康社会，一个民族都不能少。"习近平总书记的话字字千钧。党的十八大以来，以习近平同志为核心的党中央围绕脱贫攻坚作出一系列重大部署和安排，全面打响脱贫攻坚战。对于独龙族和其他少数民族的脱贫攻坚问题，习近平总书记一直牵挂在心。

进入新时代，独龙族摆脱了长期存在的贫困状况。2014年，独龙江隧道打通，独龙族发展上了快车道。2014年元旦前夕，贡山县干部群众致信习近平总书记，汇报当地经济社会发展和人民生活改善的情况。收到来信后，习近平总书记立即作出重要批示，希望独龙族群众"加快脱贫致富步伐，早日实现与全国其他兄弟民族一道过上小康生活的美好梦想"。

2015年1月，习近平总书记把当初写信的5位干部群众和2位独龙族妇女接到昆明来见面。习近平总书记指出，独龙族和其他一些少数民族的沧桑巨变，证明了中国特色社会主义制度的优越性。前面的任务还很艰巨，我们要继续发挥我国制度的优越性，继续把工作做好、事情办好。全面实现小康，一个民族都不能少。

2018年，独龙族整族脱贫，实现"千年跨越"。当地群众委托乡党委给习近平总书记写信，汇报喜讯。2019年4月10日，习近平总书记给乡亲们回信，祝贺独龙族实现整族脱贫，习近平总书记在信中说，"让各族群众都过上好日子，是我一直以来的心愿，也是我们共同奋斗的目标"①。

如今，独龙江乡1100余户群众全部住进新房，4G网络、广播电视信号覆盖全乡，6个村委会全部通柏油路，大病保险全覆盖，特色产业遍地开花。孩子们享受从学前班到高中的14年免费教育，独龙族小学生入学率、巩固率和升学率均保持100%。独龙族群众已从封闭、保守、落后的

---

① 习近平给云南省贡山县独龙江乡群众的回信[EB/OL].中国政府网，2019-01-11.

"民族直过区",走向开放、包容、发展的新天地。

这生动说明,在以习近平同志为核心的党中央坚强领导下,经过全党全国各族人民共同努力,包括独龙族在内的28个人口较少民族全部整族脱贫,实现了历史性跨越,创造了彪炳史册的人间奇迹。同时,脱贫摘帽不是终点,而是新生活、新奋斗的起点。做好巩固拓展脱贫攻坚成果同乡村振兴有效衔接,一直是习近平总书记为之牵挂的国之大者。各族人民只要乘势而上、再接再厉、接续奋斗,未来的生活一定会更美好。

【案例讨论】

脱贫攻坚与乡村振兴之间存在什么样的逻辑关系？实现脱贫攻坚与乡村振兴有机衔接需要重点解决哪些问题,把握哪些方面？

【案例分析】

消除贫困、改善民生、实现共同富裕,是社会主义的本质要求,也是我们党的重要使命。党的十八大以来,党中央把脱贫攻坚作为全面建成小康社会的底线任务和标志性指标,作出一系列重大决策部署。党的十九大后,党中央把打好精准脱贫攻坚战作为全面建成小康社会的三大攻坚战之一。习近平总书记念兹在兹的是让人民过上好日子,深情牵挂的是各族群众的小康路、幸福路。正如他所强调的:"没有民族地区的全面小康和现代化,就没有全国的全面小康和现代化。"独龙族和其他一些少数民族的沧桑巨变,证明了中国特色社会主义制度的优越性,充分体现了不管条件多难、路途多远,党和政府对人民群众的承诺一定会兑现,脱贫奔小康一个都不能少！继脱贫攻坚之后实施乡村振兴战略,也是贫困地区经济社会发展的必然逻辑,也是走向共同富裕的必由之路。

【教学建议】

本案例可用在第六章第二节"巩固拓展脱贫攻坚成果"的辅助教学,帮助学生认识脱贫攻坚的重大成就和意义,深刻理解脱贫攻坚是全面建成小康社会的底线任务,并思考如何做好巩固脱贫攻坚成果同乡村振兴有效衔接的问题。

案例 3　扎实推动共同富裕①

【案例呈现】

改革开放后，我们党深刻总结正反两方面历史经验，认识到贫穷不是社会主义，打破传统体制束缚，允许一部分人、一部分地区先富起来，推动解放和发展社会生产力。

党的十八大以来，党中央把握发展阶段新变化，把逐步实现全体人民共同富裕摆在更加重要的位置上，推动区域协调发展，采取有力措施保障和改善民生，打赢脱贫攻坚战，全面建成小康社会，为促进共同富裕创造了良好条件。现在，已经到了扎实推动共同富裕的历史阶段。

现在，我们正在向第二个百年奋斗目标迈进。适应我国社会主要矛盾的变化，更好满足人民日益增长的美好生活需要，必须把促进全体人民共同富裕作为为人民谋幸福的着力点，不断夯实党长期执政基础。高质量发展需要高素质劳动者，只有促进共同富裕，提高城乡居民收入，提升人力资本，才能提高全要素生产率，夯实高质量发展的动力基础。当前，全球收入不平等问题突出，一些国家贫富分化，中产阶层塌陷，导致社会撕裂、政治极化、民粹主义泛滥，教训十分深刻！我国必须坚决防止两极分化，促进共同富裕，实现社会和谐安定。

同时，必须清醒认识到，我国发展不平衡不充分问题仍然突出，城乡区域发展和收入分配差距较大。新一轮科技革命和产业变革有力推动了经济发展，也对就业和收入分配带来深刻影响，包括一些负面影响，需要有效应对和解决。

共同富裕是社会主义的本质要求，是中国式现代化的重要特征。我们说的共同富裕是全体人民共同富裕，是人民群众物质生活和精神生活都富裕，不是少数人的富裕，也不是整齐划一的平均主义。

要深入研究不同阶段的目标，分阶段促进共同富裕：到"十四五"末，全体人民共同富裕迈出坚实步伐，居民收入和实际消费水平差距逐步

---

① 习近平. 扎实推动共同富裕［J］. 求是，2021（20）：4-8.

缩小。到2035年，全体人民共同富裕取得更为明显的实质性进展，基本公共服务实现均等化。到21世纪中叶，全体人民共同富裕基本实现，居民收入和实际消费水平差距缩小到合理区间。要抓紧制定促进共同富裕行动纲要，提出科学可行、符合国情的指标体系和考核评估办法。

促进共同富裕，要把握好以下原则。

——鼓励勤劳创新致富。幸福生活都是奋斗出来的，共同富裕要靠勤劳智慧来创造。要坚持在发展中保障和改善民生，把推动高质量发展放在首位，为人民提高受教育程度、增强发展能力创造更加普惠公平的条件，提升全社会人力资本和专业技能，提高就业创业能力，增强致富本领。要防止社会阶层固化，畅通向上流动通道，给更多人创造致富机会，形成人人参与的发展环境，避免"内卷""躺平"。

——坚持基本经济制度。要立足社会主义初级阶段，坚持"两个毫不动摇"。要坚持公有制为主体、多种所有制经济共同发展，大力发挥公有制经济在促进共同富裕中的重要作用，同时要促进非公有制经济健康发展、非公有制经济人士健康成长。要允许一部分人先富起来，同时要强调先富带后富、帮后富，重点鼓励辛勤劳动、合法经营、敢于创业的致富带头人。靠偏门致富不能提倡，违法违规的要依法处理。

——尽力而为量力而行。要建立科学的公共政策体系，把蛋糕分好，形成人人享有的合理分配格局。要以更大的力度、更实的举措让人民群众有更多获得感。同时，也要看到，我国发展水平离发达国家还有很大差距。要统筹需要和可能，把保障和改善民生建立在经济发展和财力可持续的基础之上，不要好高骛远，吊高胃口，作兑现不了的承诺。政府不能什么都包，重点是加强基础性、普惠性、兜底性民生保障建设。即使将来发展水平更高、财力更雄厚了，也不能提过高的目标，搞过头的保障，坚决防止落入"福利主义"养懒汉的陷阱。

——坚持循序渐进。共同富裕是一个长远目标，需要一个过程，不可能一蹴而就，对其长期性、艰巨性、复杂性要有充分估计，办好这件事，等不得，也急不得。一些发达国家工业化搞了几百年，但由于社会制度原因，到现在共同富裕问题仍未解决，贫富悬殊问题反而越来越严重。我们要有耐心，实打实地一件事一件事办好，提高实效。要抓好浙江共同富裕示范区建设，鼓励各地因地制宜探索有效路径，总结经验，逐步推开。

总的思路是，坚持以人民为中心的发展思想，在高质量发展中促进共同富裕，正确处理效率和公平的关系，构建初次分配、再分配、三次分配协调配套的基础性制度安排，加大税收、社保、转移支付等调节力度并提高精准性，扩大中等收入群体比重，增加低收入群体收入，合理调节高收入，取缔非法收入，形成中间大、两头小的橄榄型分配结构，促进社会公平正义，促进人的全面发展，使全体人民朝着共同富裕目标扎实迈进。

第一，提高发展的平衡性、协调性、包容性。要加快完善社会主义市场经济体制，推动发展更平衡、更协调、更包容。要增强区域发展的平衡性，实施区域重大战略和区域协调发展战略，健全转移支付制度，缩小区域人均财政支出差异，加大对欠发达地区的支持力度。要强化行业发展的协调性，加快垄断行业改革，推动金融、房地产同实体经济协调发展。要支持中小企业发展，构建大中小企业相互依存、相互促进的企业发展生态。

第二，着力扩大中等收入群体规模。要抓住重点、精准施策，推动更多低收入人群迈入中等收入行列。高校毕业生是有望进入中等收入群体的重要方面，要提高高等教育质量，做到学有专长、学有所用，帮助他们尽快适应社会发展需要。技术工人也是中等收入群体的重要组成部分，要加大技能人才培养力度，提高技术工人工资待遇，吸引更多高素质人才加入技术工人队伍。中小企业主和个体工商户是创业致富的重要群体，要改善营商环境，减轻税费负担，提供更多市场化的金融服务，帮助他们稳定经营、持续增收。进城农民工是中等收入群体的重要来源，要深化户籍制度改革，解决好农业转移人口随迁子女教育等问题，让他们安心进城，稳定就业。要适当提高公务员特别是基层一线公务员及国有企事业单位基层职工工资待遇。要增加城乡居民住房、农村土地、金融资产等各类财产性收入。

第三，促进基本公共服务均等化。低收入群体是促进共同富裕的重点帮扶保障人群。要加大普惠性人力资本投入，有效减轻困难家庭教育负担，提高低收入群众子女受教育水平。要完善养老和医疗保障体系，逐步缩小职工与居民、城市与农村的筹资和保障待遇差距，逐步提高城乡居民基本养老金水平。要完善兜底救助体系，加快缩小社会救助的城乡标准差异，逐步提高城乡最低生活保障水平，兜住基本生活底线。要完善住房供应和保障体系，坚持房子是用来住的、不是用来炒的定位，租购并举，因城施策，完善长租房政策，扩大保障性租赁住房供给，重点解决好新市民住房问题。

第四，加强对高收入的规范和调节。在依法保护合法收入的同时，要防止两极分化、消除分配不公。要合理调节过高收入，完善个人所得税制度，规范资本性所得管理。要积极稳妥推进房地产税立法和改革，做好试点工作。要加大消费环节税收调节力度，研究扩大消费税征收范围。要加强公益慈善事业规范管理，完善税收优惠政策，鼓励高收入人群和企业更多回报社会。要清理规范不合理收入，加大对垄断行业和国有企业的收入分配管理，整顿收入分配秩序，清理借改革之名变相增加高管收入等分配乱象。要坚决取缔非法收入，坚决遏制权钱交易，坚决打击内幕交易、操纵股市、财务造假、偷税漏税等获取非法收入行为。

经过多年探索，我们对解决贫困问题有了完整的办法，但在如何致富问题上还要探索积累经验。要保护产权和知识产权，保护合法致富。要坚决反对资本无序扩张，对敏感领域准入划出负面清单，加强反垄断监管。同时，也要调动企业家积极性，促进各类资本规范健康发展。

第五，促进人民精神生活共同富裕。促进共同富裕与促进人的全面发展是高度统一的。要强化社会主义核心价值观引领，加强爱国主义、集体主义、社会主义教育，发展公共文化事业，完善公共文化服务体系，不断满足人民群众多样化、多层次、多方面的精神文化需求。要加强促进共同富裕舆论引导，澄清各种模糊认识，防止急于求成和畏难情绪，为促进共同富裕提供良好舆论环境。

第六，促进农民农村共同富裕。促进共同富裕，最艰巨最繁重的任务仍然在农村。农村共同富裕工作要抓紧，但不宜像脱贫攻坚那样提出统一的量化指标。要巩固拓展脱贫攻坚成果，对易返贫致贫人口要加强监测、及早干预，对脱贫县要扶上马送一程，确保不发生规模性返贫和新的致贫。要全面推进乡村振兴，加快农业产业化，盘活农村资产，增加农民财产性收入，使更多农村居民勤劳致富。要加强农村基础设施和公共服务体系建设，改善农村人居环境。

我总的认为，像全面建成小康社会一样，全体人民共同富裕是一个总体概念，是对全社会而言的，不要分成城市一块、农村一块，或者东部、中部、西部地区各一块，各提各的指标，要从全局上来看。我们要实现14亿人共同富裕，必须脚踏实地、久久为功，不是所有人都同时富裕，也不是所有地区同时达到一个富裕水准，不同人群不仅实现富裕的程度有高有低，时间上也会有先有后，不同地区富裕程度还会存在一定差异，不可能齐头并进。这是一个在动态中向前发展的过程，要持续推动，不断取得成效。

【案例讨论】

结合案例，谈谈如何理解"共同富裕"，如何推动取得更为明显的实质性进展。

【案例分析】

共同富裕是社会主义的本质要求，是中国式现代化的重要特征，是人民群众的共同期盼，也是美好生活的题中应有之义。如何推动共同富裕，案例中的文章对此进行了全面阐释，从中可以看出党和国家对实现共同富裕全局性的战略谋划。实现共同富裕，是我们党矢志不渝的奋斗目标。一百年来，我们党团结带领人民历经革命、建设、改革，取得了一个又一个彪炳史册的辉煌成就，中华民族迎来了从站起来、富起来到强起来的伟大飞跃，迎来了实现伟大复兴的光明前景。特别是党的十八大以来，以习近平同志为核心的党中央团结带领全国人民，顽强拼搏，付出难以想象的辛劳和汗水，铺展开一幅山河锦绣、国泰民安的时代画卷，走上了全面建成小康、迈向共同富裕的康庄大道。

【教学建议】

本案例可用在第六章第二节"扎实推动共同富裕"的辅助教学，帮助学生认识共同富裕的深刻内涵，理解为什么要扎实推动共同富裕，如何扎实推动共同富裕。

案例4　小网格撬动大治理[①]

【案例呈现】

如果说社区是基层治理的关键一环，网格就是基层治理的"神经末梢"。新冠疫情防控期间，在无数个社区，网格员们恪尽职守、冲锋在前。一次次拨打电话，一次次敲开大门，一次次送菜送药，做到"有呼必应，有难必帮，有疑必解"，为社区治理带来关爱与温暖。

习近平总书记强调，"社区虽小，但连着千家万户，做好社区工作十分重要"[②]。在城乡社区治理和疫情防控中，网格员既是战斗员，又是保卫员，还是服务员，用不分昼夜的劳动筑牢了社区屏障。他们中，有人每天爬上百层楼，有的每天成百上千次测量体温，他们用心用情织密网格、共抗疫情，守好疫情防控"大后方"，也推动社会治理更加精细化。

不论是在疫情防控期间，还是在日常治理中，社区事务千头万绪、纷繁复杂。为提升社区网格化管理水平，各地在实践中不断探索。比如，广东广州创新模式，由社区居委会、派出所民警、社区卫生中心人员组成角色分明、互相配合的"三人小组"，在疫情防控期间对辖区居民进行地毯式走访；浙江嘉兴运用"大数据+网格化"手段，研发更高效的疫情防控排查系统；山东即墨建立五级网格组织架构，在各村建立"责任到人、联系到户"的防疫工作体系；天津经开区采取"网格对接服务+全覆盖督导检查"方式，为复工复产做好服务……完善相关制度，协调各方力量，善用技术手段，方能为网格化管理探索新路径。

疫情防控是对国家治理体系和治理能力的一次大考，也是对基层社会治理的一次检阅。有人说：解决"大城市"的问题，离不开社区的"小网格"。对于网格员来说，任劳任怨的服务精神、守土尽责的工作态度、守护万家的能力水平是开展工作的基本功；对于各级政府和相关部门来说，也需要进一步建立工作机制、优化管理方式、做好资源保障，助力网格员

[①] 姜晓丹. 小网格撬动大治理：推动社区治理精细化［N］. 人民日报，2020-06-09（5）.
[②] 习近平在福建调研时强调 全面深化改革全面推进依法治国 为全面建成小康社会提供动力和保障［EB/OL］. 中国政府网，2014-11-02.

下沉基层。

当前，疫情防控进入常态化阶段，网格化管理也应着眼于形成常态化机制。从外防输入、内防反弹，到推进复工复产、复市复业，再到日常的化解纠纷、预防犯罪，完善网格化管理的长效机制，关键在于推动社会治理重心下沉。无论城市还是乡村，让更多主体参与、将更多资源投入到网格化管理中来，才能真正织密织牢社区防控网，为居民送上"定心丸"，为社区装好"稳定器"。

【案例讨论】

结合案例，谈谈新时代如何加强社区治理体系建设。

【案例分析】

社区是党和政府联系、服务居民群众的"最后一公里"。把社会治理的重心落到城乡社区，社区服务和管理能力强起来，社会治理的基础就会实起来。在新冠疫情防控中，社区是联防联控的第一线，发挥了重要的阻击作用，成为疫情防控的坚强堡垒。社区之所以能成为群防群控的关键防线，与网格化管理分不开。习近平总书记强调，要"织密织牢社区防控网，实行严格的网格化管理"[1]。加强社区治理体系建设也是打造共建共治共享的社会治理格局的题中应有之义，生动地诠释了共建的力量来自人民、共治的智慧出自人民、共享的成果为了人民。

【教学建议】

本案例可用在第六章第三节"打造共建共治共享的社会治理格局"的辅助教学，帮助学生进一步理解为什么要加强社区治理体系建设，并思考打造共建共治共享的社会治理格局的必要性和紧迫性。

案例5 十八大以来我国成世界上最有安全感的国家之一[2]

【案例呈现】

治政之要在于安民。我国平安建设的体制机制逐步完善，社会治理的

---

[1] 李萌. 小网格撬动大治理[N]. 人民日报，2020-04-10（5）.
[2] 张璁，张丹峰. 我国是世界上最有安全感的国家之一：社会平安和谐 人民安居乐业[N]. 人民日报，2021-02-16（2）.

整体水平稳步提升。在铺展一幅波澜壮阔的改革发展图景的同时，社会也更加平安、祥和、稳定，人民群众获得感、幸福感、安全感不断增强，中国创造了世所罕见的经济快速发展和社会长期稳定"两大奇迹"。

平安是老百姓亘古不变的期盼。党的十八大以来，在以习近平同志为核心的党中央坚强领导下，我国成为世界上最有安全感的国家之一，"平安中国"成为一张亮丽的国家名片。

依法查办云南孙小果案、黑龙江呼兰"四大家族案"等重大复杂案件……为铲除黑恶势力这颗社会毒瘤，2018年1月，中共中央、国务院发出《关于开展扫黑除恶专项斗争的通知》，为期3年的扫黑除恶专项斗争正式打响，以雷霆之势涤荡污泥浊水。截至2020年11月底，全国依法打掉涉黑犯罪组织3584个、涉恶犯罪集团11119个、涉恶犯罪团伙26959个。通过为期3年的专项斗争，社会治安秩序明显改善。

面对突如其来的新冠疫情，为了人民的平安，公安民警日夜奋战在抗疫一线，"忠诚蓝"与"天使白""橄榄绿""志愿红"融为一体，用"最美逆行"践行使命担当。

去年以来，政法机关用法治织密防疫安全网，据统计，2020年全国侦办制售假劣防疫物资案件1729起、妨害传染病防治案件3335起，查处编造、传播网上涉疫情虚假信息等违法犯罪人员1.7万名。我国在短时间内夺取了抗疫斗争重大战略成果，"中国之治"与"西方之乱"形成鲜明对比，"中国之治"优势更加凸显。

依法严惩违法犯罪，不断夯实平安中国之基。近年来，从深入开展"昆仑"行动守护"舌尖上的安全"，到持续部署"净网"行动构建清朗网络空间，从集中打击整治跨境赌博、长江流域非法捕捞、涉枪爆、涉文物、涉野生动物等违法犯罪，到持续打击电信网络诈骗、非法集资、侵犯知识产权等违法犯罪，一系列重拳出击有效净化了社会治安环境。2020年，全国刑事案件比2019年下降1.8%，8类主要刑事案件同比下降8.7%，立现行命案数同比下降9.3%，治安案件同比下降10.4%。

社会治理是国家治理的重要方面。通过加强和创新社会治理，人人有责、人人尽责、人人享有的社会治理共同体建设稳步推进，让人民更加安居乐业,让社会更加安定有序。

从"朝阳群众"到"西城大妈",在夯实基层基础、织牢防控体系上,群防群治力量大显身手。"十三五"期间,各地聚焦社会治理,凝聚各方力量营造安全稳定和谐的社会环境。有的地方推进社区警务、一村一辅警,有的地方推广"法律明白人",广泛开展村民说事、民情恳谈等工作,从源头治起、从细处抓起、从短板补起,努力以"基础实"赢得"百姓安"。"十三五"期间刑事案件立案数较"十二五"期间下降22%,治安案件查处数下降27%。

矛盾不上交、平安不出事、服务不缺位,各地在坚持和发展新时代"枫桥经验"的过程中,有效提升基层社会治理水平。在"枫桥经验"的发源地浙江,"最多跑一次"的改革理念、方法正延伸到社会治理领域,创新探索将群众矛盾纠纷一站式接收、一揽子调处、全链条解决。去年,紧扣"六稳""六保",全国组建3300个法律服务团,开展法律咨询70万人次,有效化解涉疫矛盾纠纷。据统计,2020年全国深入开展矛盾纠纷排查化解,共排查450万次、调解纠纷800万件,维护了社会安全和稳定,人民群众的法治获得感满意度进一步提升。

【案例讨论】

结合案例,谈谈为什么要建设更高水平的平安中国。

【案例分析】

平安是人民幸福安康的基本要求,是改革发展的基本前提。"平安"二字值千金。在中国人民心中,"平安"代表着安宁的居所、安康的生活、安全的环境、安定的社会,更意味着内心的安全感,他们始终对这两个字非常珍重。平安就像蓄水池,只有四壁足够坚固,发展的水位才能源源不断地上涨。党的十八大以来,习近平总书记多次就平安中国建设作出重要指示。在2019年的全国公安工作会议上,习近平总书记明确指出,努力建设更高水平的平安中国。新时代新征程,建设更高水平的平安中国,才能让每个人都安心奋斗、全力追梦。

【教学建议】

本案例可用在第六章第三节"建设更高水平的平安中国"的辅助教

学，帮助学生理解更高水平的平安中国具有的重大而深远的战略意义，并激发学生思考如何建设更高水平的平安中国。

四、阅读文献

［1］习近平．习近平谈治国理政［M］．北京：外文出版社，2014．

［2］习近平．习近平谈治国理政：第二卷［M］．北京：外文出版社，2017．

［3］习近平．习近平谈治国理政：第三卷［M］．北京：外文出版社，2020．

［4］中共中央宣传部．习近平新时代中国特色社会主义思想三十讲［M］．北京：学习出版社，2018．

［5］郑功成．以人民为中心：新时代中国民生保障［M］．北京：中国人民大学出版社，2021．

［6］郑宝华．中国脱贫攻坚的理论与实践［M］．北京：社会科学文献出版社，2021．

［7］任仲文．何为共同富裕［M］．北京：人民日报出版社，2022．

［8］雷晓康，马子博．中国社会治理十讲［M］．北京：中国社会科学出版社，2019．

［9］李诗学．新时代平安中国建设［M］．北京：中共中央党校出版社，2021．

第七章　新时代中国特色社会主义生态文明建设

一、理论知识概要

（一）知识结构

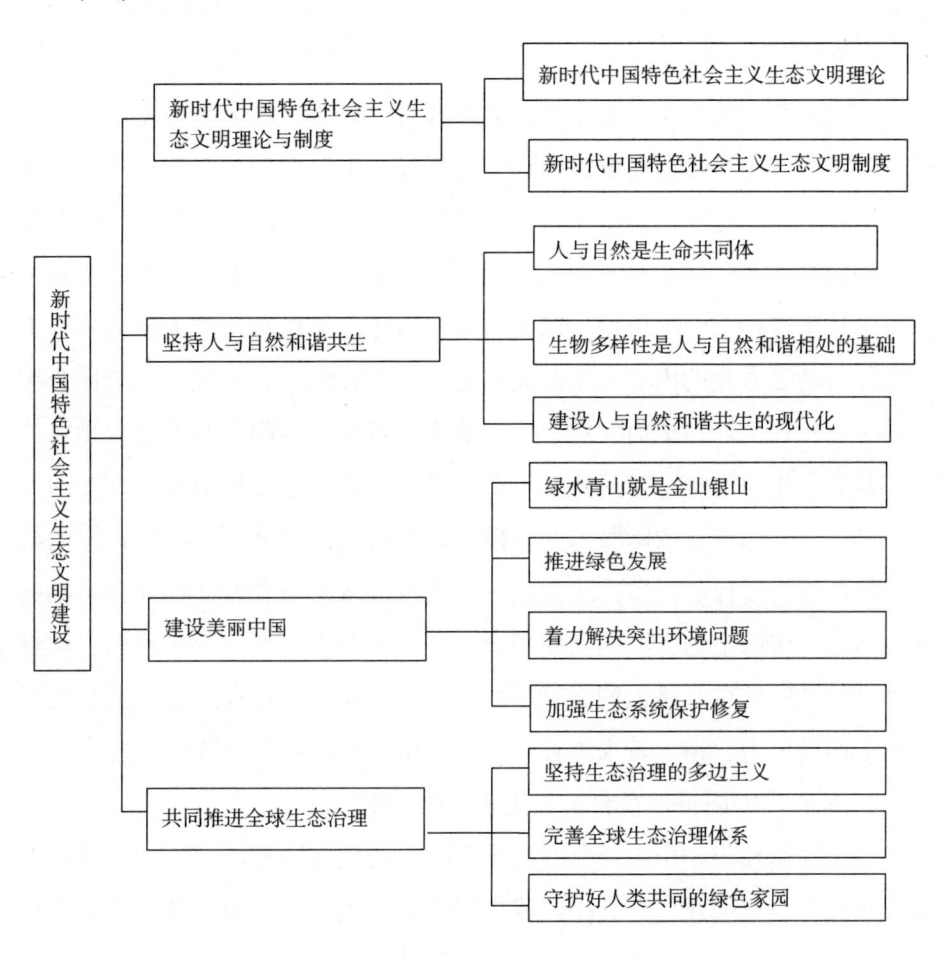

新时代中国特色社会主义生态文明建设
- 新时代中国特色社会主义生态文明理论与制度
  - 新时代中国特色社会主义生态文明理论
  - 新时代中国特色社会主义生态文明制度
- 坚持人与自然和谐共生
  - 人与自然是生命共同体
  - 生物多样性是人与自然和谐相处的基础
  - 建设人与自然和谐共生的现代化
- 建设美丽中国
  - 绿水青山就是金山银山
  - 推进绿色发展
  - 着力解决突出环境问题
  - 加强生态系统保护修复
- 共同推进全球生态治理
  - 坚持生态治理的多边主义
  - 完善全球生态治理体系
  - 守护好人类共同的绿色家园

（二）基础理论知识

党的十八大以来，以习近平同志为核心的党中央把生态文明建设摆在"五位一体"总体布局的重要位置，在协同推进人民富裕、国家强盛、中国美丽的进程中，提出了关于生态文明建设的一系列新理念新思想新战略，形成了习近平生态文明思想，进一步完善了生态文明制度体系，为新时代中国特色社会主义生态文明建设提供了根本遵循。

1. 生态文明建设新内涵

生态文明是继人类社会创造的原始文明、农业文明和工业文明之后的文明的新形态。它的内涵与特征决定了它是人类社会发展到今天资源相对紧缺、生态严重破坏的状态下指导人与自然和谐相处、共存共荣的必然选择。

生态文明，从广义上讲是指人类遵循人、自然、社会和谐发展的客观规律，改造自然和社会而取得的物质与精神成果的总和。它既包含人类保护自然环境和生态安全的自觉意识，也包括人类为保护自然环境和生态安全所创设的法律、制度和政策，还包括人类在具体维护生态平衡时所必需的科学技术与相关组织机构，以及人类在构建人与自然和谐关系的过程中的实际行动等方面的内容。生态文明是以人与自然、人与人、人与社会和谐共生、良性循环、全面发展、持续繁荣为基本宗旨的文明形态，是自然生态与社会生态的统一。从狭义上讲，生态文明则主要是指人与自然的关系，是人以自然资源的承载力为基础、以自然规律为准则、以可持续的社会经济政策为手段、以致力于构建一个人与自然和谐发展的社会为目标的文明形态。坚持生态文明的发展理念，是人们尊重自然、保护自然、与自然和谐相处的体现，是人们在发展的过程中为探索人与自然的和谐相处所作出的新的努力，标志着人类在与自然的相处中所达到的新阶段。

2. 新时代中国特色社会主义生态文明理论

生态文明建设是中国特色社会主义事业的重要内容。中国共产党一贯高度重视生态文明建设。新中国成立以来，一代又一代中国共产党人在接力探索中逐步提出了关于环境保护，可持续发展，建设资源节约型、环境友好型社会等重要理论，为中国特色社会主义生态文明建设提供了思想指引。习近平生态文明思想是对马克思主义关于生态文明思想的继承和发展，赋予了中国特色社会主义生态文明建设理论新的时代内涵，开辟了马克思主义人与自然关系理论的新境界。首先，生态文明是人类文明的新形态。习近平总书记在党的十九大报告中指出："我们要牢固树立社会主义生态文明观，推动形成人与自然和谐发展现代化建设新格局。"其次，生态文明是强调人与自然和谐发展的文明。它既考虑人的发展，又必须考虑自然环境的承载能力。生态文明建设战略思想的提出有一个过程，党对生态文明建设的认识也有一个过程。

3. 推进生态文明建设的重大意义

第一，推进生态文明建设是建设美丽中国的需要。

建设美丽中国，是新时代中国共产党立足我国经济社会发展的全局提出的宏伟目标。美丽中国，既是人与自然和谐相处、共生共荣的中国，也是人与人，人与社会融洽相处、和谐发展的中国。建设美丽中国，二者不可偏废其一。大力推进社会主义生态文明建设无疑会对我们建设美丽中国发挥出越来越积极的作用。

第二，推进生态文明建设是全面建成小康社会的需要。

我们所要努力建成的全面小康社会，应该是经济、政治、文化、社会和生态协调发展的社会，应该是不同社会阶层和不同地区的所有社会成员的生活水平和生活质量有整体性提升，不同阶层、不同地域的社会成员的收入水平差距日渐缩小的社会，应该是全面贯彻以人为本思想，人的素质全面提高，实现人的自由而全面发展的社会，应该是注重实现经济发展与人口、资源、环境相协调的，能够可持续发展的社会。

第三，推进生态文明建设是破解发展难题的需要。

长期以来，为追求经济发展的高速度和经济利益的最大化，我国也曾一度非常倚重高投入、低产出、粗放型的经济增长方式，从而影响了我国经济的健康发展。于是，在享受经济高速增长的同时，我们也体味到了因高增长而带来的苦果，如能源紧张、资源短缺、生态退化、环境恶化、气候变化、灾害频发等。这种只重视经济效益而忽视生态效益的发展，给实现可持续发展带来了极为不利的影响。以往人类社会所创造的几种文明形式被事实证明并不能从根本上解决生态危机问题。要解决这种"文明病"，迫切需要一种新的文明形式来指导新的发展。

第四，推进生态文明建设是实现中华民族永续发展的需要。

"建设生态文明是中华民族永续发展的千年大计，功在当代，利在千秋。"这一论述充分体现了以习近平同志为核心的党中央对生态文明建设的高度重视，对生态文明建设地位的准确把握。生态文明建设是当下中国必须选择的发展模式。习近平总书记指出："要清醒认识保护生态环境、治理环境污染的紧迫性和艰巨性，清醒认识加强生态文明建设的重要性和必要性，以对人民群众、对子孙后代高度负责的态度和责任，真正下决心把环境污染治理好、把生态环境建设好，努力走向社会主义生态文明新时代，为人民创造良好生产生活环境。"

二、教学重点难点

（一）把握新时代中国特色社会主义生态文明理论的主要内容

习近平生态文明思想是对马克思主义关于生态文明思想的继承和发展，赋予了中国特色社会主义生态文明建设理论新的时代内涵，开辟了马克思主义人与自然关系理论的新境界。主要包含以下内容：一是关于坚持人与自然和谐共生的理论。人与自然的关系是人类社会最基本的关系。新时代推进生态文明建设，必须坚定不移走生产发展、生活富裕、生态良好的文明发展道路，建设人与自然和谐共生的现代化。二是关于绿水青山就是金山银山的理论。生态环境问题归根结底是发展方式和生活方式问题，从根本上解决生态环境问题，必须贯彻新发展理念，加快形成绿色生产方式和生活方式。三是关于良好生态环境是最普惠的民生福祉的理论。生态环境是关系党的使命宗旨的重大政治问题，也是关系民生的重大社会问题。四是关于山水林田湖草沙是生命共同体的理论。生态是统一的自然系统，是相互依存、紧密联系的有机链条。五是关于用最严格制度最严密法治保护生态环境的理论。只有实行最严格的制度、最严密的法治，才能为生态文明建设提供可靠保障。六是关于共建地球生命共同体的理论。建设绿色家园是人类的共同梦想。面对生态环境的威胁和挑战，世界各国是一荣俱荣、一损俱损的命运共同体，任何一国都无法置身事外、独善其身。中国为实现全球可持续发展贡献中国智慧和中国方案。七是关于建立健全生态文明体系的理论。

（二）理解坚持人与自然和谐共生的基本方略

党的十九届四中全会从实行最严格的生态环境保护制度、全面建立资源高效利用制度、健全生态保护和修复制度、严明生态环境保护责任制度四方面，进一步提出了坚持和完善生态文明制度体系的努力方向和重点任务。新时代中国特色社会主义生态文明制度的"四梁八柱"涵盖了生态文明从源头、过程到后果的全过程，包括环境治理、空间管制、资源节约等多方面，具有很强的系统性、整体性、协同性和操作性。主要包括：健全自然资源资产产权制度；建立国土空间开发保护制度；建立空间规划体系；完善资源总量管理和全面节约制度；健全资源有偿使用和生态补偿制度；建立健全环境治理体系；健全环境治理和生态保护市场体系；完善生态文明绩效评价考核和责任追究制度。

（三）明确新时代推进绿色发展的主要任务

绿色是永续发展的必要条件和人民对美好生活追求的重要体现。实现发展目标，破解发展难题，厚植发展优势，必须牢固树立绿色发展理念，将"推进绿色发展"作为生态文明建设的重大举措。一是加快建立绿色生产和消费的法律制度和政策导向，建立健全绿色低碳循环发展的经济体系。二是构建市场导向的绿色技术创新体系，发展绿色金融和绿色产业。面向市场需求促进绿色技术的研发、转化、推广，以绿色技术推动绿色经济的发展。三是推进能源生产和消费革命，推进资源全面节约和循环利用。实施能源消费总量和强度"双控"行动，推动形成经济转型升级和产业结构调整的倒逼机制。四是倡导简约适度、绿色低碳的生活方式。生态环境优美，人人受益；营造美好生态，人人有责。要让绿色消费成为每一个公民的责任，从自身的每一个行为做起，自觉为美丽中国建设作贡献。

（四）了解共建地球生命共同体的中国方案

首先，坚持生态治理的多边主义。生态环境问题不受国界、民族、文化和社会制度的制约，是世界各国共同面临的重大课题，任何一个国家都没有足够的力量独自应对整个生态系统受到的威胁。世界各国在应对生态危机时不能独善其身、以邻为壑，而是要同舟共济、守望相助，共筑生态文明之基、同走绿色发展之路。其次，完善全球生态治理体系。面对全球生态危机和全球生态治理的困境，我国提出了必须从全球视野加快推进生态文明建设主张，坚持以中国立场、世界眼光、人类胸怀积极探索合作共赢、公平合理的全球生态治理体系。秉持人类命运共同体理念，积极参与全球生态治理，为全球提供更多公共产品，展现我国负责任大国形象；加强南南合作以及同周边国家的合作，为发展中国家提供力所能及的资金、技术支持，帮助提高环境治理能力，共同打造绿色"一带一路"；坚持共同但有区别的责任原则、公平原则和各自能力原则，坚定维护多边主义，坚决维护我国发展利益，共同但有区别的责任原则是全球气候治理的基石。最后倡导呼吁并积极行动守护好人类共同的绿色家园。

三、教学案例

案例 1　幸福的司莫拉①

【案例呈现】

在古老的司莫拉，有个流传已久的传说：很久以前，佤山英雄司莫拉沿河而上射死鱼怪，救出美女绯娘绷，两人结为夫妻，他们生了七个儿子，与其他民族群众世世代代共同守护这块美丽的土地。2020 年春节前夕，习近平总书记曾到这里考察调研。

司莫拉，佤语幸福的地方。但在过去很长一段时间，村民们的生活却谈不上幸福。2014 年，这里的贫困发生率曾高达 23.4%，是个典型的贫困

---

① 幸福的司莫拉 [EB/OL].央视网，2021-10-06.

村。2015年，党中央提出要全面打赢脱贫攻坚战，并继续出台各项政策，推动各地实施精准扶贫，发展特色产业脱贫。司莫拉根据自身优势整合资源，发展起旅游产业，在2017年实现全村脱贫。

2020年，习近平总书记进入司莫拉的第一站就来到村陈列馆，了解这里乡村振兴的情况。

说起总书记来家里的情景，村民李发顺总有说不完的话。那天，习近平总书记在李发顺家和村里干部群众开了个座谈会，亲切地唠家常，了解村里的脱贫情况。总书记还叮嘱大家，脱贫只是迈向幸福生活的第一步，是新生活、新奋斗的起点，要在全面建成小康社会基础上，大力推进乡村振兴，让幸福的佤族村更加幸福。

李发顺一家虽然在2017年就脱了贫，但那时生活还并不富裕。他的妻子一直在外打工，李发顺因为腿脚不好，在村里做些收废品之类力所能及的工作维持生活。做大米粑粑，本是年节时李发顺家偶尔帮邻居们加工的副业，但近两年，因为村里旅游业的发展，李发顺做的大米粑粑也成了受游客们欢迎的特产。靠着做大米粑粑生意，李发顺家的日子也红火起来。

李发顺家的日子越过越红火，这正是司莫拉的一个缩影。这个小小的佤族村寨牢记总书记的嘱托：让幸福的佤族村更加幸福。司莫拉开始寻找新的发展模式，让村民们团结在一起共同致富。

司莫拉土地零散，以前各户都是各自种地或外出打工，经济收入都不理想。当地政府经过多次调研，决定利用司莫拉独特的自然资源和民族文化元素发展特色旅游。

要发展旅游产业，就要把资源整合起来。为了凝聚人心、形成合力，2020年6月，村里成立了司莫拉乡村旅游专业合作社，采用"党支部+公司+合作社+农户"的模式，让每户村民都能参与产业发展。

司莫拉的村民孟家留，也是合作社安排在幸福餐厅的监理员。孟家留做这份工作做得很认真，但在合作社成立之初，村里决定要在这块地上盖餐厅时，孟家留心里是很矛盾的。因为盖餐厅就要从村民手里流转土地，这块地涉及五户人家，其中就有孟家留家的地。

但是，孟家留不仅是土地流转的对象，他还有一个共产党员身份。遇到困难党员要以身作则、带头先上，这是我们党一以贯之的原则。对此，孟家留也很清楚。

孟家留回家几次三番地劝说，最终得到家里人的支持，他也成了五户里带头同意土地流转的村民。之后，孟家留又和村干部们挨家串户对另外四户村民进行解释劝说；看到孟家留带头，又听到干部们对村里长远发展的规划，大家都同意了。

人心一旦凝聚，一切都顺利起来，这家有着浓厚司莫拉情调的餐厅很快建成开业了。村党支部书记赵家清一直惦记着那些在外打工的村民。司莫拉之前是有名的"空心村"，很多村民靠在外打工才摘掉穷帽。现在村里发展旅游业，让在外打工的村民能返乡就业，大家共同致富，这是基层党组织首先要做的事。

这个月是村民赵红芬在幸福餐厅工作的第9个月，她至今还记得当初村干部找她回乡就业时自己的那股高兴劲儿。

2017年，司莫拉有劳动力104人，在外务工的有七八十人，到了2018年，在省外务工的还有14人。现在，这14人已经全部回乡就业。

人心凝聚了，产业也要快速发展起来。围绕旅游业发展，大家集思广益，在当地政府的政策支持下，打造了一系列农特产品品牌。这琳琅满目的农产品足足有24种，是合作社找当地的农科院研发并引进公司生产的，它们有着共同的名字：司莫拉农特产品。

目前，在当地政府推动下，司莫拉的部分农特产品已经在市场上试卖，前景看好。司莫拉村民的共同努力也结出硕果，这里的民族文化特色旅游成了当地旅游业的一张新名片。

司莫拉的发展蒸蒸日上，但是它周边两个村子还稍显逊色。司莫拉牢记总书记嘱托，倡导各民族团结、共同繁荣进步。现在，以司莫拉为核心，拉动周边村寨共同致富发展的计划已经启动。

按照规划，与司莫拉相邻的冯家营村未来主要承担与旅游业配套的餐饮服务，这家已经开业的司莫拉幸福烤吧，着力打造佤族特色的饮食文化。

与司莫拉另一边相连的小陈家寨则主要布局民宿，承接司莫拉游客的住宿服务。小陈家寨这个有着云南特色的民宿小院2018年开业，随着司莫拉旅游的拉动，民宿主人赵家海见证了家门口的变化。

一年多来，司莫拉的村民们牢记总书记嘱托，创新经营体制，建设幸福游览线，成立司莫拉品牌，启动一村一个带动示范项目。每个新项目的启动，都带动佤族群众在幸福的道路上越走越宽阔。

【案例讨论】

1. 如何认识"绿水青山就是金山银山"？
2. 如何正确认识生态文明建设与经济发展之间的关系？

【案例分析】

生态文明建设与经济发展并不是截然对立的，而是辩证统一的关系，绿水青山就是金山银山。然而，依然有观点对生态文明建设与经济发展的关系提出质疑，认为建设生态文明就要限制发展，甚至放弃发展。实际上，生态文明建设的提出是对高投入、高消耗、高污染的传统发展方式的反思。生态文明建设不是不要发展，而是要高产出、高效益、高质量的发展。发展也不仅是指经济发展，更不能简单地等同于 GDP 增长，而是指在注重保护环境、节约资源的同时，要实现经济、社会和生态的协调发展，不断提高人们生活的富裕度和幸福感，满足人民群众对日益增长的美好生活的需要。中国特色社会主义现代化建设绝不能走发达国家"先污染、后治理"的老路，而是要推动形成绿色发展方式，实现人与自然和谐共生的现代化。没有绿水青山就谈不上金山银山，守住绿水青山就是守住金山银山。

【教学建议】

该案例可用于第七章第二节"坚持人与自然和谐共生"的教学内容。人与自然是生命共同体，"万物各得其和以生，各得其养以成"。在整个发展过程中，我们都要坚持节约优先、保护优先、自然恢复为主的方针，不能只讲索取不讲投入，不能只讲发展不讲保护，不能只讲利用不讲修复，要像保护眼睛一样保护生态环境，像对待生命一样对待生态环境。多谋打基础、利长远的善事，多干保护自然、修复生态的实事，多做治山理水、显山露水的好事，让群众望得见山、看得见水、记得住乡愁，让自然生态美景永驻人间，还自然以宁静、和谐、美丽。

案例2　生态扶贫的新模式——种一棵活百年的树①

【案例呈现】

2009年我进入中国绿化基金会，开始了自己想种一棵活百年树的梦想。

我们一开始就希望用一种不同的方式去做种树这件事情。因为大家都知道，种树是我们说了很多年的事情，我们希望能够把商业的智慧和公益的理念，完美地结合在一起，通过生态扶贫的模式，去干种树这件事情。

当然如果要去种树，我们首先遇到的问题是钱的问题，更何况我们想用生态扶贫的模式去做这件事情，那就意味着一定要用规模化、科学化和产业化的方式去推动。那需要的钱就不是一星半点，是很多！所以倍感压力。

我们国内的全民公益慈善源于2008年的汶川大地震。这一年，也被公益慈善界的人称为"公益元年"。之后中国绿化基金会创建了"e-tree网络植树公益网"。同时我们跟国内互联网界最顶尖的公司，腾讯公益、淘宝公益、东南卫视等都建立了战略合作关系。东南卫视为我们网络植树的项目做了全年的公益广告的播放；淘宝网站上，也开通了e路绿荫淘宝公益店。这些方式都最大化地保证了网络植树这件事情在最短的时间内被最多的人知道，同时让很多的人能够捐款支持我们的项目。

2009年12月3日晚上8点腾讯的"网添绿色"月捐项目上线。筹足第一个10万元里程碑的纪录在我和同事们的欢呼雀跃中诞生，毕竟在2009年，互联网筹款还是一件很时尚、很新鲜的事情。

解决了钱的事情，我们接下来要做的，就是开始去种树了。

我们在网络植树的项目第一期选择的是甘肃通渭县。这是一个干旱少

---

① 周伯洁. 生态扶贫的新模式——种一棵活百年的树［EB/OL］."CC讲坛"微信公众平台，2020-03-12.

雨的地方，它的年降水量不足400毫米，但是它的年蒸发量是1800多毫米。你放眼望去绵延数百公里，都看不到一棵树，有时候我们在这个地方真的会心生绝望。

我们在甘肃通渭种的树种叫大果沙棘，它是一种新的品种。大果沙棘是俄罗斯的大果沙棘树种和中国自己的野生沙棘树种嫁接的一个新的树种。我们2009年去种的时候，它在国内还是非常新的品种，很多老百姓都是不相信的，他们经常会问我们，你这个大果沙棘到底有多大、你这个沙棘还能卖钱吗？我们这个山上有很多原生的，但是它都不能够卖钱，你们还能让我们过上好日子？每次我们都跟他们说，我们是做过市场调研的，这个真的很好，我们的方法也很先进，你们什么都不要问，什么都不要管，只要相信我们就可以了。

就是在这种简单且单向的情况下，到了2011年的时候，我们在整个甘肃通渭县的18个乡镇，援助1.8万户的家庭，种了超过10万亩的生态经济树大果沙棘。但这个树的生长是需要有一个周期的，沙棘一般的结果周期是5年，在通渭这么干旱的地方，它的时间更要长，需要7~8年的时间。所以对于普通的老百姓来说，这个周期太漫长了，他等不到。

一期项目结项的时候，虽然树成活的都非常好，从生态环境的保护效果来讲是非常不错的，但是扶贫的目标没有被当地群众认同。这也促使我们进行反思。吃一堑长一智，2012年的时候我们网络植树的项目是到广西金秀县。这次一开始我们就去找当地的农户，一家家地去问，然后林业局包括当地政府我们都会去征求意见。大家经过反复讨论，最后终于选定了石崖茶树种，事实证明老百姓是打心眼里接受了我们这个项目。

兰龙是金秀巴勒村的一个年轻人，他之前外出打工。2012年他听家人跟他讲有公益机构给他们发很好的石崖茶树，种在自己的地里，帮他们发展经济。2013年春节他回家发现这事还真是挺靠谱，决定不外出了。他去种自己家的那4亩茶林，还承包了30亩的橘园，在家门口开始勤劳致富的梦想。

当然除了种植外陆续碰到不少问题，最重要的是要对接外部市场，搭建电子商务平台，解决销路问题，我们帮村里引进外部专业的电子商务企业，提供技术支持和技术指导。2015年，也是网络植树项目的第三期，我们在宁夏种的是枸杞树。

截至2015年，我们已经得到了1350万人次的支持，同时募集的善款也超过了3500万元，我们帮助了将近两万户的贫困家庭种植了超过10万亩、1200万株的生态经济树。

在"99公益日"的时候，我们做了一个种树的H5的宣传片，其中有这样的一句话：种一棵树最好的时间是十年前，其次是现在。所以现在请大家扫码植树吧！

【案例讨论】

1. 如何理解生态文明建设的重要地位？
2. 该案例体现了生态文明建设的什么新模式？

【案例分析】

作为习近平新时代中国特色社会主义建设"五位一体"总体布局以及"四个全面"战略布局的重要组成部分，生态文明建设不仅为实现中华民族伟大复兴和建设社会主义现代化强国提供了必要的物质基础，也是引领全球生态文明建设、携手世界各国打造人类命运共同体的重要举措。案例同时反映了"生态扶贫"是打赢脱贫攻坚战的重要解决方案，"生态富民"将是实现共同富裕和高质量发展的重要路径。当前，需要厘清"转化通道"，推动"生态扶贫"有效迈向"生态富民"。

【教学建议】

该案例可用于第七章第一节"新时代中国特色社会主义生态文明建设理论与制度"或第三节"建设美丽中国"的教学内容。中国特色社会主义进入新时代，我国生态环境保护从认识到实践发生了历史性、转折性、全局性变化。我国脱贫工作应该与生态修复与保护紧密联系，推动绿色技术的扶贫，一方面，扶贫要建立绿色门槛；另一方面，无论生态保护还是环境治理，都应该充分考虑扶贫的需求。

案例3　人不负青山　青山定不负人①

【案例呈现】

2021年10月,《生物多样性公约》第十五次缔约方大会在中国昆明举行。在目前全球生态系统退化、生物多样性丧失的今天,这次大会引起了广泛关注,大家希望能以这次会议为契机,制定今后生物多样性保护的战略,以扭转生物多样性丧失的趋势。10月12日下午,在领导人峰会上,习近平主席发表的主旨讲话中就提出:"国际社会要加强合作,心往一处想、劲往一处使,共建地球生命共同体。"

"万物各得其和以生,各得其养以成。"习近平主席的讲话以《荀子·天论》中的这句话开篇,深刻指出了人与自然和谐共生的重大意义,科学阐释了发展和保护的辩证关系,描绘了未来的愿景,鲜明提出了中国主张、方案和举措。

《生物多样性公约》是联合国全面探讨生物多样性的第一个全球性协议,目前已经有196个缔约方,我国是最早签署的缔约方之一。本次在昆明召开的缔约方大会第十五次会议将为未来全球生物多样性保护设定目标、明确路径。

当前,全球物种灭绝速度不断加快,生物多样性丧失和生态系统退化对人类生存和发展构成重大风险。人和自然究竟应该是什么样的关系?未来的地球家园将要变成什么样?针对这个问题,习近平总书记提出了三大愿景:构建人与自然和谐共生的地球家园;构建经济与环境协同共进的地球家园;构建世界各国共同发展的地球家园。

《生物多样性公约》缔约方大会第十五次会议主席黄润秋说:"三个地球家园愿景的提出很好地诠释了这次大会的主题'生态文明:共建地球生命共同体',也为全球的生态和环境治理指明了方向,与联合国可持续发展目标高度契合,集中体现了中国智慧和中国理念。"

然而,新冠疫情给全球发展蒙上了阴影,推进联合国2030年可持续

---

① 人不负青山　青山定不负人 [EB/OL]. 央视网, 2021-10-13.

发展议程面临更大的挑战。如何能够实现共建地球生命共同体这样的愿景，从而构建美好的地球家园？习近平总书记指出，要携手同行，开启人类高质量发展新征程。

中国社科院生态文明研究所所长、研究员张永生说："习近平总书记这次提出人类高质量发展新征程，实际上是中国长期探索可持续现代化的一个结晶。我们过去走的一条道路更多的是学习西方的经验，这个经验我们取得了巨大的成功，但是我们也付出了相当大的环境代价。现在认识到这条道路是不可持续的，需要实现绿色转型，现在提出人类高质量发展新征程实质是对工业革命以来建立的现代化概念进行重新定义。"

过去工业文明时期的发展模式行不通，必须进行转型，那么人类高质量发展的模式是怎样的？如何开启人类高质量发展新征程？习近平总书记给出了答案，他提出了四点主张：以生态文明建设为引领，协调人与自然关系；以绿色转型为驱动，助力全球可持续发展；以人民福祉为中心，促进社会公平正义；以国际法为基础，维护公平合理的国际治理体系。

中国人民大学环境学院教授曾贤刚说："都是中国经过广泛实践产生的一些方案，通过绿色发展路径，通过生态文明实践，通过以人民为中心的社会发展道路，可以实现社会高质量发展，可以在世界范围内形成可复制的、可推广的一些模式和路径。"

黄润秋说："这四点主张描绘了启动人类高质量发展新征程的蓝图或者是路线图，是对可持续发展理念更进一步深化和拓展，也为当今全球所面临的困难和挑战提供了中国方案。"

作为世界上生物多样性最丰富的国家之一，中国一贯高度重视生物多样性保护，取得了显著成效。在江苏盐城，一群"自带饭勺的小鸟"引起了观鸟爱好者的关注。这群小鸟名叫勺嘴鹬，因为嘴巴像把勺子而得名，全球只有600多只，属于极度濒危物种。每年的九月、十月，"小勺子"都会长途跋涉来到这片湿地迁徙中转。但两年前，这里还是一片普通的鱼塘，鸟类无法停歇。

江苏盐城东台沿海经济区管委会副主任王卫国说："通过与承包鱼塘的渔民协商，退渔还湿，营造鸟类生存环境，湿地修复后，既为鸟类提供了固定的高潮位栖息地，又能让广大游客看到越来越多的珍稀物种。"

这是国内首个鸟类高潮位栖息地。两年来，经过政府和民间组织科学的维护管理、精心保护，这里不仅吸引了多种极危、濒危鸟类在迁徙时前来栖息，还作为候鸟高潮位栖息地具有重要价值和标杆意义，受到国际鸟类保护界的瞩目。

这些年在中国，像这样以生态保护为先，致力于人和自然和谐相处的事例还有很多。党的十八大以来，生态文明思想已经深入人心。中国政府也通过划定生态红线、建立以国家公园为主体的自然保护地体系、实施生物多样性保护重大工程等措施，坚持在保护中发展，在发展中保护，走出了一条具有中国特色的生物多样性保护之路。2021年云南亚洲象群北移南返之旅就吸引了全世界的目光。

行而不辍，未来可期。在人类高质量发展的新征程上，中国将持续推进生态文明建设，始终做万物和谐美丽家园的维护者、建设者和贡献者。在讲话中，习近平主席提出了三点务实可行的东道国举措。他宣布，中国将率先出资15亿元人民币，成立昆明生物多样性基金，支持发展中国家生物多样性保护事业。

国家公园以"国家"之名，承载着保护生态系统的使命。为了将自然生态系统最重要、自然景观最独特、自然遗产最精华、生物多样性最富集的区域进行更好保护，我国加快了国家公园体系的建设。经过五年试点后，习近平主席宣布，我国正式成立三江源、大熊猫、东北虎豹、海南热带雨林、武夷山等第一批国家公园，保护面积达23万平方公里，涵盖近30%的陆域国家重点保护野生动植物种类。同时，本着统筹就地保护与迁地保护相结合的原则，启动北京、广州等国家植物园体系建设。

曾贤刚说："生物多样性保护最重要的一点就是强调生态系统的整体性和稳定性。通过国家公园的建立，可以对管理部门进行整合，形成一个系统的管理体系，这样能够促进生物多样性的保护。"

一年前，在第七十五届联合国大会上，习近平主席作出了碳排放2030年前达到峰值、努力争取2060年前实现碳中和的庄严承诺。在这次讲话中，习近平主席又宣布，为推动实现碳达峰、碳中和目标，中国将陆续发立塞罕坝机械林场。1962年9月，来自全国18个省市的369名林业建设者豪迈上坝，吹响战斗号角，向高寒沙地造林这一世界科学难题发起挑战。

　　三代塞罕坝人历经几十年的艰苦奋斗与传承坚守，创造出从荒漠到林海的绿色奇迹，建成了世界上最大的人工林生态系统。他们用心血、汗水与生命在昔日"黄沙掩天日，飞鸟无栖树"的荒漠沙地上成功营造出总面积112万亩、森林覆盖率达到80%的世界上最大的人工林海，逐步培育出优质高效森林生态系统，每年为京津地区输送净水1.37亿立方米，释放氧气55万吨，筑起了一道坚不可摧的生态屏障。

　　塞罕坝人的这份笃定与坚守源于对党和人民的绝对忠诚，他们始终牢记修复生态、保护环境的历史使命，始终牢记"为首都阻沙源，为京津涵水源"的时代重托。党的十八大以来，面对资源总量相对不足、环境污染严重、生态系统逐步退化等严峻生态形势，以习近平同志为核心的党中央深刻把握新时代我国人与自然关系的新形势新矛盾新特征，统筹推进"五位一体"总体布局，协调推进"四个全面"战略布局，将生态文明建设提升到治国理政的重要战略地位，为建设美丽中国指明了方向。中央全面深化改革委员会第十三次会议强调，推进生态保护和修复工作，要坚持新发展理念，统筹山水林田湖草一体化保护和修复，科学布局全国重要生态系统保护和修复重大工程，从自然生态系统演替规律和内在机理出发，统筹兼顾、整体实施，着力提高生态系统自我修复能力，增强生态系统稳定性，促进自然生态系统质量的整体改善和生态产品供给能力的全面增强。塞罕坝林场的成功实践证明了党和国家生态文明建设决策部署的科学性和前瞻性，对于生态系统脆弱与退化的地区，只要科学定位、久久为功，自然生态系统完全可以得到修复与重建，在一代代人的接力奋斗中实现人与自然和谐共处、共同建设美丽中国。

　　坚持艰苦创业，敢于挑战世界生态难题

　　在半个多世纪筚路蓝缕的创业历程中，塞罕坝的几代建设者们伏冰卧雪、艰苦创业，在极端恶劣的自然条件和缺衣少食的艰苦生存环境中，坚持"先治坡、后治窝，先生产，后生活"的生态建设理念，靠着坚忍不拔的毅力和永不言败的韧性，攻坚克难，使绿色延展、黄沙止步，探索出了"绿进沙退"的中国密码，成为中国荒漠化防治的成功范例。

中国工程院院士、森林培育专家沈国舫曾十分感慨地说："塞罕坝处于森林、草原和沙漠过渡地带，三种生态历史上互有进退，是全国造林条件最艰苦的地区之一。"塞罕坝人吃黑莜面、喝冰雪水、睡地窨子，不仅用革命乐观主义精神战胜了生存和生活上的艰难困苦，更是坚持以严谨的科学精神与不懈的创新精神攻克了高寒地区造林育林的世界技术难题，并始终把科研创新作为提升造林成效的生命线。建场之初，受高寒、高海拔、大风、沙化和少雨等极端环境影响，外地调运的树苗"水土不服"，成活率不到8%。塞罕坝人及时攻克了育苗的技术难关，改造了造林机械，经过1964年的"马蹄坑造林大会战"，塞罕坝造林事业进入快车道。然而，创业道路总是泥泞难行的，1977年的雨凇灾害和1980年的大旱使大片林木损失惨重，但林业建设者们凭借遇挫弥坚的创业斗志，重整旗鼓，历经不懈努力，终使"美丽高岭"重现生机。

攻坚克难就要改革创新。近年来，塞罕坝人不断在科技创新上获得新突破，开创了国内使用机械栽植针叶树的先河，精选适合坝上沙荒造林的乔木树种，探索适应坝上不同立地条件的造林模式，推广抗旱保水技术和防寒防风技术，立足于提高造林成活率，在高寒地区引种、育苗和造林等方面的科技水平居于世界前列，将荒漠化防治的核心技术牢牢地掌握在自己手中。

推进绿色发展，努力形成人与自然和谐发展新格局

实现绿色发展是中华民族永续发展的必要条件。绿色发展的核心就是解决好人与自然和谐共生的问题，应在尊重自然、顺应自然和保护自然的前提下，以资源环境承载力为基础、以可持续发展为目标，推进我国生态文明建设。塞罕坝的示范意义，不仅表现在将茫茫荒滩修复成"华北绿肺"，更在于这是一次对生态优先、绿色引领的发展道路的有益探索与实践，深刻印证了"保护生态环境功在当代、利在千秋"。

习近平总书记指出："我们不能吃祖宗饭、断子孙路，用破坏性方式搞发展。绿水青山就是金山银山，我们应该遵循天人合一、道法自然的理护和修复持续推进，应对气候变化工作取得积极进展，已经提前超额完成对外承诺的2020年目标。

实现减污降碳协同效应

2010年成为全国首批低碳试点城市后，深圳采取了一系列的政策措施，从源头到末端展开行动，包括交通、建筑、产业、能源结构、碳市场等各方面。

目前，深圳全市专营公交车辆已全部实现纯电动化，出租车也基本实现纯电动化。深圳市交委相关人员曾提供了一组数据，全市2万多辆纯电动出租车一年可减少的碳排放量达85.6万吨，相当于深圳6个梧桐山风景区绿色植被一年的二氧化碳吸收量。

碳减排与经济社会全面绿色转型、生产生活方式全方位变革的关系十分密切。多年来，我国已经积累了不少协同推进减污降碳的工作经验，碳排放权交易也打开新局面。2011年以来，我国在7个地方开展了碳排放权交易试点，覆盖电力、钢铁、水泥等20余个行业近3000家重点排放单位，共进行了4.3亿吨二氧化碳交易，总交易额接近100亿元。

"十四五"时期，我国将继续前行在绿色低碳发展的道路上。党的十九届五中全会提出的美丽中国建设目标中，"碳排放达峰后稳中有降"是重要一项。中央经济工作会议把应对气候变化摆在更加突出位置，积极部署碳减排措施，提出减污降碳协同效应。

生态环境部显示，"十四五"时期，生态环境部门将抓住"降碳"这个总抓手，推动2030年前实现碳排放达峰，抓紧制订2030年前碳排放达峰行动方案，支持有条件的地方率先达峰，并鼓励一些重点行业率先达峰。

通过应对气候变化，调整优化环境治理模式，加快推动从末端治理向源头治理转变，降低碳排放，有助于从根本上解决环境污染问题。

深入打好污染防治攻坚战

生态环境保护工作仍然任重道远。黄润秋指出，我国生态环境结构性、根源性、趋势性压力尚未缓解，生态环境质量从量变到质变的拐点还没有到来，质量的改善总体上仍属于中低水平的提升。

"十三五"期间我国提出了"坚决打好污染防治攻坚战","十四五"时期提出"深入打好污染防治攻坚战",从坚决到深入,一词之差,将带来重大的转变。

"深入"意味着触及矛盾和问题的层次更深、领域更宽、要求更高。据徐必久介绍,"十四五"时期,深入打好污染防治攻坚战,要坚持方向不变、力度不减,延伸深度、拓展广度,更加突出精准治污、科学治污、依法治污,按照"提气、降碳、强生态、增水、固土、防风险"思路,继续开展污染防治行动,推动在关键领域、关键指标上实现新的突破。

"下一步,我们将抓紧研究提出深入打好污染防治攻坚战的顶层设计,持续改善生态环境质量,不断增强人民群众生态环境的获得感、幸福感、安全感。"黄润秋表示。

【案例讨论】

1. 如何理解推进社会主义生态文明建设的重大意义?
2. 如何理解良好生态环境是最普惠的民生福祉?

【案例分析】

本案例反映了"十三五"期间,我国一批影响群众生活的突出生态环境问题得到解决,我国生态环境质量明显改善,人民群众生态环境获得感显著增强。良好生态环境是最普惠的民生福祉,讲的是生态环境与民生之间的关系。一方面,随着生产力的发展,生态环境质量的重要性日益凸显。另一方面,生态环境具有公共品属性。改善生态环境这种公共品最公平、最普惠,是人民群众的共同财富。生态环境的公共品属性决定了生态环境的保护、改善需要全体人民的共同参与。政府应该通过教育、立法等手段,让生态环境保护成为个人自觉的行动。

【教学建议】

该案例可用于第七章第三节"建设美丽中国"的教学内容,党的十九大报告生动地描绘了"分两步走"的社会主义现代化建设目标愿景,提出成为全球生态文明建设的引领者。十九届五中全会确立的目标是:到2035年,广泛形成绿色生产生活方式,碳排放达峰后稳中有降,生态环境根本好转,美丽中国建设目标基本实现。中国正以国内、国际一致的改革逻辑，积极推进全球生态文明建设，谋划"美丽中国"目标。教师可通过该案例使学生进一步了解我国生态环境保护发生历史性、转折性、全局性的变化，人民群众福祉持续提升，获得感不断增强。

四、阅读文献

[1] 习近平. 推动我国生态文明建设迈上新台阶 [J]. 求是，2019 (3).

[2] 中共中央宣传部，国家生态环境部. 习近平生态文明思想学习纲要 [M]. 北京：学习出版社，2022.

第八章　新时代坚持和发展中国特色社会主义的重要保障

一、理论知识概要

（一）知识结构

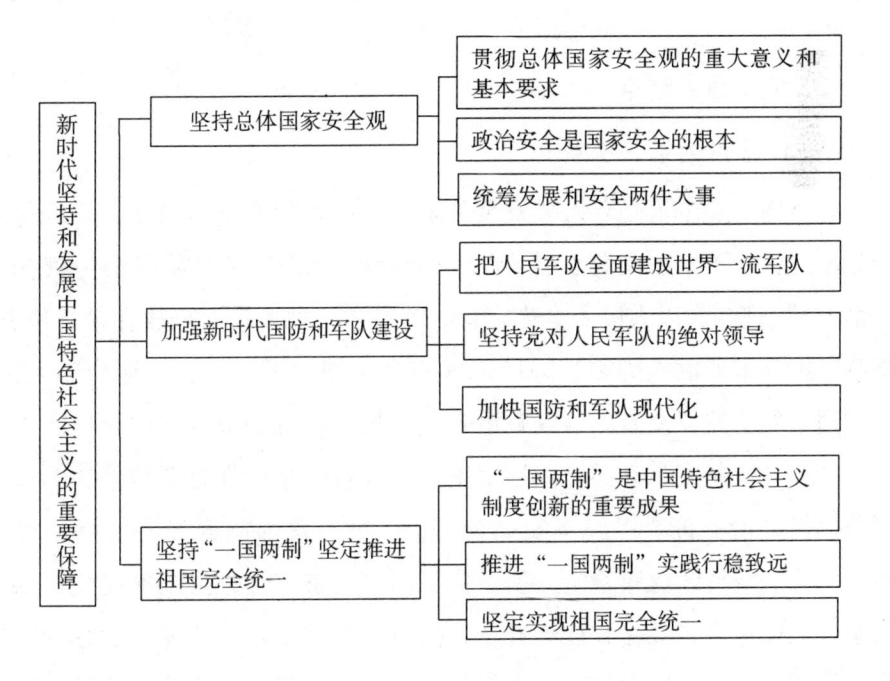

```
                          ┌── 坚持总体国家安全观 ──┬── 贯彻总体国家安全观的重大意义和基本要求
                          │                        ├── 政治安全是国家安全的根本
新时代坚持和发展           │                        └── 统筹发展和安全两件大事
中国特色社会主义 ─────────┤
的重要保障                 │                        ┌── 把人民军队全面建成世界一流军队
                          ├── 加强新时代国防和军队建设 ─┼── 坚持党对人民军队的绝对领导
                          │                        └── 加快国防和军队现代化
                          │
                          │                        ┌── "一国两制"是中国特色社会主义制度创新的重要成果
                          └── 坚持"一国两制"坚定推进 ─┼── 推进"一国两制"实践行稳致远
                              祖国完全统一          └── 坚定实现祖国完全统一
```

（二）理论知识

增强忧患意识，做到居安思危，是治党治国必须始终坚持的一个重大原则。国泰民安也是人民群众最基本、最普遍的愿望。实现中华民族伟大

167

复兴的中国梦,保证人民安居乐业,国家安全是头等大事。做好新时代国家安全工作,必须贯彻总体国家安全观。坚持总体国家安全观,既是习近平新时代中国特色社会主义思想的重要组成部分,又是落实习近平新时代中国特色社会主义思想的实践要求。

在贯彻落实总体国家安全观时,应首先保证政治安全这一国家安全的根本,统筹好发展和安全两件大事,确保社会主义现代化事业顺利推进。党的十八大以来,以习近平同志为核心的党中央,着眼实现中华民族伟大复兴的中国梦,统筹国家发展和安全,紧紧围绕新时代建设一支什么样的人民军队、怎样建设强大人民军队,形成了习近平强军思想。同时,立足党和国家事业的长远发展,根据"一国两制"的实践进展,对坚持"一国两制"、推进祖国统一作出了一系列新的重要论述,为在新的时代条件下进一步推进"一国两制"实践提供了根本遵循。

二、教学重点难点

(一) 总体国家安全观

总体国家安全观是以人民安全为宗旨,以政治安全为根本,以经济安全为基础,以军事、文化、社会安全为保障,以促进国际安全为依托的"大安全"理念。以人民安全为宗旨,就是始终把人民安全放在最高位置,坚持以民为本、以人为本,坚持国家安全一切为了人民、一切依靠人民,夯实国家安全的群众基础。以政治安全为根本,就是坚持党的领导和中国特色社会主义制度不动摇,把制度安全、政权安全放在首要位置,为国家安全提供政治保证。以经济安全为基础,就是确保国家经济发展不受侵害,促进经济持续健康稳定发展,提高国家经济实力,为国家安全提供物质基础。以军事、文化、社会安全为保障,就是注意这些领域面临的新情况新问题,遵循不同领域的安全规律,建立固本强基、化险为夷的对策措施,为维护国家安全提供硬实力和软实力保障。以促进国际安全为依托,就是始终不渝走和平发展道路,在注重维护本国利益的同时,注重维护共同安全,打造命运共同体。这五方面共同撑起了国家安全体系的整体架构，决定了中国特色国家安全道路的基本取向。

（二）统筹发展和安全

党的十八大以来，中国特色社会主义进入新时代，这是我国发展新的历史方位。总体看，我们比历史上任何时期都更接近、更有信心和能力实现中华民族伟大复兴的目标。我国日益走近世界舞台中央，但仍然处于并将长期处于社会主义初级阶段，仍然是世界上最大的发展中国家，发展仍然是解决我国一切问题的基础和关键。而新时代我国面临更为严峻的国家安全形势，外部压力前所未有，传统安全威胁和非传统安全威胁相互交织，"黑天鹅""灰犀牛"事件时有发生，维护国家安全和社会稳定的任务十分艰巨。因此，必须统筹好发展和安全，才能为实现中华民族伟大复兴提供坚强的安全保障。

（三）"一国两制"是中国特色社会主义的一个伟大创举

"一国两制"是中国特色社会主义制度创新的重要成果。作为一项基本国策，"一国两制"是指在统一的国家之内，国家主体实行社会主义制度，个别地区依法实行资本主义制度。这是一项前无古人的开创性事业，在过往的人类政治实践中还从未有过。邓小平同志曾指出："我们的社会主义制度是有中国特色的社会主义制度，这个特色，很重要的一个内容就是对香港、澳门、台湾问题的处理，就是'一国两制'。"这一制度创新成果以宪法和基本法为基础，保持港澳原有的资本主义制度和生活方式不变、法律基本不变，作为直辖于中央人民政府的香港、澳门特别行政区，享有高度自治权，包括行政管理权、立法权、独立的司法权和终审权。按照"一国两制"伟大构想，香港、澳门实现了和平回归，改变了历史上但凡收复失地都要大动干戈的所谓定势。这一伟大构想坚持从实际出发，照顾各方利益，既体现了实现祖国统一、维护国家主权的原则性，又充分考虑香港、澳门的历史和现实，体现了高度的灵活性，符合港澳居民利益，符合港澳繁荣稳定实际需要，符合国家根本利益，符合全国人民共同意愿。

三、教学案例

案例1　总体国家安全观的首次提出①

【案例呈现】

总体国家安全观是习近平总书记在中央国家安全委员会第一次会议上首次正式提出的。习近平总书记精辟阐述了新形势下我国国家安全工作需要回答和解决的一系列重大理论和实践问题，明确将总体国家安全观确立为新时期国家安全工作的指导思想。

2014年4月15日，习近平总书记主持召开中央国家安全委员会第一次会议，指出："增强忧患意识，做到居安思危，是我们治党治国必须始终坚持的一个重大原则。我们党要巩固执政地位，要团结带领人民坚持和发展中国特色社会主义，保证国家安全是头等大事。""成立国家安全委员会，是推进国家治理体系和治理能力现代化、实现国家长治久安的迫切要求，是全面建成小康社会、实现中华民族伟大复兴中国梦的重要保障，目的就是更好适应我国国家安全面临的新形势新任务，建立集中统一、高效权威的国家安全体制，加强对国家安全工作的领导。"

这次会议是党中央为做好新形势下国家安全工作召开的一次重要会议，标志着总体国家安全观首次正式提出。习近平总书记站在统筹两个大局的战略高度阐述了总体国家安全观的基本内涵、指导思想和原则，为开创国家安全工作新局面指明了方向。

总体国家安全观是一个富有中国特色的安全概念。习近平总书记指出，"当前我国国家安全内涵和外延比历史上任何时候都要丰富，时空领域比历史上任何时候都要宽广，内外因素比历史上任何时候都要复杂，必须坚持总体国家安全观"。总体国家安全观对国家安全的内涵和外延的概括，可以归结为五大要素和五对关系。

---

① 《总体国家安全观干部读本》编委会. 总体国家安全观干部读本 [M]. 北京：人民出版社，2016：19-22.

<<< 第八章 新时代坚持和发展中国特色社会主义的重要保障

五大要素,就是以人民安全为宗旨,以政治安全为根本,以经济安全为基础,以军事、文化、社会安全为保障,以促进国际安全为依托。以人民安全为宗旨,就是要坚持以民为本、以人为本,坚持国家安全一切为了人民、一切依靠人民,真正夯实国家安全的群众基础。以政治安全为根本,就是要坚持党的领导和中国特色社会主义制度不动摇,把制度安全、政权安全放在首要位置,为国家安全提供根本政治保证。以经济安全为基础,就是要确保国家经济发展不受侵害,促进经济持续稳定健康发展,提高国家经济实力,为国家安全提供坚实物质基础。以军事、文化、社会安全为保障,就是要注意这些领域面临的大量新情况新问题,遵循不同领域的特点规律,建立完善强基固本、化险为夷的各项对策措施,为维护国家安全提供硬实力和软实力保障。以促进国际安全为依托,就是要始终不渝走和平发展道路,在注重维护本国安全利益的同时,注重维护共同安全,推动建设持久和平、共同繁荣的和谐世界。上述五大要素,清晰反映了国家安全的内在逻辑关系。

国内舆论普遍认为,总体国家安全观是一种立足当下、展望未来的系统性国家安全观。在许多学者看来,总体国家安全观具有"中国意蕴",表明确保中国发展的稳定与持续已成为中国国家安全的头等大事。这种安全观反映了强烈的忧患意识、清醒的底线思维、勇毅的担当精神。一些专家指出,总体国家安全观对安全领域的划分,意味着党中央对国家安全构成要素有更加广泛深入的认知,体现了大安全时代的宏观安全思路。贯彻落实总体国家安全观,将为推进国家治理、实现国家长治久安以及中国梦提供强大保障。

总体国家安全观的提出也引起了国际舆论的广泛关注。路透社、法新社、美联社、韩联社、《华尔街日报》、《每日新闻》、《法兰克福汇报》、《联合早报》等媒体进行报道,认为它反映了中国改善安全状况的现实需要,显示了中国政府应对国家安全挑战的决心;随着总体国家安全观付诸实践,中国应对国内外安全问题的能力将进一步提高。

【案例讨论】
总体国家安全观的提出对实现中华民族伟大复兴具有怎样的重要

意义？

【案例分析】

总体国家安全观是以习近平同志为核心的党中央立足中国安全实际、准确把握世界安全形势而提出的重大战略思想，是新时代维护国家安全和社会稳定所必须长期坚持的重要遵循，也是我们党践行全心全意为人民服务根本宗旨的生动体现，标志着我们党开展国家安全工作的能力已日趋成熟。新形势下，我们要进一步加强党对国家安全工作的集中统一领导，以总体国家安全观为指导，构建中国特色国家安全体系，全方位维护好国家安全。

【教学建议】

本案例可用在第八章第一节"贯彻总体国家安全观的重大意义与基本要求"的辅助教学，使学生深刻体会坚持总体国家安全观对坚持和发展中国特色社会主义事业的重要意义。

案例 2 "阿拉伯之春"后的十年寒冬[①]

【案例呈现】

十年前的 2010 年 12 月 17 日，突尼斯小商贩穆罕默德·布瓦吉吉之死引发了冲击整个中东的"阿拉伯之春"。这场风暴让突尼斯的本·阿里、埃及的穆巴拉克、利比亚的卡扎菲、也门的萨利赫等政治强人退出了历史舞台。十年后，阿拉伯世界并没有迎来期盼中的民主、繁荣与和平，美国作为"阿拉伯之春"的始作俑者也难逃其害。

十分讽刺的是，随着这个"春天"而来的不是万物复苏，而是凛冽的"寒冬"。大部分经历"阿拉伯之春"的国家政府被推翻后，政权真空并没有被民主改革派填补。利比亚、也门等国出现了持续混乱和武装冲突，军阀建立的新政府手段之强硬，与"阿拉伯之春"前相比有过之而无不及；"伊斯兰国"等极端组织借势发芽并强势扩张，民众饱受战乱之苦逃离家乡，甚至引发了欧洲难民危机。站在 2020 年回望过去的十年，阿拉

---

① 李峥，韩亚峰."阿拉伯之春"后的十年寒冬［N］.光明日报，2020-12-18（12）.

伯民众发现，所谓的"民主运动"带给他们的并不是新生，反而是无尽的灾难与苦痛。国际社会甚至美国对这场运动的评价也日趋负面。美国学者诺亚·费德曼以"阿拉伯之冬"取代"阿拉伯之春"，加拿大学者迈克尔·伊格纳蒂夫同样以"悲惨的失败"描述这段历史。

时至今日，这场"民主运动"的背后推手正是美国已没有争议。2013年，法国出版的《阿拉伯革命背后隐藏的一面》一书为这一论断做了翔实的论证：美国投入大量人力物力，通过实地引导与网络煽动两大手段促成了这场悲剧。一方面，美国利用"输出民主"的非政府组织和基金会，例如，美国国际发展署、全国民主基金会、国际共和学院、全国国际事务民主研究会、自由之家、开放社会学院等，深度介入这场街头"革命"；另一方面，美国培训大量阿拉伯网络煽动员，利用网络这一当时的新兴媒介推波助澜，而后又控制国际主流媒体加以赞扬，一边倒地渲染所谓"革命"的"自发性与积极性"。从"阿拉伯之春"之前二十年的东欧剧变，到其十年后的中国香港动乱，美国的手段、细节也许有所改变，但美国的"司马昭之心"一直未变：以"民主化"之名许诺"更加美好的未来"，暗中不过是满足其一己私利，最后只能给事发地留下一地鸡毛。

站在"阿拉伯之春"十周年的节点上回望，这场声势浩大而持久的动荡带给阿拉伯世界的不过是民主之败、经济之殇、政治之乱。相关机构的评分显示，大部分经历"阿拉伯之春"的国家的治理水平、政治环境和民众权益都与"阿拉伯之春"中煽情的口号相去甚远。

中东地区经济水平持续恶化。由于油价下跌、高失业率以及腐败的精英政治等原因，许多中东国家在经济上陷入困境。政治精英牺牲普通民众的利益，在这些国家造成了高贫困率与贫富分化。该地区的经济发展陷入"倒退的十年"，利比亚从全球人均收入平均线之上一步步陷入贫困的泥潭，成为当今世界最为动荡、落后的国家之一。

中东地区政治衰败日益深重。反腐曾是中东民众参与"革命"的最初诉求，但是从十年后的结果来看，不少国家的腐败程度更加深重。腐败叠加内战硝烟不断，民众看不到未来，纷纷选择逃离。联合国数据显示，"阿拉伯之春"后，内战造成百姓大规模流离失所，仅叙利亚冲突就造成与共的。正如古人所言："故国虽大，好战必亡；天下虽安，忘战必危。"从起起落落的历史沉浮中，我们更能真切地体会到这一点。

历史上就出现过只追求发展不重视安全的例子，我国宋朝就是这样。两宋是我国历史上经济、文化、教育比较繁荣的时代。著名历史学家陈寅恪曾说，中华民族文明历千年演化，造极于赵宋。英国经济学家安格斯·麦迪森在《世界经济千年史》一书中提到，中国在公元1000年（宋真宗时期），GDP占世界总量近1/4。但由于宋朝采取重文轻武的施政方针，在军事上较为羸弱，备受北方少数民族政权的压制，在1127年发生了"靖康之耻"，宋徽宗和宋钦宗同时被金人掳去，北宋灭亡。1276年，元军攻破南宋都城临安，3年后，8岁皇帝赵昺在广东崖山被大臣陆秀夫背着跳海而死，南宋就此覆灭。翻看宋朝300多年的历史，一半是让人神往的大宋繁华，一半是令人心碎的家难国殇，个中滋味涌上心头。张择端《清明上河图》和王希孟《千里江山图》，就表达了画家对北宋时局的不同心境。

反之，也有的国家和民族一味强调安全而不注重发展，导致停滞不前，最终被历史所淘汰。古希腊城邦斯巴达大力发展军事，抑制商业和贸易的发展，奉行全民皆兵的政策，斯巴达勇士曾经是勇气和力量的象征，一切社会活动和政体设计等都是为战争做准备。正如亚里士多德所说："譬如，在拉栖第梦（斯巴达）和克里特，他们的教育制度和大部分法律都是依据从事战争这一目的制定的。"后来，斯巴达凭借强大的军事实力，在著名的伯罗奔尼撒战争中打败雅典，成为古希腊的霸主。但它称霸希腊只维持了短短33年，就在留克特拉战役中被另一城邦底比斯打败。斯巴达从称霸到衰落的故事说明，一个政权可以凭借强大的军事力量盛极一时，但要确保其统治的经久不衰，发展经济至关重要。

以史为鉴，可以知兴替。发展和安全问题是古往今来执政者需要做好的必答题。特别是随着人类社会的发展进步，工业化、信息化、经济全球化以及科学技术革命的加速推进，带来了风险隐患复杂性、易发性、扩散性、危害性的几何级数倍增，安全问题从来没有像今天这样凸显和重要。现在，我国发展到了一个新的阶段，内部矛盾越来越复杂，外部形势越来越严峻,各种不确定因素不断增多,"黑天鹅""灰犀牛"事件发生的概率增大,国家安全面临的挑战前所未有。党的十九届五中全会通过的《中共中央关于制定国民经济和社会发展第十四个五年规划和二〇三五年远景目标的建议》对统筹发展和安全设置专章作出全面部署,为新时代建设更高水平的平安中国提供战略指引。

安全是发展的前提。离开了安全,什么事都搞不成。没有国家安全,发展只能是"镜花水月",取得的成果也可能毁于一旦。近些年来,西亚、北非的一些国家陷入连年战乱,国家岌岌可危,长期积累的财富付诸东流,人民生活在水深火热之中。2010年利比亚战争爆发前夕,人均GDP超过1.2万美元,接近高收入国家水平,经过10年的动荡,经济发展水平一落千丈。当前,我国社会主义现代化建设事业进入关键阶段,只有筑牢国家安全的堤坝,才能为"中国号"巨轮奋力前行保驾护航。

发展是安全的保障。发展是解决我国一切问题的关键,也是维护国家安全的根本。没有雄厚的国力支撑和物质基础,安全只能是"望洋兴叹",心有余而力不足。随着我国国家安全内涵和外延的不断丰富,维护各领域安全的任务日益繁重,对经济投入的需求越来越大。仅我国公共安全支出一项,2021年中央财政预算就达到1850.92亿元,比上一年增长了0.7%。在前进道路上,破解各种矛盾问题,化解各类风险挑战,归根到底要靠发展。但也要破除这样一个认识误区,以为发展起来了,什么都好办了。不发展有不发展的问题,发展起来后有新的问题,而且可能新问题的波及面更大、影响程度更深。不是说发展好了,安全就自动得到保障。如果安全问题不解决,发展成果就可能化为乌有。

进入新发展阶段,我们越来越深刻地认识到,统筹发展和安全是党治国理政的一个重大原则。必须坚持一手抓发展,一手抓安全,着力推动高质量发展,着力加强国家安全体系和能力建设,不断书写"两大奇迹"新篇章。

【案例讨论】

如何理解统筹发展和安全的重要意义?

【案例分析】

统筹发展和安全，增强忧患意识，做到居安思危，是我们党治国理政的一个重大原则。习近平总书记指出，"安全是发展的前提，发展是安全的保障"。我们党要巩固执政地位，要团结带领人民坚持和发展中国特色社会主义，保证国家安全是头等大事；发展是解决我国一切问题的基础和关键。在新时代的伟大征程上，破解突出矛盾和问题，防范化解各类风险隐患，归根到底要靠发展。国家安全得到保证，才能为发展创造和谐稳定的内外部环境。因此，只有统筹发展和安全两件大事，人民才能集中精力推动国家各项建设事业向前发展。

【教学建议】

本案例可用在第八章第一节"统筹发展和安全两件大事"的辅助教学，使学生深刻理解统筹发展和安全的重要意义。

案例4 加强党史军史和光荣传统教育
确保官兵永远听党话、跟党走[①]

习近平

一

要始终把思想政治建设摆在军队各项建设首位，加强理论武装，强化军魂教育，持续深入培育当代革命军人核心价值观，组织官兵认真学习党史军史，使坚持党对军队的绝对领导在官兵思想中深深扎根，确保全军在任何时候任何情况下都坚决听从党中央、中央军委指挥。

（2012年11月16日在中央军委扩大会议上的讲话）

二

我军作为执行党的政治任务的武装集团，必须把听党指挥作为军队建

---

① 习近平. 加强党史军史和光荣传统教育 确保官兵永远听党话、跟党走［EB/OL］. 求是网，2021-07-31.

设的首要，确保部队绝对忠诚、绝对纯洁、绝对可靠。我军是党缔造的，一诞生便与党紧紧地联系在一起，始终在党的绝对领导下行动和战斗。我们党是马克思主义政党，是全心全意为人民服务的政党，只有坚持党对军队的绝对领导，才能从根本上保证人民军队的性质。80多年来，我军之所以能始终保持强大的凝聚力、向心力、战斗力，经受住各种考验，不断从胜利走向胜利，最根本的就是靠党的坚强领导。如果丢掉了这一条，军队就会变质。任何时候任何情况下，我军都必须铸牢听党指挥这个强军之魂，坚持党对军队绝对领导的根本原则和人民军队的根本宗旨不动摇，贯彻执行党的理论和路线方针政策不动摇，始终忠于党、忠于社会主义、忠于祖国、忠于人民，做到一切行动听从党中央和中央军委指挥。

（2013年3月11日在十二届全国人大一次会议解放军代表团全体会议上的讲话）

三

要坚持把从思想上政治上建设和掌握部队摆在突出位置，按照走在前列要求深入学习贯彻党的十八大精神，深入开展中国特色社会主义宣传教育，持续培育当代革命军人核心价值观，大力发展先进军事文化，扎实搞好"坚定信念、铸牢军魂"主题教育活动，组织官兵认真学习党史军史，坚定党对军队绝对领导的政治自信和政治自觉，打牢官兵高举旗帜、听党指挥的思想政治基础。

（2013年3月11日在十二届全国人大一次会议解放军代表团全体会议上的讲话）

四

军队思想政治建设的根本，是毫不动摇坚持党对军队的绝对领导。我们党历来高度重视从思想上政治上组织上掌握部队。在我军初创时期，就确立了党指挥枪的原则，三湾改编的最大成果就是在工农革命军中健全党的组织，把支部建在连上。罗荣桓同志后来指出，如果不是毛泽东同志英明解决了这个根本性问题，那么，这支部队便不会有政治灵魂，不会有明确的行动纲领。

（2013年7月29日在听取北京军区工作汇报后的讲话）

五

历史和现实都告诉我们，要巩固党的执政地位、保证社会主义红色江山永不变色，必须毫不动摇坚持党对军队的绝对领导。要教育引导官兵特别是高中级领导干部自觉坚定政治信念、站稳政治立场、严守政治纪律，做到任何时候任何情况下都同党中央、中央军委保持高度一致，坚决听从党中央、中央军委指挥。

（2013年7月29日在听取北京军区工作汇报后的讲话）

六

我军之所以能够战胜各种艰难困苦、不断从胜利走向胜利，最根本的就是坚定不移听党话、跟党走。这是我军的军魂和命根子，永远不能变，永远不能丢。军队党的建设的首要任务是确保党对军队的绝对领导，这也是对军队党的建设的根本要求。

（2013年11月6日在接见全军党的建设工作会议代表时的讲话）

七

古田是我们党确立思想建党、政治建军原则的地方，是我军政治工作奠基的地方，是新型人民军队定型的地方。到这里开会具有标志性意义。古田这个地方，我是很熟悉的，多次到过这里。我军政治工作萌芽于大革命时期，创立于建军之初，奠基于古田会议，在长期革命、建设、改革实践中不断丰富和发展。上午，在古田会议旧址和纪念馆现场，先辈们探寻革命道路时筚路蓝缕、艰辛奋斗的情景，一幕幕浮现在我的脑海中。古田会议是在红军生死存亡的紧要关头召开的。当时，毛泽东、朱德、陈毅同志率领红四军主力从井冈山下来，在转战赣南、闽西的过程中，部队发生了关于建军原则的争论。红四军第八次党代会后，红四军出击东江失败，部队思想混乱、士气低迷，面临着严峻考验。根据"中央九月来信"，红四军召开第九次党代会,纠正和肃清各种非无产阶级思想,形成了我党我军历史上著名的古田会议决议。这次会议确立了马克思主义建党建军原则,确立了我军政治工作的方针、原则、制度,提出了解决把以农民为主要成分的军队建设成为无产阶级性质的新型人民军队这个根本性问题的原则方向。

历史,往往在经过时间沉淀后可以看得更加清晰。回过头来看,古田会议使我们这支军队实现了浴火重生、凤凰涅槃。从那儿以后,在党领导下,我军由小到大、由弱到强,不断从胜利走向胜利。古田会议奠基的我军政治工作对我军生存发展起到了决定性作用。

去年12月26日,我在纪念毛泽东同志诞辰120周年座谈会上讲过,一切向前走,都不能忘记走过的路;走得再远、走到再光辉的未来,也不能忘记走过的过去。在古田会议召开85周年之际,我们来到这里,目的是寻根溯源,深入思考我们当初是从哪里出发的、为什么出发的,重温我党我军光荣历史,缅怀老一辈革命家的丰功伟绩,接受思想洗礼,以利于更好前进。

(2014年10月31日在全军政治工作会议上的讲话)

八

"凡制国治军,必教之以礼,励之以义。"政治工作实质上是党领导和掌握军队的工作。我军作为执行党的政治任务的武装集团,要成为党绝对领导下的革命军队,必须坚持党的绝对领导,必须坚定不移听党的话、跟党走,必须做到党指向哪里、就打到哪里。如果不能做到这一条,不仅我军不可能发展壮大,党领导的革命、建设、改革事业也不可能取得成功。

我们党在军队各级建立了党的组织,班排有小组,连队有支部,营级以上单位建立党委,党的领导直达基层、直达士兵。毛泽东同志说:"红军所以艰难奋战而不溃散,'支部建在连上'是一个重要原因。"几年前,我去委内瑞拉访问,查韦斯总统问我中国共产党这么有力量靠的是什么,我就给他讲了支部建在连上这个例子。他非常赞赏这一点,这是他们想做而做不到的事情。

（2014年10月31日在全军政治工作会议上的讲话）

九

在长期实践中，我军通过深入的政治工作，靠着"革命理想高于天"的坚定信念，靠着压倒一切敌人而不被任何敌人所压倒、征服一切困难而不被任何困难所征服的革命精神，完成了世所罕见的万里长征，以"小米加步枪"打败了美式装备的国民党军队，在朝鲜战场打败了武装到牙齿的世界头号强敌，演出了一幕幕威武雄壮的战争活剧，创造了一个个惊天地、泣鬼神的英雄壮举。

闽西这个地方为革命作出过突出贡献。长征出发时，红军中有两万多闽西儿女。担任中央红军总后卫的红34师，6000多人主要是闽西子弟，湘江一战几乎全师牺牲。师长陈树湘不幸被俘，他撕开腹部伤口，绞断肠子，壮烈牺牲，实现了"为苏维埃流尽最后一滴血"的誓言。在长期革命斗争中，我军数以百万计的将士献出了生命，涌现了无数英模人物和英雄群体，赵一曼、董存瑞、黄继光、邱少云、"狼牙山五壮士"、东北抗联八位女战士等就是其中的杰出代表。"革命不怕死，怕死不革命"，只要还有一个人，就要同敌人血战到底，这是人民军队的信条。我看了美国人大卫·哈伯斯塔姆写的《最寒冷的冬天》一书，是写朝鲜战争的，其中写道，美国及联合国军最敬佩中国人民志愿军的就是战士们冒着强大火力勇敢冲锋的不怕死精神，让他们胆战心惊。

（2014年10月31日在全军政治工作会议上的讲话）

十

我军历来强调官兵一致，在政治上完全平等，在生活上同甘共苦，形成了区别于旧军队的新型官兵关系。军队就像一个大熔炉，把农民、旧军人、俘虏兵熔化改造成为英勇的革命战士。在国内革命战争期间，有成百万的国民党军队士兵在我军教育下掉转枪口，反过来打蒋介石。他们亲身感受到人民军队好，与国民党军队是两重天。

艰苦奋斗是我军的政治本色。毛泽东同志曾经针对有的同志拿解放军吃酸菜同资本家吃饭5个碗做比较的怨言，指出酸菜里面出政治、出模范，解放军得人心就是这个酸菜。我军能够吸取李自成军队进北京后"庞大的人马都在京城里享乐"的教训，没有成为李自成第二，从根本上说是用艰苦奋斗精神教育官兵的结果。

（2014年10月31日在全军政治工作会议上的讲话）

十一

在长期实践中，我军政治工作形成了一整套优良传统，主要包括：坚持党指挥枪的根本原则和制度，坚持全心全意为人民服务的根本宗旨，坚持实事求是的思想路线，坚持群众路线的根本作风，坚持用科学理论武装官兵，坚持围绕党和军队中心任务发挥服务保证作用，坚持公道正派选拔使用干部，坚持官兵一致、发扬民主，坚持实行自觉的严格的纪律，坚持艰苦奋斗、牺牲奉献的革命精神，坚持党员干部带头、以身作则，等等。这些优良传统是我军政治工作的根本原则和内容。我们一定要深刻认识我军政治工作的重要地位和重大作用，把先辈们用鲜血和生命铸就的优良传统一代代传下去。

（2014年10月31日在全军政治工作会议上的讲话）

十二

对军队来讲，坚定信仰信念最核心最紧要的就是铸牢军魂，毫不动摇坚持党对军队绝对领导。刚才，在参观军史馆时，我对长征途中红31军93师274团"半截皮带"的故事，感触很深。红军战士宁肯忍饥挨饿，也要将半截皮带留下来，带着它"去延安见毛主席"。这就是信仰的力量，就是"铁心跟党走"的生动写照。部队中像这样的红色资源很多，要发掘好、运用好，丰富"红色基因代代传"工程内涵，加强党史军史和光荣传统教育，确保官兵永远听党话、跟党走。

（2016年1月5日在视察13集团军时的讲话）

十三

长征胜利启示我们：人民军队是革命的依托、民族的希望，党对军队绝对领导是人民军队赢得胜利的根本保证。长征锻炼了人民军队，长征磨炼了人民军队，长征成就了人民军队，长征开启了人民军队发展的新起点。长征是人民军队的光荣，光荣的人民军队必须永远继承红军长征的伟大精神和优良作风。

（2016年10月21日在纪念红军长征胜利80周年大会上的讲话）

十四

90年来，人民军队在党的领导下不断从胜利走向胜利，为民族独立和人民解放，为国家富强和人民幸福建立了彪炳史册的卓著功勋。人民军队砥砺奋进的90年，凝结着坚定理想信念、优良革命传统、顽强战斗作风，是我们宝贵的精神财富。我们要铭记光辉历史、传承红色基因，在新的起点上把革命先辈开创的伟大事业不断推向前进，鼓舞激励广大干部群众和全军广大指战员坚定中国特色社会主义道路自信、理论自信、制度自信、文化自信，努力为实现中华民族伟大复兴的中国梦、为把人民军队建设成为世界一流军队而不懈奋斗。

（2017年7月21日在参观"铭记光辉历史，开创强军伟业——庆祝中国人民解放军建军90周年主题展览"时的讲话）

十五

人民军队从胜利走向胜利，彰显了中国共产党领导的伟大力量。毛泽东同志曾经指出："我们的原则是党指挥枪，而决不容许枪指挥党。"党对军队绝对领导的根本原则和制度，发端于南昌起义，奠基于三湾改编，定型于古田会议，是人民军队完全区别于一切旧军队的政治特质和根本优势。千千万万革命将士矢志不渝听党话、跟党走，在挫折中愈加奋起，在困苦中勇往直前，铸就了拖不垮、打不烂、攻无不克、战无不胜的钢铁雄师。在风雨如磐的漫长革命道路上，我军将士讲得最多的一句话是：只要跟党走，一定能胜利。忠诚，造就了人民军队对党的赤胆忠心，造就了人民军队和人民的鱼水情谊，造就了人民军队为党和人民冲锋陷阵的坚定意志。

历史告诉我们，党指挥枪是保持人民军队本质和宗旨的根本保障，这是我们党在血与火的斗争中得出的颠扑不破的真理。有了中国共产党，有了中国共产党的坚强领导，人民军队前进就有方向、有力量。前进道路上，人民军队必须牢牢坚持党对军队的绝对领导，把这一条当作人民军队永远不能变的军魂、永远不能丢的命根子，任何时候任何情况下都以党的旗帜为旗帜、以党的方向为方向、以党的意志为意志。

（2017年8月1日在庆祝中国人民解放军建军90周年大会上的讲话）

十六

要锻造听党话、跟党走的过硬基层，确保党对军队的绝对领导直达基层、直达官兵。要加强对基层官兵的政治引领，坚持用党的科学理论建连育人，做好用新时代中国特色社会主义思想和新时代党的强军思想武装官兵工作，深化"不忘初心、牢记使命"主题教育和"传承红色基因、担当强军重任"主题教育，推进红色基因代代传工程，打牢听党指挥、献身强军事业的思想政治根基。要用信任的眼光、欣赏的眼光、发展的眼光看待基层官兵，探索构建新时代思想政治教育体系，提高教育针对性和实效性。要强化基层党组织政治功能和组织力，加强书记队伍建设，探索规范组织设置和运行方式，充分发挥基层党组织战斗堡垒作用和广大党员先锋模范作用。

（2019年11月8日至10日在中央军委基层建设会议上的讲话）

十七

要坚持党对军队绝对领导，加强党的创新理论武装，狠抓全面从严治党、全面从严治军，确保部队绝对忠诚、绝对纯洁、绝对可靠。要弘扬优良传统，传承红色基因，打造海军陆战队的特色兵种文化，培育一不怕苦、二不怕死的战斗精神，把部队带得虎虎生威。要严格部队教育管理，保持部队高度集中统一和安全稳定。要创新思路举措，做好抓基层打基础工作，锻造过硬基层。要发展团结、友爱、和谐、纯洁的内部关系，满腔热忱为官兵办实事、解难事、做好事，把广大官兵积极性、主动性、创造性充分激发出来。

（2020年10月13日在视察海军陆战队时的讲话）

十八

在波澜壮阔的抗美援朝战争中，英雄的中国人民志愿军始终发扬祖国和人民利益高于一切、为了祖国和民族的尊严而奋不顾身的爱国主义精神，英勇顽强、舍生忘死的革命英雄主义精神，不畏艰难困苦、始终保持高昂士气的革命乐观主义精神，为完成祖国和人民赋予的使命、慷慨奉献自己一切的革命忠诚精神，为了人类和平与正义事业而奋斗的国际主义精神，锻造了伟大抗美援朝精神。

伟大抗美援朝精神跨越时空、历久弥新，必须永续传承、世代发扬。

（2020年10月23日在纪念中国人民志愿军抗美援朝出国作战70周年大会上的讲话）

十九

要坚持党对军队绝对领导，加强党的创新理论武装，狠抓全面从严治党、全面从严治军，做好意识形态工作，确保部队绝对忠诚、绝对纯洁、绝对可靠，永远做党和人民的忠诚卫士。要落实党中央和中央军委部署要求，结合实际抓好党史学习教育，突出学党史、悟思想、办实事、开新局，教育引导官兵牢记初心使命、传承红色基因、担当强军重任。要坚持强基固本，持之以恒抓基层打基础，严格部队教育管理，满腔热忱为官兵排忧解难，全面建设过硬基层。

（2021年3月24日在视察武警第二机动总队时的讲话）

※这是习近平总书记2012年11月至2021年3月期间讲话中有关加强党史军史和光荣传统教育，确保官兵永远听党话、跟党走内容的节录。

【案例讨论】

如何理解党对人民军队的绝对领导？

【案例分析】

坚持党对军队的绝对领导，是人民军队始终保持强大凝聚力、向心力、战斗力的根本保证。回望党的百年历史，在风雨如磐的漫长革命道路上，我军将士讲得最多的一句话是：只要跟党走，一定能胜利。正是这种对党的绝对忠诚，造就了人民军队对党的赤胆忠心，造就了人民军队为党和人民冲锋陷阵的坚定意志。事实证明，在党的坚强领导下，人民军队军魂不变、本色不改、敢打硬仗、善打胜仗，始终是党和人民完全可以信赖的英雄部队。

【教学建议】

本案例可用在第八章第二节"坚持党对人民军队的绝对领导"的辅助教学，使学生深刻理解为什么必须毫不动摇坚持党对军队的绝对领导，确保人民军队永远跟党走。

案例5 回归"一国两制"的初心[①]

【案例呈现】

历史的时针拨回到 1950 年。解放军吹响"解放全中国"的号角，挥师南下，风卷残云，却在深圳河畔勒住战马。以战争的方式赶走英国殖民统治者，复疆雪耻，没有人怀疑解放军的战斗力。但中共中央定下了"长期打算"的方针，香港问题暂时搁置。历史证明，这个方针是英明的。后来在新中国被西方长期封锁的年代，香港成为中国与外部联系的通道。再后来在内地改革开放的进程中，香港又成为助力国家发展的重要引擎。

事实上，中国政府解决港澳和台湾问题、实现祖国完全统一的意志从未动摇。需要考虑的不是要不要统一，而是以什么方式统一，哪种方式代价最小、能让更多的人接受。邓小平讲得很清楚，"中国面临的实际问题就是用什么方式才能解决香港问题，用什么方式才能解决台湾问题。只能

[①] 萧平. "一国两制"漫谈［N］. 中国日报（香港版），2020-04-06（4）.

有两种方式，一种是和平方式，一种是非和平方式"。"香港继续保持繁荣，根本上取决于中国收回香港后，在中国的管辖之下，实行适合于香港的政策。"

什么才是"适合于香港的政策"呢？经过深思熟虑，邓小平开创性地提出了"一个国家、两种制度"的伟大构想，从而为中国也为国际社会解决历史遗留问题提供了一个全新而又可行的方案。这是中国对国家治理模式的大胆探索，对人类政治文明的巨大贡献。为什么可以"一国一制"却要"一国两制"？这是"充分照顾到香港的历史和现实情况"作出的政治决断。这个决断各方都能接受，它的根本出发点，就是最大限度保留香港的特色和优势，令香港在回归后继续保持繁荣稳定。

原全国政协主席李瑞环给港澳地区全国政协委员讲过一个"茶壶的故事"。话说一位老太太把家中一把上百年的紫砂壶拿到市场去卖，开价5钱银子。一位买主很懂行，见壶内有茶山（经年历久形成的茶垢），知道是难得的好东西，愿出价三两，随后回家去取银子。老太太心想，一把旧壶给这么多钱，里面有垢实在不好意思，于是就把茶山刮净了。稍后买主回来，一看茶山没了，掉头就走不买了。这个故事意味深长，道出了中央对香港价值的珍视，可以从中体会"一国两制"的良苦用心。

打个比方，香港好像一个游子，离家太久了，疏离感是难免的，对家里的规矩和粗茶淡饭难以适应。因此，保留原有的社会制度和生活方式不变，既是大多数港人所愿，也与中央考虑香港问题的出发点相契合。20世纪八九十年代的香港，已经是区域性国际金融、贸易、航运中心，独特的营商环境、法治规则和国际联系，是任何一个内地城市都不具备的。如果实行"一国一制"，中国只是多了一个几百万人口的内地式城市，却可能失去一颗独具特色的"东方之珠"。新中国成立后尤其改革开放后，香港以其独特的优势，助力国家发展，弥补国家短板，发挥了难以替代的作用。保留原有的社会制度和生活方式，不仅有利于香港继续繁荣稳定，也可以令香港为国家未来发展作出更大的贡献，可谓利国利港，一举两得。用邓小平的话说，"一国两制"是中国特色社会主义"很重要的一个内容"。

"一国两制"最初是为解决台湾问题提出的，却首先在香港落地，这是历史的机缘选择。回归20多年来，"一国两制"由构想变为现实，得到国际社会的普遍认可，香港整体上保持了繁荣稳定，证明"一国两制"是行得通、办得到、得人心的。1997年美国《财富》杂志曾断言"香港已死"，十多年后不得不承认"我们错了"。

【案例讨论】

为什么说"一国两制"是中国特色社会主义的一个伟大创举？

【案例分析】

20世纪80年代初，我们党以超凡的勇气和胆略提出"一国两制"伟大构想。20世纪90年代，按照这一伟大构想，先后实现了香港、澳门的和平回归，改变了历史上但凡收复失地都要大动干戈的所谓定势。解决香港、澳门问题的初步实践，证明"一国两制"构想既体现了实现祖国统一、维护国家主权的原则性，又充分考虑到香港、澳门等地的历史和现实，是推动祖国和平统一的创造性方针，是当之无愧的中国特色社会主义制度创新的重要成果。

【教学建议】

本案例可用在第八章第三节"'一国两制'是中国特色社会主义制度创新的重要成果"的辅助教学，使学生深刻理解"一国两制"的深刻内涵及其对实现祖国统一的重要意义。

四、阅读文献

[1] 中共中央党史和文献研究院．习近平关于总体国家安全观论述摘编［M］．北京：中央文献出版社，2018.

[2] 邓小平．邓小平文选［M］．北京：人民出版社，2022.

[3] 全国人大常委会办公厅．中华人民共和国国防法（最新修订本）［M］．北京：中国民主法制出版社，2021.

[4] 中华人民共和国香港特别行政区维护国家安全法［M］．北京：人民出版社，2020.

[5] 中共中央宣传部理论局．新征程面对面［M］．北京：学习出版

社，2021.

［6］《总体国家安全观干部读本》编委会.总体国家安全观干部读本［M］.北京：人民出版社，2016.

［7］深圳博物馆.人民军队向前进［M］.北京：文物出版社，2020.

［8］全国干部培训教材编审指导委员会.全面推进国防和军队现代化［M］.北京：人民出版社，2019.

［9］中华人民共和国国务院新闻办公室."一国两制"在香港特别行政区的实践［M］.北京：人民出版社，2022.

第九章 新时代中国特色大国外交与构建人类命运共同体

一、理论知识概要

（一）知识结构

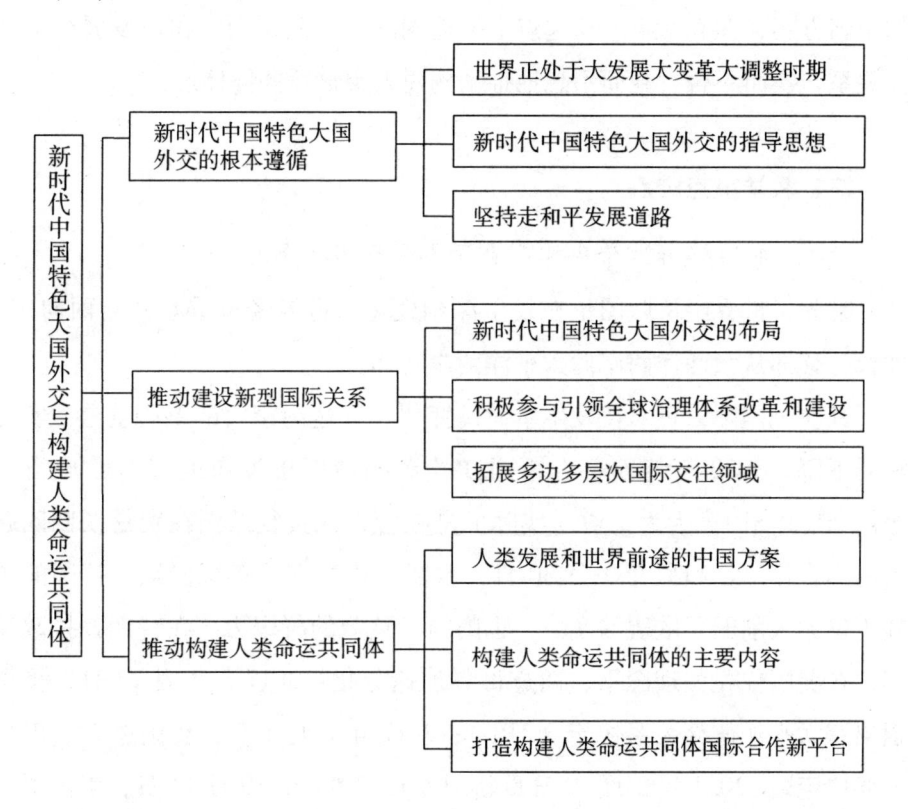

新时代中国特色大国外交与构建人类命运共同体
- 新时代中国特色大国外交的根本遵循
  - 世界正处于大发展大变革大调整时期
  - 新时代中国特色大国外交的指导思想
  - 坚持走和平发展道路
- 推动建设新型国际关系
  - 新时代中国特色大国外交的布局
  - 积极参与引领全球治理体系改革和建设
  - 拓展多边多层次国际交往领域
- 推动构建人类命运共同体
  - 人类发展和世界前途的中国方案
  - 构建人类命运共同体的主要内容
  - 打造构建人类命运共同体国际合作新平台

（二）理论知识

当代世界正在发生深刻复杂的变化，放眼世界，我们面对的是世界百年未有之大变局。世界多极化、经济全球化、社会信息化和文化多样化的深入发展，新一轮科技革命和产业革命正在孕育成长，全球治理体系和国际秩序变革加速推进，但是和平、发展、合作、共赢的时代潮流仍不可阻挡。随着中国综合国力的不断增强，中国日益成为世界格局演变的主要推动力量。新时代，我国将以习近平外交思想作为开展对外工作的根本遵循和行动指南，坚持走和平发展道路，始终奉行独立自主的和平外交政策，坚决捍卫国家的核心利益，永远不称霸不搞扩张。

新时代，中国将致力于推动建设新型国际关系，始终高举和平、发展、合作、共赢的旗帜，完善全方位多层次立体化的外交布局，拓展多边多层次的国际交往领域，积极参与引领全球治理体系改革与建设。

新时代，中国提出了"构建人类命运共同体"作为回应全球治理问题的中国方案，在高水平、高起点上打造国际合作新平台，积极发展全球伙伴关系，锲而不舍、驰而不息地推动构建人类命运共同体。

二、教学重点难点

（一）如何理解世界正处于百年未有之大变局？

首先，世界经济版图正在发生深刻变化。世界经济重心"自西向东"加快位移即从大西洋两岸向太平洋两岸转移。

其次，国际力量对比发生革命性变化。发达国家内部矛盾重重，实力相对下降。2020年特朗普在不通知欧洲的情况下发布的《对欧旅行禁令》，让欧洲国家大为失望（实际上是在警告或报复欧洲在贸易谈判问题上的不合作）。2020年1月30日，欧盟正式批准了英国脱欧，英国的脱欧不仅大大削弱了欧盟的实力，也削弱了欧盟的凝聚力。在特朗普执政期间，在美国优先的理念下，西方世界加速分化：2017年1月23日，美国退出跨太平洋伙伴关系协定（TPP）；2017年6月1日，美国退出《巴黎气候协定》（2021年2月19日重新加入）；2017年10月12日，美国退出联合国教科文组织；截至2021年10月底，美国拖欠的联合国各种费用约为22.5亿美元，占联合国"代收款总额"的比例高达64%。美国还一再威胁退出世界贸易组织。美国种种举动使其在西方国家中的影响力和领导力进一步下降。

最后,世界日益成为命运共同体。各国的相互联系和彼此依存使整个世界日益成为你中有我、我中有你的命运共同体,西方发达国家主导的全球治理体系和国际经济秩序越来越难以为继。

(二)如何理解习近平外交思想?

习近平外交思想是习近平新时代中国特色社会主义思想的重要组成部分,是马克思主义基本原理同中国特色大国外交实践相结合的重大理论结晶,是以习近平同志为核心的党中央治国理政思想在外交外事领域的集中体现,是新时代我国对外工作的根本遵循和行动指南。习近平外交思想旗帜鲜明地回答了中国应当推动建设什么样的世界、构建什么样的国际关系,中国需要什么样的外交、怎样办好新时代外交等一系列重大理论和实践问题,深刻揭示了新时代中国特色大国外交的本质要求、内在规律和前进方向,是中国新时代大国外交的根本遵循和时代指南。

(三)如何理解中国走和平发展道路的意义?

第一,中国走和平发展道路就是要坚持科学发展、自主发展、开放发展、和平发展、合作发展、共同发展。对内发展求和谐,对外发展求合作、求和平,通过中国人民的艰苦奋斗和改革创新,通过同世界各国长期友好相处、平等互利合作,让中国人民过上美好生活,并为全人类发展进步作出应有贡献。

第二,和平发展的道路是中国这个世界上最大的发展中国家探索出的一条新型的发展道路。世界繁荣稳定是中国的机遇,中国发展也是世界的机遇。和平发展是基于中国自身国情、社会制度、文化传统作出的战略抉择,顺应时代潮流,符合中国根本利益,符合周边国家利益,符合世界各国利益。随着时间的推移,这条道路必将继续对世界的和平与发展产生深远影响。

(四)新型国际关系新在何处?

首先,新型国际关系的"新"体现在相互尊重。既有的国际关系体现

193

出强烈的"西方中心主义"色彩,一些西方国家将世界各国按西方标准划分为三六九等,动辄以各种借口公然干涉他国内政,甚至发动战争,凭借既有的不公正不合理的国际秩序通过牺牲他国利益来实现自身利益。一些弱小的民族国家仅仅是西方大国的棋子和炮灰。相互尊重的国际关系就是要相互尊重主权,确立主权国家不分大小、强弱、贫富一律平等的观念。就是要相互尊重对方的国家利益,尊重世界文明的多样性,不应该对非西方的文明模式和价值体系加以污名化,甚至通过各种方式试图结构和颠覆非西方国家,制造隔阂甚至引发冲突。

其次,新型国际关系的"新"体现在"公平正义"上。在不公正、不合理的国际秩序下,发展中国家在所谓的"自由竞争"中丝毫不占优势,不论从国际分工、发展机会方面,还是从利益分配、成果共享方面,都更多地承担着成本、风险和代价,却远远得不到与之相匹配的机会和收益,南北差距固化甚至扩大。

最后,新型国际关系的"新"体现在合作共赢上。合作共赢是新型国际关系的核心。合作共赢就是双方或多方在合作中互惠互利、相得益彰,让合作各方都有所获或各得其所。有别于传统国际关系模式,在新型国际关系模式下,各国在追求本国利益时兼顾别国利益,在寻求自身发展时兼顾别国发展,最终实现共同发展与普遍繁荣。

(五)构建人类命运共同体思想的内涵

人类命运共同体,就是每个民族、每个国家的前途命运都紧紧联系在一起,风雨同舟、荣辱与共,努力把生于斯、长于斯的这个星球建成一个和睦的大家庭,把世界各国人民对美好生活的向往变成现实。

构建人类命运共同体,提倡创新、协调、绿色、开放、共享的新发展理念,践行共同、综合、合作、可持续的安全观,秉持开放、融通、互利、共赢的合作观,树立平等、互鉴、对话、包容的文明观,坚持共商共建共享的全球治理观。

(六)构建人类命运共同体的总体布局和实践路径

一是要坚持对话协商,建设持久和平的世界。要相互尊重、平等协商，摒弃冷战思维、集团对抗。坚持和平共处五项原则，"始终坚持平等民主、兼容并蓄，尊重各国自主选择社会制度和发展道路的权利，尊重文明多样性"，走对话而不对抗、结伴而不结盟的国与国交往新路，不搞零和博弈。大国需要相互尊重彼此核心利益和重大关切，努力构建不冲突不对抗、相互尊重、合作共赢的新型关系。大国对小国要平等相待，不恃强凌弱。通过平等协商处理国家间的矛盾分歧，共同发展、和平共处。

二是要坚持共建共享，建设普遍安全的世界。坚持以对话解决争端、以协商化解分歧，反对以牺牲别国安全换取自身绝对安全的做法，统筹应对传统和非传统安全威胁，反对一切形式的恐怖主义，实现普遍安全。应以对话协商、互利合作的方式解决安全难题。

三是要坚持合作共赢，建设共同繁荣的世界。要实现各国经济社会协同进步，解决发展不平衡带来的问题，缩小发展差距，促进共同繁荣；拒绝自私自利、短视封闭的狭隘政策，维护世界贸易组织规则，支持维护开放、透明包容、非歧视的多边贸易体制，构建开放型世界经济。

四是要交流互鉴，建设开放包容的世界。要尊重世界文明多样性，以文明交流超越文明隔阂，以文明互鉴超越文明冲突，以文明共存超越文明优越。促进和而不同、兼收并蓄的文明交流对话，加强双边和多边框架内文化、教育、旅游、青年、媒体、卫生、减贫等领域合作，使文明交流互鉴成为增进各国人民友谊的桥梁、推动人类社会进步的动力、维护世界和平的纽带。

五是要坚持绿色低碳，建设清洁美丽的世界。要坚持环境友好，合作应对气候变化，保护好人类赖以生存的地球家园。牢固树立尊重自然、顺应自然、保护自然的意识，实现世界的可持续发展和人的全面发展。加强环境领域的交流合作，共享经验、共迎挑战，坚持走绿色、低碳、循环、可持续发展之路，构筑尊崇自然、绿色发展的全球生态体系。

三、教学案例

案例1　认清全球科技竞争决胜未来大势[①]

【案例呈现】

2月底在西班牙巴塞罗那落下帷幕的2019年世界移动通信大会，吸引了近11万名参观者和2400多家企业，5G（第五代移动通信技术）成为出现频率最高的"关键词"，5G应用的脚步越走越近。

未来已来。新一轮科技革命正以量子技术为制高点，在人工智能、生物科学、地球空间科学等领域多点开花、集群突破。各主要大国都把科技作为本轮战略博弈的核心，以物理空间和虚拟空间为竞技场，政府强力推动，科技巨头领军，明争技术优势，暗夺数据霸权。全球科技竞争堪称残酷，激烈程度前所未有。

当今世界，正经历百年未有之大变局。受科技推动，人类社会的生产、生活、创造、治理，以及人类自身、人与自然的关系等都处在重大变革的前夜。

科技进展引领新竞技场

一是科技瓶颈有望突破。计算机为互联网铺路，互联网为物联网奠基实现万物互联；信息数据的处理由计算机到数据中心到云、再到边缘计算，由人工智能负责决策。信息和网络正日益成为人类认识世界、编辑世界、改造世界的新工具、新语言。在人类文明史上，信息以及其依托的网络，第一次和物理世界一起，构成了人类社会的生存地和竞技场。这推动了各领域的融合，使新突破成为可能。

二是量子计算、生物科技以及信息通信技术等核心领域不断取得进展。2018年3月6日，谷歌发布全球首个72量子比特芯片；同月，微软发现"天使粒子"存在的有力证据，由此奠定研制拓扑量子计算机之基础。2019年1月，IBM展示了世界上首台独立的量子计算机。2月，中国

[①] 张力.认清全球科技竞争决胜未来大势［J］.瞭望，2019（11）：58-60.

科技大学首次在室温大气条件下实现了基于固态自旋体系的可编程量子处理器。在脑与神经科学领域，美国科学家首次成功建立了多人脑对脑接口合作系统，被视为"脑联网"之开端。伴随主要国家和代表性企业激烈博弈，2019年成为全球5G商用元年，德国在2019年进行5G牌照拍卖，2020年商用5G网络。

三是人工智能强力引领，正在依靠实时收集和分析采用物联网传感器产生的数据，推动各行各业升级转型。人工智能牵引着大数据、云计算、互联网、物联网等走向深度融合，推动自动驾驶、语音识别、人脸识别、无人机等快速发展。生物医疗领域，谷歌旗下DeepMind公司研发的人工智能能够根据基因序列预测蛋白质结构。腾讯公司与复旦大学近日成立"AI大数据联合实验室"，瞄准大数据平台与自然语言处理、精准医疗、计算机视觉、肿瘤知识库、AI智能助手等五大"靶点"。

四是量子霸权初露峥嵘。早在2017年，谷歌就与大众汽车合作，试图以量子计算开发高性能车用电池。量子技术之所以称霸，在于其高速运算能力，一旦与人工智能、生物技术、边缘计算等交叉融合，将推动社会向量子时代过渡，形成新的科学范式，加速科技创新进程。比如，在新材料领域，可利用量子计算设计新分子结构，进行量子模拟，根据需求创造新材料，还可以更进一步推动纳米技术和生物技术、新材料和轻量级建筑技术实现突破。

此外，沉寂多年的航天科技出现新发展。表现在：可重复使用的运载火箭投入商用，人类探测器初次抵达月球背面，无人飞船成功降落小行星，美国计划重返月球，人类的火星探测、深空探索都迈出新步伐，等等。在生物医学领域，3年前意大利科学家利用基因疗法治愈了一名7岁儿童的皮肤绝症，基因治疗技术取得的突破正在增加。与之相应，一些基因编辑试验也在全球引发巨大争议。

五大巨变远远可见

国际竞争日益残酷。从态势看，当前的技术发展更依赖国际合作，但近年来国际政治形势的走向却背道而驰，反全球化逆流已成为科技发展的最大阻力。

从影响看，科技发展水平高低拉大了国家间的实力鸿沟。预计经过本轮争夺，国际权力金字塔将重构，国家间两极分化明显。掌握了量子计算、人工智能、先进制造和生物技术的国家高居顶端，全球供应链正在重组，相互间数字壁垒高筑，信息资源争夺愈演愈烈。此外，外太空设施的建设，深海、极地和外空资源的开采，天基、深海武器的布放，局部大气循环和地貌的人工干预等，都在深度展开并引发激烈竞争。战争形态、武器平台和胜负的评判标准也在改变，一场战争的生命损失可控，但经济风险巨大，可选择的战争工具手段多样，胜负可瞬间决出。上述背景下，在科技竞争中落伍的国家，未来在国际权力结构中将处于极为被动的位置。

冲击国家治理。万物互联的数字世界和信息社会，为政府管理提供了全新的数字化手段，为各行为主体参与治理创造了条件，但政府也不得不面对要同时处置多点危机，进行即时决策、瞬间反应的要求。战略决策和应急反应越来越依赖人工智能，而人工智能决策时的"黑箱"效应以及算法的缺陷等，也使决策偏离预期的可能性剧增。随着技术快速发展，各种应用层出不穷，国家安全、民众隐私、道德规范等越来越受到冲击，监管措施"出台即落后"正成为常态，国家层面的治理难度不断加大。

引发社会结构巨变。智能化社会将颠覆传统就业，一些劳动力沦为人工智能的低级附庸，一些则需要重新培训上岗。大量旧职业消失、新职业涌现，使得跨界人才越来越抢手。在技术精英和普通工人之间，收入差距将不断拉大。生物科学的进步，正导致社会两极分化呈现新形态：社会矛盾从占有物质的多少，开始转向生命的长短和质量。人机结合、器官移植、基因改造、社会运行和管理的"人工智能化"等，均对社会伦理和既有法律造成冲击。传统个人隐私大量流失，新的个人隐私出现，如基因序列、大脑信号等。

融合风险巨大。本轮科技竞争带来的巨大成果之一是数字化和信息借助新一代网络和传输技术打通了各种界限和壁垒，实现了人、网、物三者融合，算法成为关键。最大的问题是，核心算法已基本上被个别信息化发达国家及IT巨头掌控。

在算法为王及大融合的背景下，机器起草的法律文书，人工智能撰写的稿件和编制的视频新闻,其版权如何界定?内容如何监管?责任谁来承受?损失谁来赔偿?虚拟财产的估值以及保护、无人驾驶车船及航空器的法律责任等,没有一个企业、群体和政府能够独力掌控。而固有的学科分类被打散后,各种边缘交叉学科、新的工具箱和方法论乃至知识体系也需要从顶层统筹。相比于传统的"长专利",科技创新越来越快,落后者基本没有赶超机会。

新安全风险涌现。掌握了科技霸权的国家意味着拥有超级武器,将居不败之地;物联网会加剧病毒传播,可在不知不觉中被人为操控;人工智能一旦遭恶意利用,将严重危害现实世界;各类办公云、物联网、监控摄像头、工业机器人,以及个人的基因、心理、病历等海量数据防护难度极大,网络犯罪技术门槛变低。罪犯可以从地下数字市场买到各类程序软件和数据,实施破坏和攻击。此外,新物种的侵害,新型生物武器、基因技术滥用等,都威胁着人类自身的安全与发展。

加强预案科学应对

针对上述趋势和风险挑战,我们应及早研究应对之策。

要形成能集成政府、企业、机构和公民个人智慧的创新机制,军民一体、分工协作,各司其职,勇于试错,宽容失败。未来一段时期,既是中国加快科技发展、实现创新飞跃的机遇期,也是世界各主要国家科技竞争的决战决胜关键期,围绕核心科技展开新一轮综合国力竞争的大幕已拉开。在路径选择上,应抓牢量子计算、人工智能、先进制造的大方向,兼顾其他领域,同时,防止科技领域出现重大战略失误。

及早从科研、教育、文化体制机制改革入手,在加强基础科学建设的同时,重新规划学科设置,大力推动跨领域学科建设,及时围绕颠覆性、先导性、交叉性技术形成新的理论、方法、学说和工具。改革现有的职业培养教育体制,为智能化时代的终身教育提前做好准备。

以最先进的基础设施、创新环境和"超级工程"吸引全球人才。率先在一些城市实施国际创新人才引进制度,以高校为试点,以国家级实验室为龙头,吸引全球顶尖人才。

各利益相关方携手构建新型社会治理模式。本轮科技革命的主体是科技巨头，他们掌握着先进科技和各类数据信息资源。政府要在依法监管企业的同时，创造开放宽松的环境，让企业参与社会治理，实现对社会的智能化、精细化管理。同时，针对新技术新应用产生的各种法律问题，做好修法释法立法工作。

最后，加强能力建设。从教育、医疗、金融、民生等各领域入手，提前组织力量充分论证、预测新技术可能带来的风险和安全挑战，比如，高度重视对算法的监管与投入，将其视为国家战略武器和资源。对于各类数据资源，要在科学分类分级的基础上实施严格管理。

【案例讨论】

当今国际科技竞争呈现出来的特点是什么？

【案例分析】

当今世界正处于大发展大变革大调整时期，竞争日趋激烈的科技革命和产业革命给人类社会的发展既带来了机遇也带来了挑战。科技日新月异的发展，推动产业升级，引发社会结构巨变，也为社会的治理带来了挑战。及早谋划、及早布局，抓住科技革命的战略机遇，才能在激烈的国际竞争中处于不败之地。

【教学建议】

本案例可用于第九章第一节第一目"世界正处于百年未有之大变局"的教学中。

案例2　中国对世界经济增长贡献巨大[①]

【案例呈现】

长期以来，特别是在加入世界贸易组织之后，我国对世界经济作出了巨大贡献。

第一，中国是全球经济增长的主要动力之一。特别在2008年美国次贷危机引发了严重的国际金融危机，美欧日等主要发达经济体深陷萎缩之后，中国经济率先于2009年第二季度复苏，并始终保持中高速增长，有

---

① 李大伟. 中国对世界经济增长贡献 [EB/OL]. 中国经济网，2019-07-29.

效带动了全球经济复苏。统计数据显示，美国经济于2009年第四季度才开始复苏，欧盟经济更是到2010年才开始复苏。据IMF统计数据测算，2009年至2018年，中国对全球GDP增量的贡献率高达34%（按市场汇率核算）或27.7%（按购买力平价核算），稳居世界第一位。

第二，从需求侧看，中国为世界各国企业提供了规模巨大且最具潜力的市场。中国经济发展离不开世界。中国经济的发展、居民生活水平的提高以及生产能力的升级也为世界各国创造了巨大需求。这种需求主要体现在两个层面：一是商品和服务进口额持续扩大。据统计，2009年至2018年，我国商品进口额增长了1.12倍，达到2.14万亿美元，高于商品出口额的1.07倍；服务进口额增长了3.3倍，达到5258亿美元，高于服务出口额的1.63倍。需要特别指出的是，我国的服务进口额中旅游服务占了一半以上，而按照统计口径，旅游服务进口中相当一部分是属于中国消费者在境外直接购买各类商品的支出，对旅游目的地经济拉动的作用十分明显。对美国而言，我国不但是大豆、飞机、汽车等主要商品的出口市场，更是其最重要的服务贸易出口市场。2017年美国对华服务贸易出口顺差402亿美元，占其全球服务贸易顺差32.5%，其中56.9%属于旅游教育服务。二是为跨国公司提供了巨大的市场。2017年，我国规模以上工业外资企业利润总额已经达到18412亿元人民币，较2009年增长了1.87倍，高于同期全国平均水平的1.45倍。2017年规模以上工业外资企业的利润率（以利润总额和营业收入比值计算）达到了7.4%，其中非港澳台外资企业利润率达到7.8%，明显高于规模以上工业6.6%的平均水平。美资企业从我国经济高速发展中获取了大量收益。美国经济分析局（BEA）统计数据显示，截至2016年，美国对外直接投资存量为53322亿美元，累计投资收益为4099.7亿美元，投资收益率（投资收益/投资存量）为7.69%；同期对华直接投资存量为925亿美元，累计投资收益为118亿美元，投资收益率为12.8%，较美对外投资平均收益率高出5.1个百分点。

第三，从供给侧看，中国为优化全球生产要素配置、扩大全球生产可能性曲线作出了巨大贡献。经济学理论表明，各国基于自身的独特优势，在全球价值链分工中选择最具比较优势的环节开展合作，是实现全球生产要素配置最优化的基本条件。我国加入世界贸易组织（WTO）以来，其主要比较优势集中于熟练普通劳动力、良好的基础设施以及完善的制造业体系，因此在全球价值链分工中主要承接了最终产品制造等直接面向消费者的环节，有效推动了在全球生产要素总投入不变的情况下，生产可能性曲线向外延伸，既提升了我国本土生产要素的使用效率，也有效提升了美国、欧盟、日韩乃至广大新兴市场国家生产要素的使用效率。以纺织服装行业为例，我国纺织服装产品出口额的迅速增长，实际上是欧美发达经济体服装设计能力和品牌营造能力、东亚整体化学纤维制造能力和我国服装生产能力的共同体现，有效地带动了各国各个环节产出规模的增长。各国在供给侧的这种密切分工协作关系一旦被打破，全球生产效率将大幅度下降，各国均将从中受损。正如2018年4月高盛集团的一份报告指出的那样，假设总体需求和生产不变，至少需要5年时间并且投入300亿美元至350亿美元的资本，才能完全将手机制造业从中国转移到美国，届时手机生产总体成本将增长37%。

第四，中国为推动全球经济合作模式创新、完善全球经济治理结构作出了巨大贡献。我国一直是全球经济治理体系的重要参与者和贡献者，在G20峰会、WTO《贸易便利化协议》、联合国气候变化大会等全球经济治理机制中一直发挥着重要作用。更为重要的是，针对世界银行、自由贸易协定等传统全球经济合作模式中相对注重各个具体领域的规则规范，而相对忽视战略框架合作、重大基础设施项目融资方式创新等不足，我国在"一带一路"倡议中积极探讨新的合作模式，具体包括共同编制顶层战略合作规划；主动倡议或积极参与设立亚投行、金砖银行等新型基础设施融资机构；创新基础设施融资模式；探索共建新型产业园区等，为深化全球经贸合作，特别是促进发展中国家经济增长作出了重大贡献。今年6月，世界银行在《"一带一路"经济学：交通走廊发展机遇与风险》报告中称，"一带一路"倡议的全面实施可帮助3200万人摆脱中度贫困（日均生活费低于3.2美元），使全球贸易额和全球收入分别增长6.2%和2.9%。

【案例讨论】

中国为世界经济作出了怎样的贡献？

【案例分析】

该案例从四方面详细分析了中国对世界经济作出的贡献。由此可见，随着中国的发展，不但中国自身的经济在壮大，也给世界经济的发展带来动力，也为世界提供了规模巨大且最具潜力的市场，印证了"世界的发展离不开中国"这一颠扑不破的道理。文章逻辑严密，有理有据，大量的数据为论点提供了科学而充分的支撑。

【教学建议】

此案例可用于第九章第一节第一目"世界正处于百年未有之大变局"的教学中。

案例3　中国第一次提出和平共处五项原则[①]

【案例呈现】

和平共处五项原则，作为中国对外关系的指导思想，为中国赢得了越来越多的朋友，成功地树立了中华人民共和国的国际形象，也使中华人民共和国一步步争取到应有的国际地位。

中华人民共和国成立前夕，毛泽东主席就提出："中国人民革命军事委员会和人民政府愿意考虑同各国建立外交关系，这种关系必须建立在平等、互利、互相尊重主权和领土完整的基础上。"这里已经提出了有关和平共处五项原则的一些重要思想。上述内容写进了1949年9月中国人民政治协商会议通过的《共同纲领》。

1953年12月31日，周总理接见印度谈判代表团时，首次系统地提出和平共处五项原则：互相尊重领土主权、互不侵犯、互不干涉内政、平等互惠、和平共处。1954年4月29日，中印双方经过谈判达成《通商和交通协定》，和平共处五项原则首次以文字形式见诸国际条约。

1955年4月万隆亚非会议召开，周总理在全体会议和政治委员会议两次发言中，将"互相尊重领土主权"改为"互相尊重主权和领土完整"加以表述。

---

① 和平共处五项原则历久弥新 [N]. 人民日报, 2014-05-29 (23).

至此，和平共处五项原则的表述方式就被确定下来：互相尊重主权和领土完整，互不侵犯，互不干涉内政，平等互利，和平共处。和平共处五项原则由此成为中国处理对外关系的基本准则。

这种和平相处、友好协商的精神，已经广泛地体现于国际关系中。

【案例讨论】

和平共处五项原则体现了中国什么样的外交理念？

【案例分析】

和平共处五项原则一直是指导中国外交的基本原则。从案例中可以看出，早在20世纪50年代我国就鲜明地提出了和平共处五项原则，直至今日，我国依然奉行独立自主的和平外交政策，依然把和平共处五项原则作为同所有国家建立和发展友好合作关系的基本原则。通过案例，学生可以对我国的和平共处五项原则外交理念的历史意义及其现实意义有很深入的认识。

【教学建议】

该案例可用于第九章第一节第三目"坚持和平发展道路"的教学中。

案例4　元首外交的意义与作用[①]

【案例呈现】

元首外交因其地位特殊、效果直接、关系重大、迅速及时等特点在密切和引领高层交往、加强战略沟通与协作等方面发挥着定向把舵的作用。无论是发展中俄新时代全面战略协作伙伴关系，推进以协调、合作、稳定为基调的中美关系，推动中欧和平、增长、改革、文明四大伙伴关系，构建契合新时代要求的中日关系，推进中印更加紧密的发展伙伴关系，还是中国—东盟战略伙伴关系进入成熟期，中国同阿拉伯、拉美、南太等各地区发展中国家的友好合作不断获得新动力，南南合作迈上新台阶，推动各方就高质量共建"一带一路"、维护多边主义和全球治理体系改革等达成共识，以及中国积极促进劝和促谈，为推动朝鲜半岛、阿富汗、叙利亚、

[①] 马丽. 元首外交引领中国特色大国外交开拓创新［N］. 学习时报，2019-07-26（2）.

巴以等问题解决进程发挥重要独特作用，中国特色大国外交取得历史性成就并不断开拓创新，这些都离不开习近平总书记开展元首外交的战略引领和深入扎实推进。

元首外交树立了坚守中国外交初心和使命的光辉典范。党的十九大报告指出，中国共产党是为中国人民谋幸福的政党，也是为人类进步事业而奋斗的政党。中国共产党始终把为人类作出新的更大的贡献作为自己的使命。中国高举和平、发展、合作、共赢的旗帜，恪守维护世界和平、促进共同发展的外交政策宗旨，坚定奉行独立自主的和平外交政策。中国外交在党的坚强领导下走过波澜壮阔的历程，取得举世瞩目的成就，无论是社会主义革命和建设时期，改革开放和社会主义现代化建设时期还是中国特色社会主义进入新时代，中国外交始终坚守为中国人民谋幸福，为中华民族谋复兴，为世界谋大同的初心和使命。为世界和平而奔波，为全球发展而忙碌，为人类美好未来而思索，向世界表明中国始终做世界和平的建设者、全球发展的贡献者、国际秩序的维护者的决心，这既是习近平总书记开展元首外交的真实写照，也是以实际行动树立坚守中国外交初心和使命的光辉典范。

【案例讨论】

元首外交在中国积极拓展多边多层次国际交往领域中有什么样的地位和作用？

【案例分析】

元首外交在中国拓展多边多层次的国际交往领域中发挥着积极的战略引领作用。如案例所述，党的十八大以来我国外交取得历史性成就并不断开拓创新，都离不开习近平总书记开展元首外交的战略引领和深入扎实推进。元首外交对增进国际社会对中国的理解和支持，凝聚各国对华合作的广泛共识发挥着重要的引领作用，为新时代中国同各国关系的发展领航定向。

【教学建议】

该案例可用于第九章第二节"推动建设新型国际关系"第二目"拓展多边多层次的国际交往领域"的教学中。

案例5 "一带一路"沿线贸易增长展现强韧经济活力[①]

【案例呈现】

这是中国商人元朝辉从事跨境贸易的第6年,作为一名哈萨克斯坦女婿,在频繁往来中哈之间,元朝辉成了"一带一路"共建国家经贸活力不断增强的见证者。

"交通更加便捷,跨境货物4小时可顺利通关,贸易往来用人民币可直接结算……"讲起"一带一路"倡议提出以来的变化,元朝辉如数家珍。"政策沟通、设施联通、贸易畅通、资金融通、民心相通",这是他从事跨国贸易6年来的切实感受。

"去年受疫情影响,哈萨克斯坦不少实体店关门,我们便与哈萨克斯坦当地2000余名'网红'合作,通过社交媒体推广数码、家电、家居等产品,取得了可观收入。"2020年,元朝辉的企业营收额超2亿元人民币,是2019年的3倍。

正如元朝辉所说,面临新冠疫情带来的挑战,中国与"一带一路"共建国家凭借"跨境电商+中欧班列"构筑的"网上丝路"与"钢铁驼队",展现强韧经济活力。

阿塞拜疆驻华大使馆商务代表特穆尔·纳迪罗格鲁在2021"丝路电商"合作(西安)圆桌会说,电子商务正成为"一带一路"发展中新的经济动力,并且前景广阔。

中国商务部副部长兼国际贸易谈判副代表王受文说,在疫情的背景之下,2020年,中国跨境电商进出口达1.69万亿元,同比增长31.1%。电子商务已成为中国提高经济运行质量和效率,促进产业结构调整的重要力量。

与此同时,中欧班列也成为国际贸易供应链安全的有力保障。中国国家发展改革委发布的数据显示,2020年,中欧班列全年开行12406列,同比增长50%,首次突破"万列"大关,成为一条高效的国际运输"黄金通

---

① 雷肖霄,李华."一带一路"沿线贸易增长展现强韧经济活力[N].经济参考报,2021-05-18(3).

道",在国际抗疫合作、稳定全球供应链上发挥着关键作用。

"以前靠汽车运输,一个货柜的运费要4万多元;现在搭乘中欧班列,一个货柜只要2万多元。运输成本降低后,可以运输的产品种类更丰富、价格更便宜。"元朝辉说。

随着贸易往来逐步加深,合作共赢的发展理念吸引国际社会为"一带一路"投出信任票。2020年,中国与"一带一路"共建国家进出口额达1.36万亿美元,同比增长1.0%;中国对共建国家非金融类直接投资178亿美元,同比增长18.3%。截至2021年1月底,中国已与171个国家和国际组织,签署了205份共建"一带一路"合作文件。

"在全球疫情依旧严峻的当下,中国市场令我们觉得更加安全,这是一个巨大且充满潜力的市场。"前来参加第五届丝博会的加纳参展商阿杰·彼得·朱尼尔说。

白俄罗斯共和国驻华大使馆高级参赞哈尔拉普·塔季亚纳在参加丝博会期间也表示,疫情防控期间,贸易壁垒的数量明显增加,供应链被破坏,国际贸易合作面临严峻挑战。然而白俄罗斯向中国的出口额不降反增,2020年,中国首次成为白俄罗斯第二大贸易伙伴。

与白俄罗斯一样,2020年马来西亚与中国的贸易也呈现增长态势。"尽管新冠疫情给国际贸易带来了巨大挑战,去年马来西亚与中国贸易额增长超4%,中国仍然是马来西亚最大的贸易伙伴和出口目的地。"马来西亚外贸促进中心主任安妮说。

多位参加丝博会的外国政要和与会代表一致认为,自2013年中国提出"一带一路"倡议,8年来,共建国家在经贸合作、人文交流等方面取得丰硕成果。未来仍希望继续与中国加强合作,高质量共建"一带一路",推动世界经济早日复苏。

【案例讨论】

中国与"一带一路"的共建国家的合作如何?在2020年新冠疫情的挑战下,"一带一路"共建国家从"一带一路"中取得了哪些成果?

【案例分析】

本案例用丰富的数据和大量的事例展示了中国提出"一带一路"倡议

以来其合作共赢的发展理念所产生的影响，尤其是 2020 年新冠疫情肆虐全球对全球经济造成巨大破坏时，"一带一路"的共建国家依然能通过贸易合作来推动经济的发展，充分展示了"一带一路"作为破解人类发展难题的新平台、交流合作的新平台、探索和创新全球经济治理新模式的重要平台的价值。

【教学建议】

本案例可用于第九章第三节第三目"打造人类命运共同体国际合作新平台"的教学中。

四、阅读文献

[1] 林利民. 后疫情时代的大国变局、全球治理与中国对外战略 [J]. 当代世界，2021（2）.

[2] 马丽. 元首外交引领中国特色大国外交开拓创新 [N]. 学习时报，2019-07-26（2）.

第十章　新时代坚持和加强党的全面领导与全面从严治党

一、理论知识概要

（一）知识结构

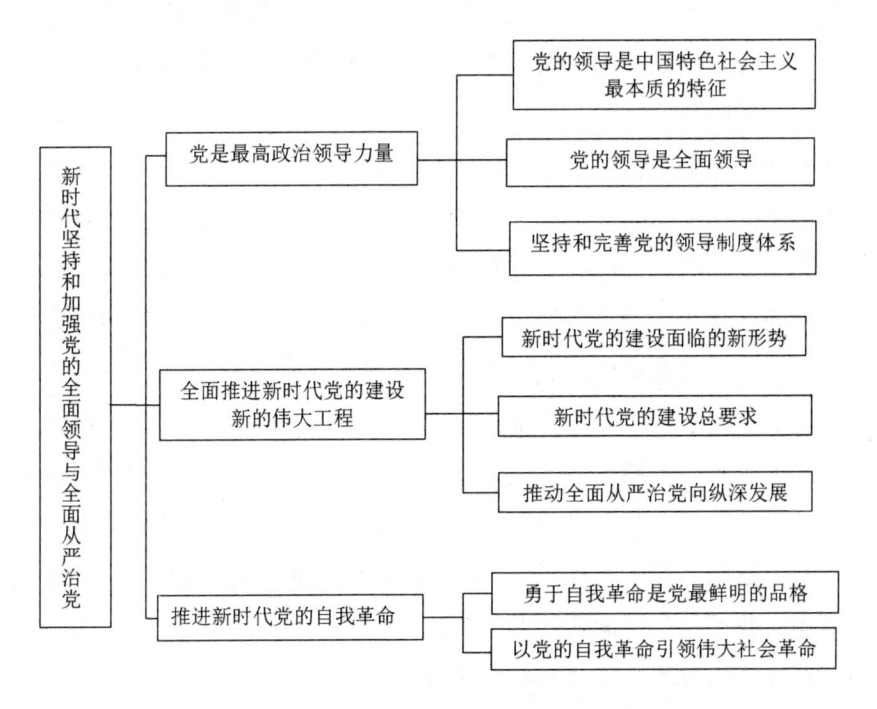

```
                            ┌─ 党的领导是中国特色社会主义最本质的特征
              ┌─ 党是最高政治领导力量 ─┼─ 党的领导是全面领导
              │                     └─ 坚持和完善党的领导制度体系
新时代坚持     │                     ┌─ 新时代党的建设面临的新形势
和加强党的 ───┼─ 全面推进新时代党的 ─┼─ 新时代党的建设总要求
全面领导与     │   建设新的伟大工程    └─ 推动全面从严治党向纵深发展
全面从严治党   │
              └─ 推进新时代党的自我革命 ┬─ 勇于自我革命是党最鲜明的品格
                                       └─ 以党的自我革命引领伟大社会革命
```

（二）理论知识

本章主要论述的是：党的领导是中国特色社会主义最本质的特征，党的全面领导制度体系，新时代党的建设的总要求，全面从严治党，勇于自我革命是党最鲜明的品格等基本理论。中国共产党是中国特色社会主义事业的领导核心，处在总揽全局、协调各方的地位。党的全面领导是通过党的制度体系实现的，熔铸于中国特色社会主义制度体系中。新时代党的建设总要求具有高度的思想性、理论性和很强的政策性、指导性，充分体现了十八大以来以习近平同志为核心的党中央坚持党的领导、加强党的建设、推进全面从严治党的新成果和新经验，丰富发展了马克思主义建党学说，进一步回答了"建设什么样的党、怎样建设党"这一历史性课题，标志着我们党对执政党建设规律的认识达到新的高度，对于深入推进党的建设新的伟大工程具有纲领性作用。通过对党的领导是中国特色社会主义最本质的特征解读、党的全面领导内涵和坚持完善党的领导制度体系这三方面的教学，同学们可以深刻认识到在当今中国，党是领导一切的，没有大于中国共产党的政治力量或其他什么力量，党是最高的政治领导力量。中国共产党领导是中国特色社会主义最本质的特征，是中国特色社会主义制度最大的优势，是党和国家的根本所在、命脉所在，是全国各族人民的利益所系、命运所系。

在科学把握新时代党的建设面临新形势的基础上，以习近平同志为核心的党中央提出了新时代党的建设的总要求，为新时代推进党的建设新的伟大工程指明了努力方向和前进路径。通过对党的建设面临的新形势和党的建设总要求基本内涵的讲授，帮助同学们认识开展新时代党的建设的重要性，认识新时代党的建设总要求的基本内涵和重大意义。要达成新时代党的建设的总要求，需要不断地推动全面从严治党向纵深发展，新时代党的建设伟大工程，要结合伟大斗争、伟大事业、伟大梦想的实践来进行，以政治建设为统领，全面推进党的政治建设、思想建设、组织建设、作风建设、纪律建设，把制度建设贯穿其中，不断推进正风肃纪和反腐败斗争。勇于自我革命是中国共产党最鲜明的品格。新时代，我们党始终坚持以自我革命来引领和推动伟大社会革命。

二、教学重点难点

（一）党的全面领导的内涵和内容

坚持党对一切工作的领导，有其特定内涵。党政军民学，东西南北中，党是领导一切的。这里所说的"一切"，从横向来看，是指党和国家各方面、各领域工作的全方位；从纵向来看，是指党和国家各方面、各领域工作的全过程。坚持党对一切工作的领导，也就是坚持党的全面领导。党的全面领导是具体的，不是空洞的、抽象的，必须体现到国家政权的机构、体制、制度等治国理政方方面面的设计、安排和运行之中，确保党的领导全覆盖，确保党的领导始终坚强有力。强调党对一切工作的领导，强调党的全面领导，其意蕴在于发挥好党的领导核心作用。

中国共产党对国家和社会的领导主要是政治、思想和组织领导，即按照党的理论、路线和纲领，通过制定大政方针，提出立法建议，推荐重要干部，进行思想教育，发挥党组织和广大党员的先锋模范作用，实现党的领导。具体来说：

一是政治领导。主要体现为党始终发挥总揽全局、协调各方的领导核心作用，按照马克思主义的基本原理，立足中国国情，反映时代要求和人民意志，确定奋斗目标，制定正确的路线、方针、政策，并通过法律程序变为国家意志，成为全体人民共同遵循的规范。

二是思想领导。主要体现为党坚持不懈地用马克思主义特别是中国特色社会主义理论体系武装全党、教育人民，提高党员干部和人民群众的思想觉悟，动员、组织和鼓舞人民自觉地为实现共同的目标而努力奋斗。

三是组织领导。主要体现为党充分发挥各级党组织的政治核心作用和战斗堡垒作用，发挥党员的先锋模范作用，培养、选拔、考核和监督干部，推荐德才兼备的干部，保证党的路线、方针、政策的贯彻执行，保证国家的宪法、法律付诸实施，以推进中国特色社会主义事业的发展。

(二) 党的领导制度体系的内涵

党的领导制度是我国的根本领导制度。党的领导制度是一个系统完备、内容丰富的体系，主要涵盖了六方面的制度。

第一，建立不忘初心、牢记使命的制度。确保全党遵守党章，恪守党的性质和宗旨，坚持用共产主义远大理想和中国特色社会主义共同理想凝聚全党、团结人民，用习近平新时代中国特色社会主义思想武装全党、教育人民、指导工作，夯实党执政的思想基础。把不忘初心、牢记使命作为加强党的建设的永恒课题和全体党员、干部的终身课题，形成长效机制，坚持不懈锤炼党员、干部忠诚干净担当的政治品格。全面贯彻党的基本理论、基本路线、基本方略，持续推进党的理论创新、实践创新、制度创新，使一切工作顺应时代潮流、符合发展规律、体现人民愿望，确保党始终走在时代前列、得到人民衷心拥护。

第二，完善坚定维护党中央权威和集中统一领导的各项制度。推动全党增强"四个意识"、坚定"四个自信"、做到"两个维护"，自觉在思想上政治上行动上同以习近平同志为核心的党中央保持高度一致，坚决把维护习近平总书记党中央的核心、全党的核心地位落到实处。健全党中央对重大工作的领导体制，强化党中央决策议事协调机构职能作用，完善推动党中央重大决策落实机制，严格执行向党中央请示报告制度，确保令行禁止。健全维护党的集中统一的组织制度，形成党的中央组织、地方组织、基层组织上下贯通、执行有力的严密体系，实现党的组织和党的工作全覆盖。

第三，健全党的全面领导制度。完善党领导人大、政府、政协、监察机关、审判机关、检察机关、武装力量、人民团体、企事业单位、基层群众自治组织、社会组织等制度，健全各级党委（党组）工作制度，确保党在各种组织中发挥领导核心作用。完善党领导各项事业的具体制度，把党的领导落实到统筹推进"五位一体"总体布局、协调推进"四个全面"战略布局各方面。完善党和国家机构职能体系，把党的领导贯彻到党和国家所有机构履行职责全过程，推动各方面协调行动、增强合力。

第四，健全为人民执政、靠人民执政各项制度。坚持立党为公、执政为民，保持党同人民群众的血肉联系，把尊重民意、汇集民智、凝聚民力、改善民生贯穿党治国理政全部工作之中，巩固党执政的阶级基础，厚植党执政的群众基础，通过完善制度保证人民在国家治理中的主体地位，着力防范脱离群众的危险。贯彻党的群众路线，完善党员、干部联系群众制度，创新互联网时代群众工作机制，始终做到为了群众、相信群众、依靠群众、引领群众、深入群众、深入基层。健全联系广泛、服务群众的群团工作体系，推动人民团体增强政治性、先进性、群众性，把各自联系的群众紧紧团结在党的周围。

第五，健全提高党的执政能力和领导水平制度。坚持民主集中制，完善发展党内民主和实行正确集中的相关制度，提高党把方向、谋大局、定政策、促改革的能力。健全决策机制，加强重大决策的调查研究、科学论证、风险评估，强化决策执行、评估、监督。改进党的领导方式和执政方式，增强各级党组织政治功能和组织力。完善担当作为的激励机制，促进各级领导干部增强学习本领、政治领导本领、改革创新本领、科学发展本领、依法执政本领、群众工作本领、狠抓落实本领、驾驭风险本领，发扬斗争精神，增强斗争本领。

第六，完善全面从严治党制度。坚持党要管党、全面从严治党，增强忧患意识，不断推进党的自我革命，永葆党的先进性和纯洁性。贯彻新时代党的建设总要求，深化党的建设制度改革，坚持依规治党，建立健全以党的政治建设为统领，全面推进党的各方面建设的体制机制。坚持新时代党的组织路线，健全党管干部、选贤任能制度。规范党内政治生活，严明政治纪律和政治规矩，发展积极健康的党内政治文化，全面净化党内政治生态。完善和落实全面从严治党责任制度。坚决同一切影响党的先进性、弱化党的纯洁性的问题作斗争，大力纠治形式主义、官僚主义，不断增强党的创造力、凝聚力、战斗力，确保党始终成为中国特色社会主义事业的坚强领导核心。

（三）深入推进全面从严治党，把握好"六个统一"

一要坚持思想建党和制度治党相统一，既要解决思想问题，也要解决制度问题，把坚定理想信念作为根本任务，把制度建设贯穿到党的各项建设之中。

二要坚持使命引领和问题导向相统一，既要立足当前、直面问题，在解决人民群众最不满意的问题上下功夫；又要着眼未来、登高望远，在加强统筹谋划、强化顶层设计上着力。

三要坚持抓"关键少数"和管"绝大多数"相统一，既对广大党员提出普遍性要求，又对"关键少数"特别是高级干部提出更高更严的标准，进行更严的管理和监督。

四要坚持行使权力和担当责任相统一，真正把落实管党治党政治责任作为最根本的政治担当，紧紧咬住"责任"二字，抓住"问责"这个要害。

五要坚持严格管理和关心信任相统一，坚持真管真严、敢管敢严、长管长严，贯彻惩前毖后、治病救人的一贯方针，抓早抓小、防微杜渐，最大限度防止干部出问题，最大限度激发干部积极性。

六要坚持党内监督和群众监督相统一，以党内监督带动其他监督，积极畅通人民群众建言献策和批评监督渠道，充分发挥群众监督、舆论监督作用。

（四）新时代党的建设总要求的基本内涵

在统揽"四个伟大"进程中，起决定性作用的是党的建设新的伟大工程。新时代党的建设总要求是：坚持和加强党的全面领导，坚持党要管党、全面从严治党，以加强党的长期执政能力建设、先进性和纯洁性建设为主线，以党的政治建设为统领，以坚定理想信念宗旨为根基，以调动全党积极性、主动性、创造性为着力点，全面推进党的政治建设、思想建设、组织建设、作风建设、纪律建设，把制度建设贯穿其中，深入推进反腐败斗争，不断提高党的建设质量，把党建设成为始终走在时代前列、人民衷心拥护、勇于自我革命、经得起各种风浪考验、朝气蓬勃的马克思主义执政党。

第一，坚持和加强党的全面领导，这是新时代党的建设根本原则，是党的建设的根本出发点和落脚点，也是全面从严治党的核心。

第二，坚持党要管党和全面从严治党，这是新时代党的建设的根本方针。

第三，加强党的长期执政能力建设、先进性和纯洁性建设，这是新时代党的建设的工作主线。

第四，以党的政治建设为统领，全面推进党的政治建设、思想建设、组织建设、作风建设、纪律建设，把制度建设贯穿其中，深入推进反腐败斗争，这是新时代党的建设总体布局。

第五，把党建设成为始终走在时代前列、人民衷心拥护、勇于自我革命、经得起各种风浪考验、朝气蓬勃的马克思主义执政党，这是新时代党的建设的总目标。

（五）加强党的政治建设的任务和要求

政治建设是统领，是核心，是党的各方面建设中最重要的建设，是党的其他方面建设最终的着眼点和落脚点。加强党的政治建设的任务和要求主要体现在以下五方面：

一是保证全党服从中央，坚持党中央权威和集中统一领导，这是党的政治建设的首要任务。全党要坚定执行党的政治路线，严格遵守政治纪律和政治规矩，在政治立场、政治方向、政治原则、政治道路上同以习近平同志为核心的党中央保持高度一致。

二是尊崇党章，严格执行新形势下党内政治生活的若干准则，增强党内政治生活的政治性、时代性、原则性、战斗性，自觉抵制商品交换原则对党内生活的侵蚀，营造风清气正的良好政治生态。

三是完善和落实民主集中制的各项制度，坚持民主基础上的集中和集中指导下的民主相结合，既充分发扬民主，又善于集中统一。

四是弘扬忠诚老实、公道正派、实事求是、清正廉洁等价值观，坚决防止和反对个人主义、分散主义、自由主义、本位主义、好人主义，坚决防止和反对宗派主义、圈子文化、码头文化，坚决反对搞两面派、做两面人。

五是加强党性锻炼，不断提高政治觉悟和政治能力，把对党忠诚、为党分忧、为党尽职、为民造福作为根本政治担当，永葆共产党人政治本色。

（六）以党的自我革命引领伟大社会革命

一是党的自我革命是伟大社会革命的基础和先导。党的自我革命为伟大社会革命提供方向引领，党的自我革命的成效决定伟大社会革命的成效。

二是伟大社会革命是党的自我革命的根本目的。党的自我革命本身并不是目的，其直接目的在于使我们党自身始终具有过硬本领，最终目的在于通过自我革命推动伟大社会革命，使我们党始终走在时代前列、始终成为时代先锋、民族脊梁。伟大社会革命召唤党的自我革命，它为党的自我革命指引前进方向、提供广阔舞台。

三是党的自我革命和伟大社会革命统一于新时代中国特色社会主义的伟大实践中。新时代坚持和发展中国特色社会主义，本质上也是继续推动伟大社会革命。要把这场新时代伟大社会革命进行好，我们党必须勇于进行自我革命，把党建设成为始终走在时代前列、人民衷心拥护、经得起各种风浪考验、朝气蓬勃的马克思主义执政党。

新时代，以党的自我革命来引领和推动党领导人民进行的伟大社会革命，就是要使党不断自我净化、自我完善、自我革新、自我提高，不断增强党的政治领导力、思想引领力、群众组织力、社会号召力，进而推动新时代中国特色社会主义事业行稳致远。

三、教学案例

案例1　怎样认识"党是领导一切的"写入党章？[①]

【案例呈现】

习近平总书记在党的十九大报告中指出，要"坚持党对一切工作的领导"，并将其作为新时代坚持和发展中国特色社会主义基本方略的第一条，强调"党政军民学，东西南北中，党是领导一切的"，提出新时代党的建设总要求首要的是"坚持和加强党的全面领导"。

在我们党的历史上，强调"党对一切工作的领导"由来已久。新写入党章的"党政军民学，东西南北中，党是领导一切的"这句话，最早就是

---

① 薛万博. 怎样认识"党是领导一切的"写入党章？[EB/OL]. 中国共产党新闻网，2018-01-25.

毛泽东同志的著名论断。改革开放前后，邓小平同志也多次讲过，要加强党的领导，认为没有核心的领导是靠不住的。

透过历史的轨迹可以清晰地看出，只有中国共产党才能担当起引领民族复兴这一伟业的领导核心重任。

那么，此次将"党是领导一切的"写入党章，有什么重要的现实意义呢？

《中国共产党第十九次全国代表大会关于〈中国共产党章程（修正案）〉的决议》指出，大会认为，中国共产党的领导是中国特色社会主义最本质的特征，是中国特色社会主义制度的最大优势。党政军民学，东西南北中，党是领导一切的。大会同意把这一重大政治原则写入党章，这有利于增强全党的意识，实现全党思想上统一、政治上团结、行动上一致，提高党的创造力、凝聚力、战斗力，确保党总揽全局、协调各方，为做好党和国家各项工作提供根本政治保证。

党的十九大秘书处负责人在就党的十九大通过的《中国共产党章程（修正案）》答记者问时进一步指出，做这样的修改，更加明确了党在中国特色社会主义各项事业中的领导地位，有利于强化党的领导，确保党的事业始终沿着正确方向前进。

从另一个角度看，把"党是领导一切的"写入党章，也是针对现实中存在的淡化、削弱、变相否定党的领导的现象所采取的重大措施。《党的十九大报告学习辅导百问》一书中指出：过去一个时期，由于种种原因，一些同志在这个问题上产生了模糊认识，一些地方和部门不敢旗帜鲜明坚持党的领导，导致这些地方和部门出现党的领导弱化的情况，甚至出现放弃党的领导的现象。以习近平同志为核心的党中央针对这个问题，果断提出全党必须增强政治意识、大局意识、核心意识、看齐意识，严明党的政治纪律和政治规矩，党的领导得到全面加强，党的领导被忽视、淡化、削弱的状况得到明显改善。

如此看来，"党是领导一切的"是党的十八大以来推进全面从严治党的一个根本原则。党不领导一切，"全面"无从谈起。

那么，党领导一切的实质是什么呢？

习近平总书记曾形象地指出，这就像"众星捧月"，这个"月"就是中国共产党。① 在国家治理体系的大棋局中，党中央是坐镇中军帐的"帅"，车马炮各展其长，一盘棋大局分明。党政军民学，东西南北中，党是领导一切的。各领域、各方面都必须自觉坚持党的领导。

习近平总书记还曾严肃地指出："中华民族伟大复兴，绝不是轻轻松松、敲锣打鼓就能实现的。"② 其间必然要经历具有许多新的历史特点的"伟大斗争"。其中，"坚持党的领导和我国社会主义制度，坚决反对一切削弱、歪曲、否定党的领导和我国社会主义制度的言行"，是"伟大斗争"的首要任务。

对于全体党员来说，如何坚持党对一切工作的领导？

中国人民大学中共党史系教授杨德山撰文指出，这就要求我们：第一，认真学习马克思主义政治理论、政党学说，特别是学深悟透习近平新时代中国特色社会主义思想中"党的领导""党的建设"的新理念新思想新战略。第二，认真研究中国近代政党政治发展逻辑，特别是从中国共产党的奋斗史中深化对"没有共产党，就没有新中国"、没有共产党的领导中国就无法实现现代化、没有共产党的领导中华民族就无法实现伟大复兴等根本问题的认识。第三，在新旧对比、中外对比、境内外对比的现实基础上，深化对"四个自信"的理论认识，进而形成中国共产党充分的"政党自信"自觉。第四，灵活运用思想理论、党内法规、宪法法律武器，同一切嘲讽、诋毁、否定"党是领导一切的"言行做不懈的斗争。

【案例讨论】

1. 坚持中国共产党对一切工作的领导的依据是什么？
2. 结合案例思考党对一切工作的领导的实质和重要性。

【案例分析】

该案例通过对把"党是领导一切的"写入党章的重要现实意义、党对一切工作的领导的实质和如何坚持党对一切工作的领导这三方面的论述，

---

① 习近平. 中国共产党领导是中国特色社会主义最本质的特征［EB/OL］. 求是网，2020-07-15.
② 习近平. 习近平谈治国理政：第三卷［M］. 北京：外文出版社，2020：12.

详细、透彻地给我们解答了怎样认识"党是领导一切的"写入党章的这个重大问题。

通过对案例的学习，学生能够正确认知中国共产党是中国特色社会主义事业的领导核心，处在总揽全局、协调各方的地位。中国特色社会主义最本质的特征是中国共产党领导，中国特色社会主义制度的最大优势是中国共产党领导。坚持党对一切工作的领导，才能为夺取新时代中国特色社会主义伟大胜利提供根本政治保证。学生能够理解将"党是领导一切的"写入党章，会更加明确党在中国特色社会主义各项事业中的领导地位，有利于强化党的领导，确保党的事业始终沿着正确方向前进。

【教学建议】

本案例适用于第十章第一节"党是最高政治领导力量"中的"党的领导是全面领导"和"坚持和完善党的领导制度体系"内容的教学，让学生正确把握坚持中国共产党对一切工作的领导的重要性和必要性，深刻了解在新时代如何坚持和完善党对一切工作的领导，使党始终成为中国特色社会主义事业的坚强领导核心。

案例2 不忘初心、牢记使命，谱写新时代新篇章[①]

【案例呈现】

5月31日，"不忘初心、牢记使命"主题教育工作会议在北京召开。中共中央总书记、国家主席、中央军委主席习近平出席会议并发表重要讲话。他强调，为中国人民谋幸福，为中华民族谋复兴，是中国共产党人的初心和使命，是激励一代代中国共产党人前赴后继、英勇奋斗的根本动力。

"我们党要求全党同志不忘初心、牢记使命，就是要提醒全党同志，党的初心和使命是党的性质宗旨、理想信念、奋斗目标的集中体现"。中共中央政治局6月24日下午以"牢记初心使命，推进自我革命"为主题

---

① 郭建宁．不忘初心、牢记使命，谱写新时代新篇章［EB/OL］．人民网-理论频道，2019-06-27．

举行第十五次集体学习,习近平总书记从理论和实践相结合的高度,深刻论述了不忘初心、牢记使命的重大意义。笔者认为,"不忘初心、牢记使命"要求我们一以贯之坚持和发展中国特色社会主义,砥砺奋进实现中华民族伟大复兴的中国梦。

不忘初心:一以贯之坚持和发展中国特色社会主义

中国特色社会主义是改革开放以来党的全部理论和实践的主题,邓小平在党的十二大开幕词中提出,"走自己的道路,建设有中国特色的社会主义,这就是我们总结长期历史经验得出的基本结论"。从党的十三大到十九大,"中国特色社会主义"都是大会报告的主题词,经过长期的不懈奋斗和接力探索,中国特色社会主义使东方大国焕发出蓬勃生机与活力。

中国特色社会主义不断取得重大成就,从中华民族的历史维度来看,意味着近代以来久经磨难的中华民族迎来了从站起来、富起来到强起来的伟大飞跃;从社会主义的发展来看,意味着社会主义在中国焕发出强大生机活力并不断开辟发展新境界;从中国道路的世界意义来看,意味着中国特色社会主义拓展了发展中国家走向现代化的途径,为解决人类问题贡献了中国智慧、提供了中国方案。

历史与现实证明,只有社会主义才能救中国,只有中国特色社会主义才能发展中国,只有坚持与发展中国特色社会主义才能实现中华民族伟大复兴的中国梦。历史与现实证明,方向决定前途,道路决定命运。我们要把命运掌握在自己手中,就要有志不改、道不变的坚定,一以贯之坚持和发展中国特色社会主义。要走好中国道路、坚定道路自信,创新中国理论、坚定理论自信,提供中国方案、坚定制度自信,构建中国话语、坚定文化自信。

牢记使命:砥砺奋进实现中华民族伟大复兴的中国梦

中国共产党人的初心和使命,就是为中国人民谋幸福,为中华民族谋复兴。实现中华民族伟大复兴,是近代以来中华民族最伟大的梦想,是激励中华儿女团结奋进、开辟未来的精神旗帜。习近平总书记在主持中央政治局第十五次集体学习时强调,"中国特色社会主义进入新时代,我们比历史上任何时期都更接近、更有信心和能力实现中华民族伟大复兴"。

用中国梦凝聚民族复兴强大力量，具有很强的感染力和号召力，产生了广泛的社会认同和世界影响。"中国梦"的基本内涵是"国家富强、民族振兴、人民幸福"。"中国梦"的实现路径是走中国道路，弘扬中国精神，凝聚中国力量。中国道路就是中国特色社会主义道路，中国精神就是以爱国主义为核心的民族精神、以改革创新为核心的时代精神，中国力量就是中国各族人民大团结的力量。

中国人民具有伟大梦想精神，伟大梦想精神是伟大民族精神的重要组成部分，是实现中华民族伟大复兴的强大精神力量。伟大梦想不是等得来、喊得来的，而是拼出来、干出来的。山再高，往上攀，总能登顶；路再长，走下去，定能到达。担复兴大任，做时代新人，就要把人民放在心上，把使命扛在肩上，在历史前进的逻辑中前进，在时代发展的潮流中发展。我们要坚持以人民为中心的发展思想，统筹推进"五位一体"总体布局，协调推进"四个全面"战略布局，贯彻落实新发展理念，打好防范化解重大风险、精准脱贫、污染防治三大攻坚战。勠力同心，砥砺奋进，实现伟大复兴中国梦，创造中华文明新辉煌。

【案例讨论】

1. 开展"不忘初心、牢记使命"主题教育工作的重要意义是什么？
2. 结合案例，请你谈谈对中国共产党人的初心和使命的认识。

【案例分析】

本案例通过解读中国共产党开展"不忘初心、牢记使命"主题教育活动的重大意义和要求，阐明贯彻"不忘初心、牢记使命"，就是要一以贯之坚持和发展中国特色社会主义，砥砺奋进实现中华民族伟大复兴的中国梦。"不忘初心、牢记使命"主题教育，就是要认真贯彻新时代党的建设总要求，以党的政治建设为统领，以坚定理想信念宗旨为根基，以调动全党积极性、主动性、创造性为着力点，全面推进党的政治建设、思想建设、组织建设、作风建设、纪律建设；把制度建设贯穿其中，深入推进反腐败斗争，奔着问题去，以刮骨疗伤的勇气、坚忍不拔的韧劲坚决予以整治，同一切影响党的先进性、弱化党的纯洁性的问题作坚决斗争，从根本上解决党内存在的思想不纯、政治不纯、组织不纯、作风不纯等问题，使广大党员干部思想政治受到洗礼，不断增强"四个意识"、坚定"四个自信"、做到"两个维护"，深刻把握"两个确立"，自觉在思想上政治上行动上同党中央保持高度一致，始终忠诚于党、忠诚于人民、忠诚于马克思主义。在全党范围内开展"不忘初心、牢记使命"主题教育，充分体现出以习近平同志为核心的党中央不断深化对管党治党规律的认识，创造新的经验，坚定不移地推动全面从严治党，进行了刀刃向内的自我革命的精神。

【教学建议】

本案例适用于第十章第三节"推进新时代党的自我革命"中的"勇于自我革命是党最鲜明的政治品格"内容的教学，让学生深刻感受勇于自我革命是中国共产党鲜明的政治品格。

案例3　深刻领会新时代党的建设总要求①

【案例呈现】

习近平总书记在党的十九大报告中指出，经过长期努力，中国特色社会主义进入了新时代，这是我国发展新的历史方位。在这个新时代，中国共产党作为中国工人阶级的先锋队、中国人民和中华民族的先锋队，作为中国特色社会主义事业的领导核心，一定要有新气象新作为。十九大报告明确提出了新时代党的建设总要求，对此我们要深入学习领会。

新时代党的建设总要求提出要坚持和加强党的全面领导，充分显示了我们党坚定的政治自信，表明了党的建设的初心所在。党的全面领导就是党对一切工作的领导。党必须领导一切，是马克思主义政党学说的基本观点，也是中国共产党领导革命和建设的一贯原则。列宁在阐述无产阶级革命政党各级委员会的建立及其工作计划时指出："委员会应当领导地方运动的一切方面，管理党的全部地方机构、人力和物力。"十月革命胜利后，他更是强调，"国家政权的一切政治经济工作都由工人阶级觉悟的先锋队共产党领导"。十九大报告提出的新时代坚持和发展中国特色社会主义基

---

① 张健. 深刻领会新时代党的建设总要求［N］. 光明日报，2018-01-26（6）.

本方略，首要一条就是坚持党对一切工作的领导，强调党政军民学，东西南北中，党是领导一切的，党在统筹推进"五位一体"总体布局、协调推进"四个全面"战略布局中，通过总揽全局、协调各方，把方向、谋大局、定政策、促改革，对中国特色社会主义各项事业进行全面领导。这是中国特色社会主义最本质的特征，也是夺取习近平新时代中国特色社会主义伟大胜利的根本保证。

新时代党的建设总要求提出以党的政治建设为统领，强调深入推进反腐败斗争，强调把制度建设贯穿政治建设、思想建设、组织建设、作风建设、纪律建设之中，突出了制度建设的根本性、全局性、稳定性和长期性。

党的十九大报告继续强调思想建设是党的基础性建设。习近平总书记在十八届中央政治局第二十次集体学习时曾指出，辩证唯物主义并不否认意识对物质的反作用，而是认为这种反作用有时是十分巨大的。我们党始终把思想建设放在党的建设第一位，强调"革命理想高于天"，就是精神变物质、物质变精神的辩证法。十九大报告强调要把坚定理想信念作为党的思想建设的首要任务，并用习近平新时代中国特色社会主义思想武装全党，推动全党更加自觉地为实现新时代党的历史使命不懈奋斗。

十九大报告在继续强调思想建设是党的基础性建设的同时，明确提出政治建设是党的根本性建设，必须摆在党的建设的首位，并以此为统领全面推进新时代党的建设，是在总结经验的基础上，突出了举旗定向的重要性。旗帜鲜明讲政治是马克思主义政党的根本要求，党的政治建设决定党的建设的方向和效果。党的十八大以来，以习近平同志为核心的党中央把政治上的要求始终摆在党的建设的首要位置，把政治建设作为根本性的大问题来抓，强调讲政治是我们党补钙壮骨、强身健体的根本保证，是我们党培养自我革命勇气、增强自我净化能力、提高排毒杀菌政治免疫力的根本途径，要求必须旗帜鲜明讲政治，严肃认真开展党内政治生活，自觉把讲政治贯穿党性锻炼全过程，从而保证了全党风清气正、团结统一，党组织充满生机活力，党的事业蓬勃发展。因此，十九大报告把政治建设摆在党的建设的首位，并强调以此为统领全面推进新时代党的建设，是对十八大以来党的建设成功经验的深刻总结，反映了我们党在实践基础上的理论创新。

新时代党的建设总要求强调要"深入推进反腐败斗争"，与加强纪律建设一起，充分表明了我们党坚定不移正风肃纪的坚强决心，体现了管党治党要把纪律规矩挺在前面的新鲜经验。腐败问题虽然已经得到有效遏制，反腐败斗争压倒性态势已经形成并巩固发展，但报告十分清醒地强调，当前，反腐败斗争形势依然严峻复杂，巩固压倒性态势、夺取压倒性胜利的决心必须坚如磐石。新时代全面推进党的建设新的伟大工程，要在巩固反腐败斗争取得压倒性态势的成果基础之上，深入推进全面从严治党向纵深发展，将反腐倡廉建设的关口前移，着力加强纪律建设，坚持党纪严于国法，并且把纪律挺在前面，抓早抓小、防微杜渐，特别是强化政治纪律和组织纪律，带动廉洁纪律、群众纪律、工作纪律、生活纪律严起来，这样才能有效巩固和扩大战果，夺取反腐败斗争取得压倒性胜利，保证干部清正、政府清廉、政治清明，把党建设成为始终走在时代前列、人民衷心拥护、勇于自我革命、经得起各种风浪考验、朝气蓬勃的马克思主义执政党，团结带领全国各族人民为实现伟大梦想而共同奋斗。

【案例讨论】

1. 新时代党的建设总要求的基本内涵是什么？
2. 结合案例谈谈对于新时代党的建设根本原则和总体布局的认识。

【案例分析】

该案例对于新时代党的建设总要求中的根本原则和总体布局进行了深刻的解读，认为新时代党的建设总要求提出要坚持和加强党的全面领导，充分显示了我们党坚定的政治自信，党的建设的初心就是要坚持和加强党的全面领导，这是新时代党的建设的根本原则，是党的建设的根本出发点和落脚点，也是全面从严治党的核心。通过案例学习，学生能深刻认识在新时代党的建设总体布局中，思想建设是党的基础性建设，政治建设是党的根本性建设，必须摆在党的建设的首位，并以此为统领全面推进新时代党的建设。同时了解新时代党的建设总要求强调要"深入推进反腐败斗争"，与加强纪律建设一起，充分表明了我们党坚定不移正风肃纪和反腐败的坚强决心。

【教学建议】

本案例适用于第十章第二节"全面推进新时代党的建设新的伟大工程"中的"新时代党的建设总要求的基本内涵"内容的教学。本案例有助于学生正确把握新时代党的建设的总要求中根本原则和总体布局的重要意义。

案例4　始终把政治建设摆在首位[①]

【案例呈现】

各级领导干部要深刻认识提高政治能力的时代内涵和实践指向，自觉加强政治能力锤炼，不断提高政治站位、政治觉悟，增强政治定力、政治担当，善于从政治上把握大局、审视问题，善于从政治上谋划、部署、推动工作，坚决防止和克服忽视政治、淡化政治、不讲政治的倾向。

中央近日印发《关于加强党的政治建设的意见》，这是党和国家政治生活中的一件大事。党的政治建设是党的根本性建设，决定党的建设方向和效果。旗帜鲜明讲政治，是马克思主义政党一以贯之的要求，是共产党人不忘初心、牢记使命的根本保证。各级党员干部特别是领导干部必须将党的政治建设摆在首位，自觉加强党性锻炼，不断提高政治觉悟和政治能力，把对党忠诚、为党分忧、为党尽职、为民造福作为根本政治担当，永葆共产党人政治本色。

要自觉坚持对党忠诚。我们党是马克思主义政党，我们的干部是党精心教育培养起来的干部，对党忠诚应当是最基本的政治要求。能否做到这一点，不仅是对党员干部党性意识的重要考验，也是对党忠诚度的重要检验。"天下至德，莫大于忠。"对党忠诚是共产党员最根本的政治品质，身为共产党员，就要时时刻刻忠诚于党，这是最基本的党性要求。不管是身处顺境还是逆境，都要言行一致、始终如一、无怨无悔，永远保持对党绝对忠诚，做一名合格的共产党员。对党忠诚不是抽象的而是具体的，党员

[①] 徐海兵.始终把政治建设摆在首位［EB/OL］.中国共产党新闻网，2019-03-20.

干部不是生活在真空中，对党忠诚必须体现在实际行动中，具体就是对党组织的所有纪律规矩都要不折不扣、老老实实地执行，不能搞任何变通。各级党员干部要牢固树立"四个意识"、切实增强"四个自信"、自觉践行"两个维护"，确保始终在政治立场、政治方向、政治原则、政治道路上同以习近平同志为核心的党中央保持高度一致。

要自觉强化理论武装。理论修养是党员干部综合素质的核心，理论上的成熟是政治上成熟的基础。"没有革命的理论，就没有革命的实际。"科学的理论是行动的指南，党员干部只有用科学的理论武装自己的头脑，才能在实际工作中用马克思主义的立场、观点、方法科学分析问题，掌握事物发展变化的规律，把感性认识上升为理性认识，从而更好地指导实践。习近平新时代中国特色社会主义思想是当代中国最鲜活的马克思主义，各级党员干部要把深学笃用习近平新时代中国特色社会主义思想融入日常、抓在经常，以开展"不忘初心、牢记使命"主题教育为契机，努力把习近平新时代中国特色社会主义思想学深悟透，自觉从习近平新时代中国特色社会主义思想的源头活水中坚定政治方向、汲取政治营养，补精神之钙、固思想之元、守为政之本，自觉做共产主义远大理想和中国特色社会主义共同理想的坚定信仰者和忠实践行者。

要自觉提升政治素养。领导干部的政治素养，决定着党的领导水平和执政能力，是领导干部素养的根本和核心。毛泽东曾经说过："政治是统帅，是灵魂，是生命线。"我们党对领导干部的要求首先是政治上的要求，政治标准是衡量领导干部的首要标准。党组织选拔任用干部，首先是看干部政治上清醒不清醒、坚定不坚定，说到底就是看政治能力强不强。什么是政治能力？习近平总书记曾经深刻指出，政治能力就是把握方向、把握大势、把握全局的能力，就是保持政治定力、驾驭政治局面、防范政治风险的能力。各级党员干部要深刻认识提高政治能力的时代内涵和实践指向，自觉加强政治能力锤炼，不断提高政治站位、政治觉悟，增强政治定力、政治担当，善于从政治上把握大局、审视问题，善于从政治上谋划、部署、推动工作，坚决防止和克服忽视政治、淡化政治、不讲政治的倾向，真正使自身的政治能力与担负的政治责任相匹配，切实做到政治方向不偏、政治立场不移。

【案例讨论】

1. 为什么要把党的政治建设摆在首位？
2. 结合案例谈谈对新时代加强党的政治建设的认识。

【案例分析】

该案例阐明了把党的政治建设摆在首位的重要性和必要性，论述了各级党员干部特别是领导干部必须将党的政治建设摆在首位，自觉加强党性锻炼，不断提高政治觉悟和政治能力，把对党忠诚、为党分忧、为党尽职、为民造福作为根本政治担当，永葆共产党人政治本色。

通过案例，我们能深刻感受到把党的政治建设摆在首位，凸显了党的政治建设的极端重要性。党的政治建设是统领，是核心，是党的各方面建设中最重要的建设，是党的其他方面建设最终的着眼点和落脚点。党的政治建设是一个永恒课题，要把准政治方向，坚持党的政治领导，夯实政治根基，涵养政治生态，防范政治风险，永葆政治本色，提高政治能力，为党不断发展壮大、从胜利走向胜利提供重要保证。

【教学建议】

本案例适用于第十章第二节"全面推进新时代党的建设新的伟大工程"的"把政治建设摆在首位"内容的教学。通过案例学习，学生能更深刻地认知新时代党的建设把党的政治建设摆在首位的必要性和重要性。

案例5 夺取反腐败斗争压倒性胜利
——"十三五"时期党风廉政建设和反腐败斗争回眸[①]

【案例呈现】

2020年9月28日，中央纪委国家监委网站通报消息，江西省上饶市副市长祝宏根涉嫌严重违纪违法，主动投案。

根据该网站发布的公开信息，进入9月以来，主动投案的领导干部还

---

① 朱基钗. "十三五"时期党风廉政建设和反腐败斗争回眸[EB/OL]. 中国政府网，2020-10-08.

考察时强调，要持之以恒正风肃纪，一体推进不敢腐、不能腐、不想腐。正风肃纪反腐既是新时代全面从严治党的重要内容，也是党始终保持先进性和纯洁性，始终得到人民拥护的必然要求。我们要坚持以正风肃纪反腐凝聚党心军心民心，坚决惩治腐败、纠治不正之风，坚决清除影响党的先进性和纯洁性的消极因素，健全为人民执政、靠人民执政的各项制度，让人民始终成为中国共产党执政和中国特色社会主义事业发展的磅礴力量。

【教学建议】

本案例适用于第十章第二节"全面推进新时代党的建设新的伟大工程"中的"正风肃纪和反腐败斗争"内容的教学。通过实例和数据，学生能深刻认知我国在巩固反腐败斗争取得压倒性态势的成果基础之上，不断深入推进全面从严治党向纵深发展。

四、阅读文献

［1］习近平．在党史学习教育动员大会上的讲话［J］．求是，2021（7）．

［2］习近平．习近平谈治国理政［M］．北京：外文出版社，2014．

［3］习近平．习近平谈治国理政：第二卷［M］．北京：外文出版社，2017．

［4］习近平．习近平谈治国理政：第三卷［M］．北京：外文出版社，2020．

［5］中共中央宣传部．习近平新时代中国特色社会主义思想三十讲［M］．北京：学习出版社，2018．

［6］中共中央文献研究室．习近平关于社会主义政治建设论述摘编［M］．北京：中央文献出版社，2017．

［7］中共中央文献研究室．十八大以来重要文献选编：下［M］．北京：中央文献出版社，2018．

［8］中共中央党史和文献研究院．十九大以来重要文献选编：中［M］．北京：中央文献出版社，2021．

［9］孙少龙，刘硕．全面从严治党永远在路上［J］．求是，2022（3）．

［10］张荣臣．全面从严治党的新时代答卷［J］．人民论坛，2022（19）．

后　记

本书是"推进思想政治理论课'八个统一'教学实训指导丛书"分册，编写目的在于深入贯彻习近平总书记在学校思政课教师座谈会重要讲话和《关于深化新时代学校思想政治理论课改革创新的若干意见》的精神，为高校"新时代中国特色社会主义理论与实践"课程教学提供参考。为强化"新时代中国特色社会主义理论与实践"课程建设，提升能力培养，优化课程内容，突出教学水平，以增强思想政治理论课教学的针对性与实效性，本书在推进思想政治理论课教学改革和思想政治理论教学从教材体系转变为教学体系上做出尝试与探索。

本书在内容架构上，按照《新时代中国特色社会主义理论与实践》(2021年版)教材的编写章节进行设计，每章包括理论知识概要（知识结构、理论知识）、教学重点难点、教学案例（案例呈现、案例讨论、案例分析和教学建议）、阅读文献四部分。

本书是在徐庆生老师主持下编写而成。编写思路与大纲由"推进思想政治理论课'八个统一'教学实训指导丛书"研究组议定，参加本书编写的人员均为本校"新时代中国特色社会主义理论与实践"课程的任课教师。各章执笔人如下。导论：宋静；第一章：邵庆龄；第二章：者丽艳；第三章：和晶；第四章：尹记远；第五章：袁泽民；第六章：韩艳伟；第七章：王云洁；第八章：韩艳伟；第九章：贾礼伟；第十章：陈志鹏。

最后，我们向一直关心和支持"推进思想政治理论课'八个统一'教学实训指导丛书"编写的单位和个人，致以最衷心的敬意和谢意。

编者
2022年12月